I0168234

PORTUGAIS
VOCABULAIRE

FRANÇAIS
PORTUGAIS

Les mots les plus utiles
Pour enrichir votre vocabulaire et aiguiser
vos compétences linguistiques

9000 mots

Vocabulaire Français-Portugais Brésilien pour l'autoformation - 9000 mots

Par Andrey Taranov

Les dictionnaires T&P Books ont pour but de vous aider à apprendre, à mémoriser et à réviser votre vocabulaire en langue étrangère. Ce dictionnaire thématique couvre tous les grands domaines du quotidien: l'économie, les sciences, la culture, etc …

Acquérir du vocabulaire avec les dictionnaires thématiques T&P Books vous offre les avantages suivants:

- Les données d'origine sont regroupées de manière cohérente, ce qui vous permet une mémorisation lexicale optimale
- La présentation conjointe de mots ayant la même racine vous permet de mémoriser des groupes sémantiques entiers (plutôt que des mots isolés)
- Les sous-groupes sémantiques vous permettent d'associer les mots entre eux de manière logique, ce qui facilite votre consolidation du vocabulaire
- Votre maîtrise de la langue peut être évaluée en fonction du nombre de mots acquis

T&P Books Publishing
www.tpbooks.com

ISBN: 978-1-78767-468-4

Ce livre existe également en format électronique.
Pour plus d'informations, veuillez consulter notre site: www.tpbooks.com ou rendez-vous sur ceux des grandes librairies en ligne.

VOCABULAIRE PORTUGAIS BRÉSILIEN POUR L'AUTOFORMATION
Dictionnaire thématique

Les dictionnaires T&P Books ont pour but de vous aider à apprendre, à mémoriser et à réviser votre vocabulaire en langue étrangère. Ce lexique présente, de façon thématique, plus de 9000 mots les plus fréquents de la langue.

- Ce livre comporte les mots les plus couramment utilisés
- Son usage est recommandé en complément de l'étude de toute autre méthode de langue
- Il répond à la fois aux besoins des débutants et à ceux des étudiants en langues étrangères de niveau avancé
- Il est idéal pour un usage quotidien, des séances de révision ponctuelles et des tests d'auto-évaluation
- Il vous permet de tester votre niveau de vocabulaire

Spécificités de ce dictionnaire thématique:

- Les mots sont présentés de manière sémantique, et non alphabétique
- Ils sont répartis en trois colonnes pour faciliter la révision et l'auto-évaluation
- Les groupes sémantiques sont divisés en sous-groupes pour favoriser l'apprentissage
- Ce lexique donne une transcription simple et pratique de chaque mot en langue étrangère

Ce dictionnaire comporte 256 thèmes, dont:

les notions fondamentales, les nombres, les couleurs, les mois et les saisons, les unités de mesure, les vêtements et les accessoires, les aliments et la nutrition, le restaurant, la famille et les liens de parenté, le caractère et la personnalité, les sentiments et les émotions, les maladies, la ville et la cité, le tourisme, le shopping, l'argent, la maison, le foyer, le bureau, la vie de bureau, l'import-export, le marketing, la recherche d'emploi, les sports, l'éducation, l'informatique, l'Internet, les outils, la nature, les différents pays du monde, les nationalités, et bien d'autres encore …

TABLE DES MATIÈRES

GUIDE DE PRONONCIATION

Alphabet phonétique T&P	Exemple en portugais	Exemple en français

Voyelles

[a]	baixo ['baɪʃu]	classe
[e]	erro ['eʀu]	équipe
[ɛ]	leve ['lɛvə]	faire
[i]	lancil [lã'sil]	stylo
[o], [ɔ]	boca, orar ['bokɐ], [ɔ'rar]	normal
[u]	urgente [ur'ʒẽtə]	boulevard
[ã]	toranja [tu'rãʒɐ]	dentiste
[ẽ]	gente ['ʒẽtə]	magicien
[ĩ]	seringa [sə'rĩgɐ]	[i] nasale
[õ]	ponto ['põtu]	contrat
[ũ]	umbigo [ũ'bigu]	un demi-tour

Consonnes

[b]	banco ['bãku]	bureau
[d]	duche ['duʃə]	document
[dʒ]	abade [a'badʒi]	adjoint
[f]	facto ['faktu]	formule
[g]	gorila [gu'rilɐ]	gris
[j]	feira ['fejrɐ]	maillot
[k]	claro ['klaru]	bocal
[l]	Londres ['lõdrəʃ]	vélo
[ʎ]	molho ['moʎu]	souliers
[m]	montanha [mõ'tɐɲɐ]	minéral
[n]	novela [nu'vɛlɐ]	ananas
[ɲ]	senhora [sə'ɲorɐ]	canyon
[ŋ]	marketing ['marketiŋ]	parking
[p]	prata ['pratɐ]	panama
[s]	safira [sə'firɐ]	syndicat
[ʃ]	texto ['tɛʃtu]	chariot
[t]	teto ['tɛtu]	tennis
[tʃ]	doente [do'ẽtʃi]	match
[v]	alvo ['alvu]	rivière
[z]	vizinha [vi'ziɲɐ]	gazeuse
[ʒ]	juntos ['ʒũtuʃ]	jeunesse
[w]	sequoia [sə'kwojɐ]	iguane

ABRÉVIATIONS
employées dans ce livre

Abréviations en français

adj	-	adjective
adv	-	adverbe
anim.	-	animé
conj	-	conjonction
dénombr.	-	dénombrable
etc.	-	et cetera
f	-	nom féminin
f pl	-	féminin pluriel
fam.	-	familiar
fem.	-	féminin
form.	-	formal
inanim.	-	inanimé
indénombr.	-	indénombrable
m	-	nom masculin
m pl	-	masculin pluriel
m, f	-	masculin, féminin
masc.	-	masculin
math	-	mathematics
mil.	-	militaire
pl	-	pluriel
prep	-	préposition
pron	-	pronom
qch	-	quelque chose
qn	-	quelqu'un
sing.	-	singulier
v aux	-	verbe auxiliaire
v imp	-	verbe impersonnel
vi	-	verbe intransitif
vi, vt	-	verbe intransitif, transitif
vp	-	verbe pronominal
vt	-	verbe transitif

Abréviations en portugais

f	-	nom féminin
f pl	-	féminin pluriel
m	-	nom masculin
m pl	-	masculin pluriel

m, f	-	masculin, féminin
pl	-	pluriel
v aux	-	verbe auxiliaire
vi	-	verbe intransitif
vi, vt	-	verbe intransitif, transitif
vr	-	verbe pronominal réfléchi
vt	-	verbe transitif

CONCEPTS DE BASE

Concepts de base. Partie 1

1. Les pronoms

je	eu	['ew]
tu	você	[vɔ'se]
il	ele	['ɛli]
elle	ela	['ɛla]
nous	nós	[nɔs]
vous	vocês	[vɔ'ses]
ils	eles	['ɛlis]
elles	elas	['ɛlas]

2. Adresser des vœux. Se dire bonjour. Se dire au revoir

Bonjour! (fam.)	Oi!	[ɔj]
Bonjour! (form.)	Olá!	[o'la]
Bonjour! (le matin)	Bom dia!	[bõ 'dʒia]
Bonjour! (après-midi)	Boa tarde!	['boa 'tardʒi]
Bonsoir!	Boa noite!	['boa 'nojtʃi]
dire bonjour	cumprimentar (vt)	[kũprimẽ'tar]
Salut!	Oi!	[ɔj]
salut (m)	saudação (f)	[sawda'sãw]
saluer (vt)	saudar (vt)	[saw'dar]
Comment allez-vous?	Como você está?	['kɔmu vo'se is'ta]
Comment ça va?	Como vai?	['kɔmu 'vaj]
Quoi de neuf?	E aí, novidades?	[a a'i novi'dadʒis]
Au revoir!	Tchau!	['tʃaw]
À bientôt!	Até breve!	[a'tɛ 'brɛvi]
Adieu!	Adeus!	[a'dews]
dire au revoir	despedir-se (vr)	[dʒispe'dʒirsi]
Salut! (À bientôt!)	Até mais!	[a'tɛ majs]
Merci!	Obrigado! -a!	[obri'gadu, -a]
Merci beaucoup!	Muito obrigado! -a!	['mwĩtu obri'gadu, -a]
Je vous en prie	De nada	[de 'nada]
Il n'y a pas de quoi	Não tem de quê	['nãw tẽj de ke]
Pas de quoi	Não foi nada!	['nãw foj 'nada]
Excuse-moi!	Desculpa!	[dʒis'kuwpa]
Excusez-moi!	Desculpe!	[dʒis'kuwpe]

excuser (vt)	desculpar (vt)	[dʒiskuw'par]
s'excuser (vp)	desculpar-se (vr)	[dʒiskuw'parsi]
Mes excuses	Me desculpe	[mi dʒis'kuwpe]
Pardonnez-moi!	Desculpe!	[dʒis'kuwpe]
pardonner (vt)	perdoar (vt)	[per'dwar]
C'est pas grave	Não faz mal	['nãw fajʒ maw]
s'il vous plaît	por favor	[por fa'vor]
N'oubliez pas!	Não se esqueça!	['nãw si is'kesa]
Bien sûr!	Com certeza!	[kõ ser'teza]
Bien sûr que non!	Claro que não!	['klaru ki 'nãw]
D'accord!	Está bem! De acordo!	[is'ta bẽj], [de a'kordu]
Ça suffit!	Chega!	['ʃega]

3. Comment s'adresser à quelqu'un

Excusez-moi!	Desculpe ...	[dʒis'kuwpe]
monsieur	senhor	[se'ɲor]
madame	senhora	[se'ɲora]
madame (mademoiselle)	senhorita	[seɲo'rita]
jeune homme	jovem	['ʒovẽ]
petit garçon	menino	[me'ninu]
petite fille	menina	[me'nina]

4. Les nombres cardinaux. Partie 1

zéro	zero	['zɛru]
un	um	[ũ]
deux	dois	['dojs]
trois	três	[tres]
quatre	quatro	['kwatru]
cinq	cinco	['sĩku]
six	seis	[sejs]
sept	sete	['sɛtʃi]
huit	oito	['ojtu]
neuf	nove	['nɔvi]
dix	dez	[dɛz]
onze	onze	['õzi]
douze	doze	['dozi]
treize	treze	['trezi]
quatorze	catorze	[ka'torzi]
quinze	quinze	['kĩzi]
seize	dezesseis	[deze'sejs]
dix-sept	dezessete	[dezi'setʃi]
dix-huit	dezoito	[dʒi'zojtu]
dix-neuf	dezenove	[deze'nɔvi]
vingt	vinte	['vĩtʃi]
vingt et un	vinte e um	['vĩtʃi i ũ]

15

| vingt-deux | vinte e dois | ['vĩtʃi i 'dojs] |
| vingt-trois | vinte e três | ['vĩtʃi i 'tres] |

trente	trinta	['trĩta]
trente et un	trinta e um	['trĩta i ũ]
trente-deux	trinta e dois	['trĩta i 'dojs]
trente-trois	trinta e três	['trĩta i 'tres]

quarante	quarenta	[kwa'rẽta]
quarante et un	quarenta e um	[kwa'rẽta i 'ũ]
quarante-deux	quarenta e dois	[kwa'rẽta i 'dojs]
quarante-trois	quarenta e três	[kwa'rẽta i 'tres]

cinquante	cinquenta	[sĩ'kwẽta]
cinquante et un	cinquenta e um	[sĩ'kwẽta i ũ]
cinquante-deux	cinquenta e dois	[sĩ'kwẽta i 'dojs]
cinquante-trois	cinquenta e três	[sĩ'kwẽta i 'tres]

soixante	sessenta	[se'sẽta]
soixante et un	sessenta e um	[se'sẽta i ũ]
soixante-deux	sessenta e dois	[se'sẽta i 'dojs]
soixante-trois	sessenta e três	[se'sẽta i 'tres]

soixante-dix	setenta	[se'tẽta]
soixante et onze	setenta e um	[se'tẽta i ũ]
soixante-douze	setenta e dois	[se'tẽta i 'dojs]
soixante-treize	setenta e três	[se'tẽta i 'tres]

quatre-vingts	oitenta	[oj'tẽta]
quatre-vingt et un	oitenta e um	[oj'tẽta i 'ũ]
quatre-vingt deux	oitenta e dois	[oj'tẽta i 'dojs]
quatre-vingt trois	oitenta e três	[oj'tẽta i 'tres]

quatre-vingt-dix	noventa	[no'vẽta]
quatre-vingt et onze	noventa e um	[no'vẽta i 'ũ]
quatre-vingt-douze	noventa e dois	[no'vẽta i 'dojs]
quatre-vingt-treize	noventa e três	[no'vẽta i 'tres]

5. Les nombres cardinaux. Partie 2

cent	cem	[sẽ]
deux cents	duzentos	[du'zẽtus]
trois cents	trezentos	[tre'zẽtus]
quatre cents	quatrocentos	[kwatro'sẽtus]
cinq cents	quinhentos	[ki'ɲẽtus]

six cents	seiscentos	[sej'sẽtus]
sept cents	setecentos	[sete'sẽtus]
huit cents	oitocentos	[ojtu'sẽtus]
neuf cents	novecentos	[nove'sẽtus]

mille	mil	[miw]
deux mille	dois mil	['dojs miw]
trois mille	três mil	['tres miw]

dix mille	**dez mil**	['dɛz miw]
cent mille	**cem mil**	[sẽ miw]
million (m)	**um milhão**	[ũ mi'ʎãw]
milliard (m)	**um bilhão**	[ũ bi'ʎãw]

6. Les nombres ordinaux

premier (adj)	**primeiro**	[pri'mejru]
deuxième (adj)	**segundo**	[se'gũdu]
troisième (adj)	**terceiro**	[ter'sejru]
quatrième (adj)	**quarto**	['kwartu]
cinquième (adj)	**quinto**	['kĩtu]

sixième (adj)	**sexto**	['sestu]
septième (adj)	**sétimo**	['sɛtʃimu]
huitième (adj)	**oitavo**	[oj'tavu]
neuvième (adj)	**nono**	['nonu]
dixième (adj)	**décimo**	['dɛsimu]

7. Nombres. Fractions

fraction (f)	**fração** (f)	[fra'sãw]
un demi	**um meio**	[ũ 'meju]
un tiers	**um terço**	[ũ 'tersu]
un quart	**um quarto**	[ũ 'kwartu]

un huitième	**um oitavo**	[ũ oj'tavu]
un dixième	**um décimo**	[ũ 'dɛsimu]
deux tiers	**dois terços**	['dojs 'tersus]
trois quarts	**três quartos**	[tres 'kwartus]

8. Les nombres. Opérations mathématiques

soustraction (f)	**subtração** (f)	[subtra'sãw]
soustraire (vt)	**subtrair** (vi, vt)	[subtra'ir]
division (f)	**divisão** (f)	[dʒivi'zãw]
diviser (vt)	**dividir** (vt)	[dʒivi'dʒir]

addition (f)	**adição** (f)	[adʒi'sãw]
additionner (vt)	**somar** (vt)	[so'mar]
ajouter (vt)	**adicionar** (vt)	[adʒisjo'nar]
multiplication (f)	**multiplicação** (f)	[muwtʃiplika'sãw]
multiplier (vt)	**multiplicar** (vt)	[muwtʃipli'kar]

9. Les nombres. Divers

chiffre (m)	**algarismo, dígito** (m)	[awga'rizmu], ['dʒiʒitu]
nombre (m)	**número** (m)	['numeru]

adjectif (m) numéral	numeral (m)	[nume'raw]
moins (m)	sinal (m) de menos	[si'naw de 'menus]
plus (m)	mais (m)	[majs]
formule (f)	fórmula (f)	['fɔrmula]

calcul (m)	cálculo (m)	['kawkulu]
compter (vt)	contar (vt)	[kõ'tar]
calculer (vt)	calcular (vt)	[kawku'lar]
comparer (vt)	comparar (vt)	[kõpa'rar]

Combien? (indénombr.)	Quanto?	['kwãtu]
Combien? (dénombr.)	Quantos? -as?	['kwãtus, -as]

somme (f)	soma (f)	['sɔma]
résultat (m)	resultado (m)	[hezuw'tadu]
reste (m)	resto (m)	['hɛstu]

quelques …	alguns, algumas …	[aw'gũs], [aw'gumas]
peu de … (dénombr.)	poucos, poucas	['pokus], ['pokas]
peu de … (indénombr.)	um pouco …	[ũ 'poku]
reste (m)	resto (m)	['hɛstu]
un et demi	um e meio	[ũ i 'meju]
douzaine (f)	dúzia (f)	['duzja]

en deux (adv)	ao meio	[aw 'meju]
en parties égales	em partes iguais	[ẽ 'partʃis i'gwais]
moitié (f)	metade (f)	[me'tadʒi]
fois (f)	vez (f)	[vez]

10. Les verbes les plus importants. Partie 1

aider (vt)	ajudar (vt)	[aʒu'dar]
aimer (qn)	amar (vt)	[a'mar]
aller (à pied)	ir (vi)	[ir]
apercevoir (vt)	perceber (vt)	[perse'ber]
appartenir à …	pertencer (vt)	[pertẽ'ser]

appeler (au secours)	chamar (vt)	[ʃa'mar]
attendre (vt)	esperar (vt)	[ispe'rar]
attraper (vt)	pegar (vt)	[pe'gar]
avertir (vt)	advertir (vt)	[adʒiver'tʃir]

avoir (vt)	ter (vt)	[ter]
avoir confiance	confiar (vt)	[kõ'fjar]
avoir faim	ter fome	[ter 'fɔmi]

avoir peur	ter medo	[ter 'medu]
avoir soif	ter sede	[ter 'sedʒi]
cacher (vt)	esconder (vt)	[iskõ'der]
casser (briser)	quebrar (vt)	[ke'brar]
cesser (vt)	cessar (vt)	[se'sar]

changer (vt)	mudar (vt)	[mu'dar]
chasser (animaux)	caçar (vi)	[ka'sar]

chercher (vt)	buscar (vt)	[bus'kar]
choisir (vt)	escolher (vt)	[isko'ʎer]
commander (~ le menu)	pedir (vt)	[pe'dʒir]

commencer (vt)	começar (vt)	[kome'sar]
comparer (vt)	comparar (vt)	[kõpa'rar]
comprendre (vt)	entender (vt)	[ẽtẽ'der]
compter (dénombrer)	contar (vt)	[kõ'tar]
compter sur ...	contar com ...	[kõ'tar kõ]

confondre (vt)	confundir (vt)	[kõfũ'dʒir]
connaître (qn)	conhecer (vt)	[koɲe'ser]
conseiller (vt)	aconselhar (vt)	[akõse'ʎar]
continuer (vt)	continuar (vt)	[kõtʃi'nwar]
contrôler (vt)	controlar (vt)	[kõtro'lar]

courir (vi)	correr (vi)	[ko'her]
coûter (vt)	custar (vt)	[kus'tar]
créer (vt)	criar (vt)	[krjar]
creuser (vt)	cavar (vt)	[ka'var]
crier (vi)	gritar (vi)	[gri'tar]

11. Les verbes les plus importants. Partie 2

décorer (~ la maison)	decorar (vt)	[deko'rar]
défendre (vt)	defender (vt)	[defẽ'der]
déjeuner (vi)	almoçar (vi)	[awmo'sar]
demander (~ l'heure)	perguntar (vt)	[pergũ'tar]
demander (de faire qch)	pedir (vt)	[pe'dʒir]

descendre (vi)	descer (vi)	[de'ser]
deviner (vt)	adivinhar (vt)	[adʒivi'ɲar]
dîner (vi)	jantar (vi)	[ʒã'tar]
dire (vt)	dizer (vt)	[dʒi'zer]
diriger (~ une usine)	dirigir (vt)	[dʒiri'ʒir]
discuter (vt)	discutir (vt)	[dʒisku'tʃir]

donner (vt)	dar (vt)	[dar]
donner un indice	dar uma dica	[dar 'uma 'dʒika]
douter (vt)	duvidar (vt)	[duvi'dar]
écrire (vt)	escrever (vt)	[iskre'ver]
entendre (bruit, etc.)	ouvir (vt)	[o'vir]

entrer (vi)	entrar (vi)	[ẽ'trar]
envoyer (vt)	enviar (vt)	[ẽ'vjar]
espérer (vi)	esperar (vi, vt)	[ispe'rar]
essayer (vt)	tentar (vt)	[tẽ'tar]
être (~ fatigué)	estar (vi)	[is'tar]

être (~ médecin)	ser (vi)	[ser]
être d'accord	concordar (vi)	[kõkor'dar]
être nécessaire	ser necessário	[ser nese'sarju]
être pressé	apressar-se (vr)	[apre'sarsi]
étudier (vt)	estudar (vt)	[istu'dar]

excuser (vt)	desculpar (vt)	[dʒiskuw'par]
exiger (vt)	exigir (vt)	[ezi'ʒir]
exister (vi)	existir (vi)	[ezis'tʃir]
expliquer (vt)	explicar (vt)	[ispli'kar]

faire (vt)	fazer (vt)	[fa'zer]
faire tomber	deixar cair (vt)	[dej'ʃar ka'ir]
finir (vt)	acabar, terminar (vt)	[aka'bar], [termi'nar]
garder (conserver)	guardar (vt)	[gwar'dar]
gronder, réprimander (vt)	ralhar, repreender (vt)	[ha'ʎar], [heprjē'der]

informer (vt)	informar (vt)	[ĩfor'mar]
insister (vi)	insistir (vi)	[ĩsis'tʃir]
insulter (vt)	insultar (vt)	[ĩsuw'tar]
inviter (vt)	convidar (vt)	[kõvi'dar]
jouer (s'amuser)	brincar, jogar (vi, vt)	[brĩ'kar], [ʒo'gar]

12. Les verbes les plus importants. Partie 3

libérer (ville, etc.)	libertar, liberar (vt)	[liber'tar], [libe'rar]
lire (vi, vt)	ler (vt)	[ler]
louer (prendre en location)	alugar (vt)	[alu'gar]
manquer (l'école)	faltar a ...	[faw'tar a]
menacer (vt)	ameaçar (vt)	[amea'sar]

mentionner (vt)	mencionar (vt)	[mēsjo'nar]
montrer (vt)	mostrar (vt)	[mos'trar]
nager (vi)	nadar (vi)	[na'dar]
objecter (vt)	objetar (vt)	[obʒe'tar]
observer (vt)	observar (vt)	[obser'var]

ordonner (mil.)	ordenar (vt)	[orde'nar]
oublier (vt)	esquecer (vt)	[iske'ser]
ouvrir (vt)	abrir (vt)	[a'brir]
pardonner (vt)	perdoar (vt)	[per'dwar]
parler (vi, vt)	falar (vi)	[fa'lar]

participer à ...	participar (vi)	[partʃisi'par]
payer (régler)	pagar (vt)	[pa'gar]
penser (vi, vt)	pensar (vi, vt)	[pē'sar]
permettre (vt)	permitir (vt)	[permi'tʃir]
plaire (être apprécié)	gostar (vt)	[gos'tar]

plaisanter (vi)	brincar (vi)	[brĩ'kar]
planifier (vt)	planejar (vt)	[plane'ʒar]
pleurer (vi)	chorar (vi)	[ʃo'rar]
posséder (vt)	possuir (vt)	[po'swir]
pouvoir (v aux)	poder (vi)	[po'der]
préférer (vt)	preferir (vt)	[prefe'rir]

prendre (vt)	pegar (vt)	[pe'gar]
prendre en note	anotar (vt)	[ano'tar]
prendre le petit déjeuner	tomar café da manhã	[to'mar ka'fɛ da ma'ɲã]
préparer (le dîner)	preparar (vt)	[prepa'rar]

prévoir (vt)	**prever** (vt)	[pre'ver]
prier (~ Dieu)	**rezar, orar** (vi)	[he'zar], [o'rar]
promettre (vt)	**prometer** (vt)	[prome'ter]
prononcer (vt)	**pronunciar** (vt)	[pronũ'sjar]
proposer (vt)	**propor** (vt)	[pro'por]
punir (vt)	**punir** (vt)	[pu'nir]

13. Les verbes les plus importants. Partie 4

recommander (vt)	**recomendar** (vt)	[hekomẽ'dar]
regretter (vt)	**arrepender-se** (vr)	[ahepẽ'dersi]
répéter (dire encore)	**repetir** (vt)	[hepe'tʃir]
répondre (vi, vt)	**responder** (vt)	[hespõ'der]
réserver (une chambre)	**reservar** (vt)	[hezer'var]
rester silencieux	**ficar em silêncio**	[fi'kar ẽ si'lẽsju]
réunir (regrouper)	**unir** (vt)	[u'nir]
rire (vi)	**rir** (vi)	[hir]
s'arrêter (vp)	**parar** (vi)	[pa'rar]
s'asseoir (vp)	**sentar-se** (vr)	[sẽ'tarsi]
sauver (la vie à qn)	**salvar** (vt)	[saw'var]
savoir (qch)	**saber** (vt)	[sa'ber]
se baigner (vp)	**ir nadar**	[ir na'dar]
se plaindre (vp)	**queixar-se** (vr)	[kej'ʃarsi]
se refuser (vp)	**negar-se** (vt)	[ne'garsi]
se tromper (vp)	**errar** (vi)	[e'har]
se vanter (vp)	**gabar-se** (vr)	[ga'barsi]
s'étonner (vp)	**surpreender-se** (vr)	[surprjẽ'dersi]
s'excuser (vp)	**desculpar-se** (vr)	[dʒiskuw'parsi]
signer (vt)	**assinar** (vt)	[asi'nar]
signifier (vt)	**significar** (vt)	[signifi'kar]
s'intéresser (vp)	**interessar-se** (vr)	[ĩtere'sarsi]
sortir (aller dehors)	**sair** (vi)	[sa'ir]
sourire (vi)	**sorrir** (vi)	[so'hir]
sous-estimer (vt)	**subestimar** (vt)	[subestʃi'mar]
suivre ... (suivez-moi)	**seguir ...**	[se'gir]
tirer (vi)	**disparar, atirar** (vi)	[dʒispa'rar], [atʃi'rar]
tomber (vi)	**cair** (vi)	[ka'ir]
toucher (avec les mains)	**tocar** (vt)	[to'kar]
tourner (~ à gauche)	**virar** (vi)	[vi'rar]
traduire (vt)	**traduzir** (vt)	[tradu'zir]
travailler (vi)	**trabalhar** (vi)	[traba'ʎar]
tromper (vt)	**enganar** (vt)	[ẽga'nar]
trouver (vt)	**encontrar** (vt)	[ẽkõ'trar]
tuer (vt)	**matar** (vt)	[ma'tar]
vendre (vt)	**vender** (vt)	[vẽ'der]
venir (vi)	**chegar** (vi)	[ʃe'gar]
voir (vt)	**ver** (vt)	[ver]

voler (avion, oiseau)	voar (vi)	[vo'ar]
voler (qch à qn)	roubar (vt)	[ho'bar]
vouloir (vt)	querer (vt)	[ke'rer]

14. Les couleurs

couleur (f)	cor (f)	[kɔr]
teinte (f)	tom (m)	[tõ]
ton (m)	tonalidade (m)	[tonali'dadʒi]
arc-en-ciel (m)	arco-íris (m)	['arku 'iris]

blanc (adj)	branco	['brãku]
noir (adj)	preto	['pretu]
gris (adj)	cinza	['sĩza]

vert (adj)	verde	['verdʒi]
jaune (adj)	amarelo	[ama'rɛlu]
rouge (adj)	vermelho	[ver'meʎu]

bleu (adj)	azul	[a'zuw]
bleu clair (adj)	azul claro	[a'zuw 'klaru]
rose (adj)	rosa	['hɔza]
orange (adj)	laranja	[la'rãʒa]
violet (adj)	violeta	[vjo'leta]
brun (adj)	marrom	[ma'hõ]

d'or (adj)	dourado	[do'radu]
argenté (adj)	prateado	[pra'tʃjadu]

beige (adj)	bege	['bɛʒi]
crème (adj)	creme	['krɛmi]
turquoise (adj)	turquesa	[tur'keza]
rouge cerise (adj)	vermelho cereja	[ver'meʎu se'reʒa]
lilas (adj)	lilás	[li'las]
framboise (adj)	carmim	[kah'mĩ]

clair (adj)	claro	['klaru]
foncé (adj)	escuro	[is'kuru]
vif (adj)	vivo	['vivu]

de couleur (adj)	de cor	[de kɔr]
en couleurs (adj)	a cores	[a 'kores]
noir et blanc (adj)	preto e branco	['pretu i 'brãku]
unicolore (adj)	de uma só cor	[de 'uma sɔ kɔr]
multicolore (adj)	multicolor	[muwtʃiko'lor]

15. Les questions

Qui?	Quem?	[kẽj]
Quoi?	O que?	[u ki]
Où? (~ es-tu?)	Onde?	['õdʒi]
Où? (~ vas-tu?)	Para onde?	['para 'õdʒi]

D'où?	De onde?	[de 'õdʒi]
Quand?	Quando?	['kwãdu]
Pourquoi? (~ es-tu venu?)	Para quê?	['para ke]
Pourquoi? (~ t'es pâle?)	Por quê?	[por 'ke]

À quoi bon?	Para quê?	['para ke]
Comment?	Como?	['kɔmu]
Quel? (à ~ prix?)	Qual?	[kwaw]
Lequel?	Qual?	[kwaw]

À qui? (pour qui?)	A quem?	[a kẽj]
De qui?	De quem?	[de kẽj]
De quoi?	Do quê?	[du ke]
Avec qui?	Com quem?	[kõ kẽj]

Combien? (indénombr.)	Quanto?	['kwãtu]
Combien? (dénombr.)	Quantos? -as?	['kwãtus, -as]
À qui? (~ est ce livre?)	De quem?	[de kẽj]

16. Les prépositions

avec (~ toi)	com	[kõ]
sans (~ sucre)	sem	[sẽ]
à (aller ~ ...)	a ..., para ...	[a], ['para]
de (au sujet de)	sobre ...	['sobri]
avant (~ midi)	antes de ...	['ãtʃis de]
devant (~ la maison)	em frente de ...	[ẽ 'frẽtʃi de]

sous (~ la commode)	debaixo de ...	[de'baɪʃu de]
au-dessus de ...	sobre ..., em cima de ...	['sobri], [ẽ 'sima de]
sur (dessus)	em ..., sobre ...	[ẽ], ['sobri]
de (venir ~ Paris)	de ...	[de]
en (en bois, etc.)	de ...	[de]

dans (~ deux heures)	em ...	[ẽ]
par dessus	por cima de ...	[por 'sima de]

17. Les mots-outils. Les adverbes. Partie 1

Où? (~ es-tu?)	Onde?	['õdʒi]
ici (c'est ~)	aqui	[a'ki]
là-bas (c'est ~)	lá, ali	[la], [a'li]

quelque part (être)	em algum lugar	[ẽ aw'gũ lu'gar]
nulle part (adv)	em lugar nenhum	[ẽ lu'gar ne'ɲũ]

près de ...	perto de ...	['pɛrtu de]
près de la fenêtre	perto da janela	['pɛrtu da ʒa'nɛla]

Où? (~ vas-tu?)	Para onde?	['para 'õdʒi]
ici (Venez ~)	aqui	[a'ki]
là-bas (j'irai ~)	para lá	['para la]

| d'ici (adv) | daqui | [da'ki] |
| de là-bas (adv) | de lá, dali | [de la], [da'li] |

| près (pas loin) | perto | ['pɛrtu] |
| loin (adv) | longe | ['lõʒi] |

près de (~ Paris)	perto de ...	['pɛrtu de]
tout près (adv)	à mão, perto	[a mãw], ['pɛrtu]
pas loin (adv)	não fica longe	['nãw 'fika 'lõʒi]

gauche (adj)	esquerdo	[is'kerdu]
à gauche (être ~)	à esquerda	[a is'kerda]
à gauche (tournez ~)	para a esquerda	['para a is'kerda]

droit (adj)	direito	[dʒi'rejtu]
à droite (être ~)	à direita	[a dʒi'rejta]
à droite (tournez ~)	para a direita	['para a dʒi'rejta]

devant (adv)	em frente	[ẽ 'frẽtʃi]
de devant (adj)	da frente	[da 'frẽtʃi]
en avant (adv)	adiante	[a'dʒjãtʃi]

derrière (adv)	atrás de ...	[a'trajs de]
par derrière (adv)	de trás	[de trajs]
en arrière (regarder ~)	para trás	['para trajs]

| milieu (m) | meio (m), metade (f) | ['meju], [me'tadʒi] |
| au milieu (adv) | no meio | [nu 'meju] |

de côté (vue ~)	do lado	[du 'ladu]
partout (adv)	em todo lugar	[ẽ 'todu lu'gar]
autour (adv)	por todos os lados	[por 'todus os 'ladus]

de l'intérieur	de dentro	[de 'dẽtru]
quelque part (aller)	para algum lugar	['para aw'gũ lu'gar]
tout droit (adv)	diretamente	[dʒireta'mẽtʃi]
en arrière (revenir ~)	de volta	[de 'vɔwta]

| de quelque part (n'import d'où) | de algum lugar | [de aw'gũ lu'gar] |

| de quelque part (on ne sait pas d'où) | de algum lugar | [de aw'gũ lu'gar] |

premièrement (adv)	em primeiro lugar	[ẽ pri'mejru lu'gar]
deuxièmement (adv)	em segundo lugar	[ẽ se'gũdu lu'gar]
troisièmement (adv)	em terceiro lugar	[ẽ ter'sejru lu'gar]

soudain (adv)	de repente	[de he'pẽtʃi]
au début (adv)	no início	[nu i'nisju]
pour la première fois	pela primeira vez	['pɛla pri'mejra 'vez]
bien avant ...	muito antes de ...	['mwĩtu 'ãtʃis de]
de nouveau (adv)	de novo	[de 'novu]
pour toujours (adv)	para sempre	['para 'sẽpri]

| jamais (adv) | nunca | ['nũka] |
| de nouveau, encore (adv) | de novo | [de 'novu] |

maintenant (adv)	agora	[a'gɔra]
souvent (adv)	frequentemente	[frekwẽtʃi'mẽtʃi]
alors (adv)	então	[ẽ'tãw]
d'urgence (adv)	urgentemente	[urʒẽte'mẽtʃi]
d'habitude (adv)	normalmente	[nɔrmaw'mẽtʃi]

à propos, ...	a propósito, ...	[a pro'pɔzitu]
c'est possible	é possível	[ɛ po'sivew]
probablement (adv)	provavelmente	[provavɛw'mẽtʃi]
peut-être (adv)	talvez	[taw'vez]
en plus, ...	além disso, ...	[a'lẽj 'dʒisu]
c'est pourquoi ...	por isso ...	[por 'isu]
malgré ...	apesar de ...	[ape'zar de]
grâce à ...	graças a ...	['grasas a]

quoi (pron)	que	[ki]
que (conj)	que	[ki]
quelque chose (Il m'est arrivé ~)	algo	[awgu]
quelque chose (peut-on faire ~)	alguma coisa	[aw'guma 'kojza]
rien (m)	nada	['nada]

qui (pron)	quem	[kẽj]
quelqu'un (on ne sait pas qui)	alguém	[aw'gẽj]
quelqu'un (n'importe qui)	alguém	[aw'gẽj]

personne (pron)	ninguém	[nĩ'gẽj]
nulle part (aller ~)	para lugar nenhum	['para lu'gar ne'ɲũ]
de personne	de ninguém	[de nĩ'gẽj]
de n'importe qui	de alguém	[de aw'gẽj]

comme ça (adv)	tão	[tãw]
également (adv)	também	[tã'bẽj]
aussi (adv)	também	[tã'bẽj]

18. Les mots-outils. Les adverbes. Partie 2

Pourquoi?	Por quê?	[por 'ke]
pour une certaine raison	por alguma razão	[por aw'guma ha'zãw]
parce que ...	porque ...	[por'ke]
pour une raison quelconque	por qualquer razão	[por kwaw'ker ha'zãw]

et (conj)	e	[i]
ou (conj)	ou	['o]
mais (conj)	mas	[mas]
pour ... (prep)	para	['para]

trop (adv)	muito, demais	['mwĩtu], [dʒi'majs]
seulement (adv)	só, somente	[sɔ], [sɔ'mẽtʃi]
précisément (adv)	exatamente	[ɛzata'mẽtʃi]
près de ... (prep)	cerca de ...	['serka de]
approximativement	aproximadamente	[aprosimada'mẽti]
approximatif (adj)	aproximado	[aprosi'madu]

| presque (adv) | quase | ['kwazi] |
| reste (m) | resto (m) | ['hɛstu] |

l'autre (adj)	o outro	[u 'otru]
autre (adj)	outro	['otru]
chaque (adj)	cada	['kada]
n'importe quel (adj)	qualquer	[kwaw'ker]
beaucoup de (indénombr.)	muito	['mwĩtu]
beaucoup de (dénombr.)	muitos, muitas	['mwĩtos], ['mwĩtas]
plusieurs (pron)	muitas pessoas	['mwĩtas pe'soas]
tous	todos	['todus]

en échange de ...	em troca de ...	[ẽ 'trɔka de]
en échange (adv)	em troca	[ẽ 'trɔka]
à la main (adv)	à mão	[a mãw]
peu probable (adj)	pouco provável	['poku pro'vavew]

probablement (adv)	provavelmente	[provavɛw'mẽtʃi]
exprès (adv)	de propósito	[de pro'pozitu]
par accident (adv)	por acidente	[por asi'dẽtʃi]

très (adv)	muito	['mwĩtu]
par exemple (adv)	por exemplo	[por e'zẽplu]
entre (prep)	entre	['ẽtri]
parmi (prep)	entre, no meio de ...	['ẽtri], [nu 'meju de]
autant (adv)	tanto	['tãtu]
surtout (adv)	especialmente	[ispesjal'mẽte]

Concepts de base. Partie 2

19. Les contraires

riche (adj)	rico	['hiku]
pauvre (adj)	pobre	['pɔbri]
malade (adj)	doente	[do'ẽtʃi]
en bonne santé	bem	[bẽj]
grand (adj)	grande	['grãdʒi]
petit (adj)	pequeno	[pe'kenu]
vite (adv)	rapidamente	[hapida'mẽtʃi]
lentement (adv)	lentamente	[lẽta'mẽtʃi]
rapide (adj)	rápido	['hapidu]
lent (adj)	lento	['lẽtu]
joyeux (adj)	alegre, feliz	[a'lɛgri], [fe'liz]
triste (adj)	triste	['tristʃi]
ensemble (adv)	juntos	['ʒũtus]
séparément (adv)	separadamente	[separada'mẽtʃi]
à haute voix	em voz alta	[ẽ vɔz 'awta]
en silence	para si	['para si]
haut (adj)	alto	['awtu]
bas (adj)	baixo	['baɪʃu]
profond (adj)	profundo	[pro'fũdu]
peu profond (adj)	raso	['hazu]
oui (adv)	sim	[sĩ]
non (adv)	não	[nãw]
lointain (adj)	distante	[dʒis'tãtʃi]
proche (adj)	próximo	['prɔsimu]
loin (adv)	longe	['lõʒi]
près (adv)	perto	['pɛrtu]
long (adj)	longo	['lõgu]
court (adj)	curto	['kurtu]
bon (au bon cœur)	bom, bondoso	[bõ], [bõ'dozu]
méchant (adj)	mal	[maw]

marié (adj)	casado	[ka'zadu]
célibataire (adj)	solteiro	[sow'tejru]
interdire (vt)	proibir (vt)	[proi'bir]
permettre (vt)	permitir (vt)	[permi'tʃir]
fin (f)	fim (m)	[fĩ]
début (m)	início (m)	[i'nisju]
gauche (adj)	esquerdo	[is'kerdu]
droit (adj)	direito	[dʒi'rejtu]
premier (adj)	primeiro	[pri'mejru]
dernier (adj)	último	['uwtʃimu]
crime (m)	crime (m)	['krimi]
punition (f)	castigo (m)	[kas'tʃigu]
ordonner (vt)	ordenar (vt)	[orde'nar]
obéir (vt)	obedecer (vt)	[obede'ser]
droit (adj)	reto	['hɛtu]
courbé (adj)	curvo	['kurvu]
paradis (m)	paraíso (m)	[para'izu]
enfer (m)	inferno (m)	[ĩ'fɛrnu]
naître (vi)	nascer (vi)	[na'ser]
mourir (vi)	morrer (vi)	[mo'her]
fort (adj)	forte	['fɔrtʃi]
faible (adj)	fraco, débil	['fraku], ['debiw]
vieux (adj)	velho, idoso	['vɛʎu], [i'dozu]
jeune (adj)	jovem	['ʒɔvẽ]
vieux (adj)	velho	['vɛʎu]
neuf (adj)	novo	['novu]
dur (adj)	duro	['duru]
mou (adj)	macio	[ma'siu]
chaud (tiède)	quente	['kẽtʃi]
froid (adj)	frio	['friu]
gros (adj)	gordo	['gordu]
maigre (adj)	magro	['magru]
étroit (adj)	estreito	[is'trejtu]
large (adj)	largo	['largu]
bon (adj)	bom	[bõ]
mauvais (adj)	mau	[maw]
vaillant (adj)	valente, corajoso	[va'lẽtʃi], [kora'ʒozu]
peureux (adj)	covarde	[ko'vardʒi]

20. Les jours de la semaine

lundi (m)	segunda-feira (f)	[se'gũda-'fejra]
mardi (m)	terça-feira (f)	['tersa 'fejra]
mercredi (m)	quarta-feira (f)	['kwarta-'fejra]
jeudi (m)	quinta-feira (f)	['kĩta-'fejra]
vendredi (m)	sexta-feira (f)	['sesta-'fejra]
samedi (m)	sábado (m)	['sabadu]
dimanche (m)	domingo (m)	[do'mĩgu]
aujourd'hui (adv)	hoje	['oʒi]
demain (adv)	amanhã	[ama'ɲã]
après-demain (adv)	depois de amanhã	[de'pojs de ama'ɲã]
hier (adv)	ontem	['õtẽ]
avant-hier (adv)	anteontem	[ãtʃi'õtẽ]
jour (m)	dia (m)	['dʒia]
jour (m) ouvrable	dia (m) de trabalho	['dʒia de tra'baʎu]
jour (m) férié	feriado (m)	[fe'rjadu]
jour (m) de repos	dia (m) de folga	['dʒia de 'fɔwga]
week-end (m)	fim (m) de semana	[fĩ de se'mana]
toute la journée	o dia todo	[u 'dʒia 'todu]
le lendemain	no dia seguinte	[nu 'dʒia se'gĩtʃi]
il y a 2 jours	há dois dias	[a 'dojs 'dʒias]
la veille	na véspera	[na 'vɛspera]
quotidien (adj)	diário	['dʒjarju]
tous les jours	todos os dias	['todus us 'dʒias]
semaine (f)	semana (f)	[se'mana]
la semaine dernière	na semana passada	[na se'mana pa'sada]
la semaine prochaine	semana que vem	[se'mana ke vẽj]
hebdomadaire (adj)	semanal	[sema'naw]
chaque semaine	toda semana	['tɔda se'mana]
2 fois par semaine	duas vezes por semana	['duas 'vezis por se'mana]
tous les mardis	toda terça-feira	['tɔda tersa 'fejra]

21. Les heures. Le jour et la nuit

matin (m)	manhã (f)	[ma'ɲã]
le matin	de manhã	[de ma'ɲã]
midi (m)	meio-dia (m)	['meju 'dʒia]
dans l'après-midi	à tarde	[a 'tardʒi]
soir (m)	tardinha (f)	[tar'dʒiɲa]
le soir	à tardinha	[a tar'dʒiɲa]
nuit (f)	noite (f)	['nojtʃi]
la nuit	à noite	[a 'nojtʃi]
minuit (f)	meia-noite (f)	['meja 'nojtʃi]
seconde (f)	segundo (m)	[se'gũdu]
minute (f)	minuto (m)	[mi'nutu]
heure (f)	hora (f)	['ɔra]

demi-heure (f)	meia hora (f)	['meja 'ɔra]
un quart d'heure	quarto (m) de hora	['kwartu de 'ɔra]
quinze minutes	quinze minutos	['kĩzi mi'nutus]
vingt-quatre heures	vinte e quatro horas	['vĩtʃi i 'kwatru 'ɔras]
lever (m) du soleil	nascer (m) do sol	[na'ser du sɔw]
aube (f)	amanhecer (m)	[amaɲe'ser]
point (m) du jour	madrugada (f)	[madru'gada]
coucher (m) du soleil	pôr-do-sol (m)	[por du 'sɔw]
tôt le matin	de madrugada	[de madru'gada]
ce matin	esta manhã	['ɛsta ma'ɲã]
demain matin	amanhã de manhã	[ama'ɲã de ma'ɲã]
cet après-midi	esta tarde	['ɛsta 'tardʒi]
dans l'après-midi	à tarde	[a 'tardʒi]
demain après-midi	amanhã à tarde	[ama'ɲã a 'tardʒi]
ce soir	esta noite, hoje à noite	['ɛsta 'nojtʃi], ['oʒi a 'nojtʃi]
demain soir	amanhã à noite	[ama'ɲã a 'nojtʃi]
à 3 heures précises	às três horas em ponto	[as tres 'ɔras ẽ 'põtu]
autour de 4 heures	por volta das quatro	[por 'vɔwta das 'kwatru]
vers midi	às doze	[as 'dozi]
dans 20 minutes	em vinte minutos	[ẽ 'vĩtʃi mi'nutus]
dans une heure	em uma hora	[ẽ 'uma 'ɔra]
à temps	a tempo	[a 'tẽpu]
… moins le quart	… um quarto para	[… ũ 'kwartu 'para]
en une heure	dentro de uma hora	['dẽtru de 'uma 'ɔra]
tous les quarts d'heure	a cada quinze minutos	[a 'kada 'kĩzi mi'nutus]
24 heures sur 24	as vinte e quatro horas	[as 'vĩtʃi i 'kwatru 'ɔras]

22. Les mois. Les saisons

janvier (m)	janeiro (m)	[ʒa'nejru]
février (m)	fevereiro (m)	[feve'rejru]
mars (m)	março (m)	['marsu]
avril (m)	abril (m)	[a'briw]
mai (m)	maio (m)	['maju]
juin (m)	junho (m)	['ʒuɲu]
juillet (m)	julho (m)	['ʒuʎu]
août (m)	agosto (m)	[a'gostu]
septembre (m)	setembro (m)	[se'tẽbru]
octobre (m)	outubro (m)	[o'tubru]
novembre (m)	novembro (m)	[no'vẽbru]
décembre (m)	dezembro (m)	[de'zẽbru]
printemps (m)	primavera (f)	[prima'vɛra]
au printemps	na primavera	[na prima'vɛra]
de printemps (adj)	primaveril	[primave'riw]
été (m)	verão (m)	[ve'rãw]

30

| en été | no verão | [nu ve'rãw] |
| d'été (adj) | de verão | [de ve'rãw] |

automne (m)	outono (m)	[o'tɔnu]
en automne	no outono	[nu o'tɔnu]
d'automne (adj)	outonal	[oto'naw]

hiver (m)	inverno (m)	[ĩ'vɛrnu]
en hiver	no inverno	[nu ĩ'vɛrnu]
d'hiver (adj)	de inverno	[de ĩ'vɛrnu]
mois (m)	mês (m)	[mes]
ce mois	este mês	['estʃi mes]
le mois prochain	mês que vem	['mes ki vẽj]
le mois dernier	no mês passado	[no mes pa'sadu]

il y a un mois	um mês atrás	[ũ 'mes a'trajs]
dans un mois	em um mês	[ẽ ũ mes]
dans 2 mois	em dois meses	[ẽ dojs 'mezis]
tout le mois	todo o mês	['todu u mes]
tout un mois	um mês inteiro	[ũ mes ĩ'tejru]

mensuel (adj)	mensal	[mẽ'saw]
mensuellement	mensalmente	[mẽsaw'mẽtʃi]
chaque mois	todo mês	['todu 'mes]
2 fois par mois	duas vezes por mês	['duas 'vezis por mes]

année (f)	ano (m)	['anu]
cette année	este ano	['estʃi 'anu]
l'année prochaine	ano que vem	['anu ki vẽj]
l'année dernière	no ano passado	[nu 'anu pa'sadu]
il y a un an	há um ano	[a ũ 'anu]
dans un an	em um ano	[ẽ ũ 'anu]
dans 2 ans	dentro de dois anos	['dẽtru de 'dojs 'anus]
toute l'année	todo o ano	['todu u 'anu]
toute une année	um ano inteiro	[ũ 'anu ĩ'tejru]

chaque année	cada ano	['kada 'anu]
annuel (adj)	anual	[a'nwaw]
annuellement	anualmente	[anwaw'mẽte]
4 fois par an	quatro vezes por ano	['kwatru 'vezis por 'anu]

date (f) (jour du mois)	data (f)	['data]
date (f) (~ mémorable)	data (f)	['data]
calendrier (m)	calendário (m)	[kalẽ'darju]

six mois	meio ano	['meju 'anu]
semestre (m)	seis meses	[sejs 'mezis]
saison (f)	estação (f)	[ista'sãw]
siècle (m)	século (m)	['sɛkulu]

23. La notion de temps. Divers

| temps (m) | tempo (m) | ['tẽpu] |
| moment (m) | momento (m) | [mo'mẽtu] |

instant (m)	instante (m)	[ĩs'tãtʃi]
instantané (adj)	instantâneo	[ĩstã'tanju]
laps (m) de temps	lapso (m) de tempo	['lapsu de 'tẽpu]
vie (f)	vida (f)	['vida]
éternité (f)	eternidade (f)	[eterni'dadʒi]

époque (f)	época (f)	['ɛpoka]
ère (f)	era (f)	['ɛra]
cycle (m)	ciclo (m)	['siklu]
période (f)	período (m)	[pe'riodu]
délai (m)	prazo (m)	['prazu]

avenir (m)	futuro (m)	[fu'turu]
prochain (adj)	futuro	[fu'turu]
la fois prochaine	da próxima vez	[da 'prɔsima vez]
passé (m)	passado (m)	[pa'sadu]
passé (adj)	passado	[pa'sadu]
la fois passée	na última vez	[na 'uwtʃima 'vez]
plus tard (adv)	mais tarde	[majs 'tardʒi]
après (prep)	depois	[de'pojs]
à présent (adv)	atualmente	[atwaw'mẽtʃi]
maintenant (adv)	agora	[a'gɔra]
immédiatement	imediatamente	[imedʒata'mẽtʃi]
bientôt (adv)	em breve	[ẽ 'brɛvi]
d'avance (adv)	de antemão	[de ante'mãw]

il y a longtemps	há muito tempo	[a 'mwĩtu 'tẽpu]
récemment (adv)	recentemente	[hesẽtʃi'mẽtʃi]
destin (m)	destino (m)	[des'tʃinu]
souvenirs (m pl)	recordações (f pl)	[hekorda'sõjs]
archives (f pl)	arquivo (m)	[ar'kivu]
pendant … (prep)	durante …	[du'rãtʃi]
longtemps (adv)	durante muito tempo	[du'rãtʃi 'mwĩtu 'tẽpu]
pas longtemps (adv)	pouco tempo	['poku 'tẽpu]
tôt (adv)	cedo	['sedu]
tard (adv)	tarde	['tardʒi]

pour toujours (adv)	para sempre	['para 'sẽpri]
commencer (vt)	começar (vt)	[kome'sar]
reporter (retarder)	adiar (vt)	[a'dʒjar]

en même temps (adv)	ao mesmo tempo	['aw 'mezmu 'tẽpu]
en permanence (adv)	permanentemente	[permanẽtʃi'mẽtʃi]
constant (bruit, etc.)	constante	[kõs'tãtʃi]
temporaire (adj)	temporário	[tẽpo'rarju]

parfois (adv)	às vezes	[as 'vezis]
rarement (adv)	raras vezes, raramente	['harus 'vezis]' [hara'mẽtʃi]
souvent (adv)	frequentemente	[frekwẽtʃi'mẽtʃi]

24. Les lignes et les formes

| carré (m) | quadrado (m) | [kwa'dradu] |
| carré (adj) | quadrado | [kwa'dradu] |

cercle (m)	círculo (m)	['sirkulu]
rond (adj)	redondo	[he'dõdu]
triangle (m)	triângulo (m)	['trjãgulu]
triangulaire (adj)	triangular	[trjãgu'lar]

ovale (m)	oval (f)	[o'vaw]
ovale (adj)	oval	[o'vaw]
rectangle (m)	retângulo (m)	[he'tãgulu]
rectangulaire (adj)	retangular	[hetãgu'lar]

pyramide (f)	pirâmide (f)	[pi'ramidʒi]
losange (m)	losango (m)	[lo'zãgu]
trapèze (m)	trapézio (m)	[tra'pɛzju]
cube (m)	cubo (m)	['kubu]
prisme (m)	prisma (m)	['prizma]

circonférence (f)	circunferência (f)	[sirkũfe'rẽsja]
sphère (f)	esfera (f)	[is'fɛra]
globe (m)	globo (m)	['globu]
diamètre (m)	diâmetro (m)	['dʒjametru]
rayon (m)	raio (m)	['haju]
périmètre (m)	perímetro (m)	[pe'rimetru]
centre (m)	centro (m)	['sẽtru]

horizontal (adj)	horizontal	[orizõ'taw]
vertical (adj)	vertical	[vertʃi'kaw]
parallèle (f)	paralela (f)	[para'lɛla]
parallèle (adj)	paralelo	[para'lɛlu]

ligne (f)	linha (f)	['liɲa]
trait (m)	traço (m)	['trasu]
ligne (f) droite	reta (f)	['hɛta]
courbe (f)	curva (f)	['kurva]
fin (une ~ ligne)	fino	['finu]
contour (m)	contorno (m)	[kõ'tornu]

intersection (f)	interseção (f)	[ĩterse'sãw]
angle (m) droit	ângulo (m) reto	[ãgulu 'hɛtu]
segment (m)	segmento (m)	[sɛ'gmẽtu]
secteur (m)	setor (m)	[sɛ'tor]
côté (m)	lado (m)	['ladu]
angle (m)	ângulo (m)	[ãgulu]

25. Les unités de mesure

poids (m)	peso (m)	['pezu]
longueur (f)	comprimento (m)	[kõpri'mẽtu]
largeur (f)	largura (f)	[lar'gura]
hauteur (f)	altura (f)	[aw'tura]
profondeur (f)	profundidade (f)	[profũdʒi'dadʒi]
volume (m)	volume (m)	[vo'lumi]
aire (f)	área (f)	['arja]
gramme (m)	grama (m)	['grama]
milligramme (m)	miligrama (m)	[mili'grama]

kilogramme (m)	quilograma (m)	[kilo'grama]
tonne (f)	tonelada (f)	[tune'lada]
livre (f)	libra (f)	['libra]
once (f)	onça (f)	['õsa]

mètre (m)	metro (m)	['mɛtru]
millimètre (m)	milímetro (m)	[mi'limetru]
centimètre (m)	centímetro (m)	[sẽ'tʃimetru]
kilomètre (m)	quilômetro (m)	[ki'lometru]
mille (m)	milha (f)	['miʎa]

pouce (m)	polegada (f)	[pole'gada]
pied (m)	pé (m)	[pɛ]
yard (m)	jarda (f)	['ʒarda]

mètre (m) carré	metro (m) quadrado	['mɛtru kwa'dradu]
hectare (m)	hectare (m)	[ek'tari]

litre (m)	litro (m)	['litru]
degré (m)	grau (m)	[graw]
volt (m)	volt (m)	['vɔwtʃi]
ampère (m)	ampère (m)	[ã'pɛri]
cheval-vapeur (m)	cavalo (m) de potência	[ka'valu de po'tẽsja]

quantité (f)	quantidade (f)	[kwãtʃi'daʤi]
un peu de ...	um pouco de ...	[ũ 'poku de]
moitié (f)	metade (f)	[me'taʤi]
douzaine (f)	dúzia (f)	['duzja]
pièce (f)	peça (f)	['pɛsa]

dimension (f)	tamanho (m), dimensão (f)	[ta'maɲu], [ʤimẽ'sãw]
échelle (f) (de la carte)	escala (f)	[is'kala]

minimal (adj)	mínimo	['minimu]
le plus petit (adj)	menor, mais pequeno	[me'nɔr], [majs pe'kenu]
moyen (adj)	médio	['mɛʤju]
maximal (adj)	máximo	['masimu]
le plus grand (adj)	maior, mais grande	[ma'jɔr], [majs 'grãʤi]

26. Les récipients

bocal (m) en verre	pote (m) de vidro	['pɔtʃi de 'vidru]
boîte, canette (f)	lata (f)	['lata]
seau (m)	balde (m)	['bawʤi]
tonneau (m)	barril (m)	[ba'hiw]

bassine, cuvette (f)	bacia (f)	[ba'sia]
cuve (f)	tanque (m)	['tãki]
flasque (f)	cantil (m) de bolso	[kã'tʃiw ʤi 'bowsu]
jerrican (m)	galão (m) de gasolina	[ga'lãw de gazo'lina]
citerne (f)	cisterna (f)	[sis'tɛrna]

tasse (f), mug (m)	caneca (f)	[ka'nɛka]
tasse (f)	xícara (f)	['ʃikara]

soucoupe (f)	pires (m)	['piris]
verre (m) (~ d'eau)	copo (m)	['kɔpu]
verre (m) à vin	taça (f) de vinho	['tasa de 'viɲu]
faitout (m)	panela (f)	[pa'nɛla]

| bouteille (f) | garrafa (f) | [ga'hafa] |
| goulot (m) | gargalo (m) | [gar'galu] |

carafe (f)	jarra (f)	['ʒaha]
pichet (m)	jarro (m)	['ʒahu]
récipient (m)	recipiente (m)	[hesi'pjẽtʃi]
pot (m)	pote (m)	['pɔtʃi]
vase (m)	vaso (m)	['vazu]

flacon (m)	frasco (m)	['frasku]
fiole (f)	frasquinho (m)	[fras'kiɲu]
tube (m)	tubo (m)	['tubu]

sac (m) (grand ~)	saco (m)	['saku]
sac (m) (~ en plastique)	sacola (f)	[sa'kɔla]
paquet (m) (~ de cigarettes)	maço (m)	['masu]

boîte (f)	caixa (f)	['kaɪʃa]
caisse (f)	caixote (m)	[kaj'ʃɔtʃi]
panier (m)	cesto (m)	['sestu]

27. Les matériaux

matériau (m)	material (m)	[mate'rjaw]
bois (m)	madeira (f)	[ma'dejra]
en bois (adj)	de madeira	[de ma'dejra]

| verre (m) | vidro (m) | ['vidru] |
| en verre (adj) | de vidro | [de 'vidru] |

| pierre (f) | pedra (f) | ['pɛdra] |
| en pierre (adj) | de pedra | [de 'pɛdra] |

| plastique (m) | plástico (m) | ['plastʃiku] |
| en plastique (adj) | plástico | ['plastʃiku] |

| caoutchouc (m) | borracha (f) | [bo'haʃa] |
| en caoutchouc (adj) | de borracha | [de bo'haʃa] |

| tissu (m) | tecido, pano (m) | [te'sidu], ['panu] |
| en tissu (adj) | de tecido | [de te'sidu] |

| papier (m) | papel (m) | [pa'pɛw] |
| de papier (adj) | de papel | [de pa'pɛw] |

carton (m)	papelão (m)	[pape'lãw]
en carton (adj)	de papelão	[de pape'lãw]
polyéthylène (m)	polietileno (m)	[poljetʃi'lɛnu]
cellophane (f)	celofane (m)	[selo'fani]

linoléum (m)	linóleo (m)	[li'nɔlju]
contreplaqué (m)	madeira (f) compensada	[ma'dejra kõpẽ'sada]
porcelaine (f)	porcelana (f)	[porse'lana]
de porcelaine (adj)	de porcelana	[de porse'lana]
argile (f)	argila (f), barro (m)	[ar'ʒila], ['bahu]
de terre cuite (adj)	de barro	[de 'bahu]
céramique (f)	cerâmica (f)	[se'ramika]
en céramique (adj)	de cerâmica	[de se'ramika]

28. Les métaux

métal (m)	metal (m)	[me'taw]
métallique (adj)	metálico	[me'taliku]
alliage (m)	liga (f)	['liga]
or (m)	ouro (m)	['oru]
en or (adj)	de ouro	[de 'oru]
argent (m)	prata (f)	['prata]
en argent (adj)	de prata	[de 'prata]
fer (m)	ferro (m)	['fɛhu]
en fer (adj)	de ferro	[de 'fɛhu]
acier (m)	aço (m)	['asu]
en acier (adj)	de aço	[de 'asu]
cuivre (m)	cobre (m)	['kɔbri]
en cuivre (adj)	de cobre	[de 'kɔbri]
aluminium (m)	alumínio (m)	[alu'minju]
en aluminium (adj)	de alumínio	[de alu'minju]
bronze (m)	bronze (m)	['brõzi]
en bronze (adj)	de bronze	[de 'brõzi]
laiton (m)	latão (m)	[la'tãw]
nickel (m)	níquel (m)	['nikew]
platine (f)	platina (f)	[pla'tʃina]
mercure (m)	mercúrio (m)	[mer'kurju]
étain (m)	estanho (m)	[is'taɲu]
plomb (m)	chumbo (m)	['ʃũbu]
zinc (m)	zinco (m)	['zĩku]

L'HOMME

L'homme. Le corps humain

29. L'homme. Notions fondamentales

être (m) humain	ser (m) humano	[ser u'manu]
homme (m)	homem (m)	['ɔmẽ]
femme (f)	mulher (f)	[mu'ʎer]
enfant (m, f)	criança (f)	['krjãsa]
fille (f)	menina (f)	[me'nina]
garçon (m)	menino (m)	[me'ninu]
adolescent (m)	adolescente (m)	[adole'sẽtʃi]
vieillard (m)	velho (m)	['vɛʎu]
vieille femme (f)	velha (f)	['vɛʎa]

30. L'anatomie humaine

organisme (m)	organismo (m)	[orga'nizmu]
cœur (m)	coração (m)	[kora'sãw]
sang (m)	sangue (m)	['sãgi]
artère (f)	artéria (f)	[ar'tɛrja]
veine (f)	veia (f)	['veja]
cerveau (m)	cérebro (m)	['sɛrebru]
nerf (m)	nervo (m)	['nervu]
nerfs (m pl)	nervos (m pl)	['nervus]
vertèbre (f)	vértebra (f)	['vɛrtebra]
colonne (f) vertébrale	coluna (f) vertebral	[ko'luna verte'braw]
estomac (m)	estômago (m)	[is'tomagu]
intestins (m pl)	intestinos (m pl)	[ĩtes'tʃinus]
intestin (m)	intestino (m)	[ĩtes'tʃinu]
foie (m)	fígado (m)	['figadu]
rein (m)	rim (m)	[hĩ]
os (m)	osso (m)	['osu]
squelette (f)	esqueleto (m)	[iske'letu]
côte (f)	costela (f)	[kos'tɛla]
crâne (m)	crânio (m)	['kranju]
muscle (m)	músculo (m)	['muskulu]
biceps (m)	bíceps (m)	['biseps]
triceps (m)	tríceps (m)	['triseps]
tendon (m)	tendão (m)	[tẽ'dãw]
articulation (f)	articulação (f)	[artʃikula'sãw]

poumons (m pl)	pulmões (m pl)	[puw'mãws]
organes (m pl) génitaux	órgãos (m pl) genitais	['ɔrgãws ʒeni'tajs]
peau (f)	pele (f)	['pɛli]

31. La tête

tête (f)	cabeça (f)	[ka'besa]
visage (m)	rosto, cara (f)	['hostu], ['kara]
nez (m)	nariz (m)	[na'riz]
bouche (f)	boca (f)	['boka]

œil (m)	olho (m)	['oʎu]
les yeux	olhos (m pl)	['oʎus]
pupille (f)	pupila (f)	[pu'pila]
sourcil (m)	sobrancelha (f)	[sobrã'seʎa]
cil (m)	cílio (f)	['silju]
paupière (f)	pálpebra (f)	['pawpebra]

langue (f)	língua (f)	['lĩgwa]
dent (f)	dente (m)	['dẽtʃi]
lèvres (f pl)	lábios (m pl)	['labjus]
pommettes (f pl)	maçãs (f pl) do rosto	[ma'sãs du 'hostu]
gencive (f)	gengiva (f)	[ʒẽ'ʒiva]
palais (m)	palato (m)	[pa'latu]

narines (f pl)	narinas (f pl)	[na'rinas]
menton (m)	queixo (m)	['kejʃu]
mâchoire (f)	mandíbula (f)	[mã'dʒibula]
joue (f)	bochecha (f)	[bo'ʃeʃa]

front (m)	testa (f)	['tɛsta]
tempe (f)	têmpora (f)	['tẽpora]
oreille (f)	orelha (f)	[o'reʎa]
nuque (f)	costas (f pl) da cabeça	['kɔstas da ka'besa]
cou (m)	pescoço (m)	[pes'kosu]
gorge (f)	garganta (f)	[gar'gãta]

cheveux (m pl)	cabelo (m)	[ka'belu]
coiffure (f)	penteado (m)	[pẽ'tʃjadu]
coupe (f)	corte (m) de cabelo	['kɔrtʃi de ka'belu]
perruque (f)	peruca (f)	[pe'ruka]

moustache (f)	bigode (m)	[bi'gɔdʒi]
barbe (f)	barba (f)	['barba]
porter (~ la barbe)	ter (vt)	[ter]
tresse (f)	trança (f)	['trãsa]
favoris (m pl)	suíças (f pl)	['swisas]

roux (adj)	ruivo	['hwivu]
gris, grisonnant (adj)	grisalho	[gri'zaʎu]
chauve (adj)	careca	[ka'rɛka]
calvitie (f)	calva (f)	['kawvu]
queue (f) de cheval	rabo-de-cavalo (m)	['habu-de-ka'valu]
frange (f)	franja (f)	['frãʒa]

32. Le corps humain

main (f)	mão (f)	[mãw]
bras (m)	braço (m)	['brasu]
doigt (m)	dedo (m)	['dedu]
orteil (m)	dedo (m) do pé	['dedu du pɛ]
pouce (m)	polegar (m)	[pole'gar]
petit doigt (m)	dedo (m) mindinho	['dedu mĩ'dʒiɲu]
ongle (m)	unha (f)	['uɲa]
poing (m)	punho (m)	['puɲu]
paume (f)	palma (f)	['pawma]
poignet (m)	pulso (m)	['puwsu]
avant-bras (m)	antebraço (m)	[ãtʃi'brasu]
coude (m)	cotovelo (m)	[koto'velu]
épaule (f)	ombro (m)	['õbru]
jambe (f)	perna (f)	['pɛrna]
pied (m)	pé (m)	[pɛ]
genou (m)	joelho (m)	[ʒo'eʎu]
mollet (m)	panturrilha (f)	[pãtu'hiʎa]
hanche (f)	quadril (m)	[kwa'driw]
talon (m)	calcanhar (m)	[kawka'ɲar]
corps (m)	corpo (m)	['korpu]
ventre (m)	barriga (f), ventre (m)	[ba'higa], ['vẽtri]
poitrine (f)	peito (m)	['pejtu]
sein (m)	seio (m)	['seju]
côté (m)	lado (m)	['ladu]
dos (m)	costas (f pl)	['kɔstas]
reins (région lombaire)	região (f) lombar	[he'ʒjãw lõ'bar]
taille (f) (~ de guêpe)	cintura (f)	[sĩ'tura]
nombril (m)	umbigo (m)	[ũ'bigu]
fesses (f pl)	nádegas (f pl)	['nadegas]
derrière (m)	traseiro (m)	[tra'zejru]
grain (m) de beauté	sinal (m), pinta (f)	[si'naw], ['pĩta]
tache (f) de vin	sinal (m) de nascença	[si'naw de na'sẽsa]
tatouage (m)	tatuagem (f)	[ta'twaʒẽ]
cicatrice (f)	cicatriz (f)	[sika'triz]

Les vêtements & les accessoires

33. Les vêtements d'extérieur

vêtement (m)	roupa (f)	['hopa]
survêtement (m)	roupa (f) exterior	['hopa iste'rjor]
vêtement (m) d'hiver	roupa (f) de inverno	['hopa de ĩ'vɛrnu]
manteau (m)	sobretudo (m)	[sobri'tudu]
manteau (m) de fourrure	casaco (m) de pele	[kaz'aku de 'pɛli]
veste (f) de fourrure	jaqueta (f) de pele	[ʒa'keta de 'pɛli]
manteau (m) de duvet	casaco (m) acolchoado	[ka'zaku akow'ʃwadu]
veste (f) (~ en cuir)	casaco (m), jaqueta (f)	[kaz'aku], [ʒa'keta]
imperméable (m)	impermeável (m)	[ĩper'mjavew]
imperméable (adj)	a prova d'água	[a 'prɔva 'dagwa]

34. Les vêtements

chemise (f)	camisa (f)	[ka'miza]
pantalon (m)	calça (f)	['kawsa]
jean (m)	jeans (m)	['dʒins]
veston (m)	paletó, terno (m)	[pale'tɔ], ['tɛrnu]
complet (m)	terno (m)	['tɛrnu]
robe (f)	vestido (m)	[ves'tʃidu]
jupe (f)	saia (f)	['saja]
chemisette (f)	blusa (f)	['bluza]
veste (f) en laine	casaco (m) de malha	[ka'zaku de 'maʎa]
jaquette (f), blazer (m)	casaco, blazer (m)	[ka'zaku], ['blejzer]
tee-shirt (m)	camiseta (f)	[kami'zɛta]
short (m)	short (m)	['ʃɔrtʃi]
costume (m) de sport	training (m)	['trejnĩŋ]
peignoir (m) de bain	roupão (m) de banho	[ho'pãw de 'baɲu]
pyjama (m)	pijama (m)	[pi'ʒama]
chandail (m)	suéter (m)	['swɛter]
pull-over (m)	pulôver (m)	[pu'lover]
gilet (m)	colete (m)	[ko'letʃi]
queue-de-pie (f)	fraque (m)	['fraki]
smoking (m)	smoking (m)	[iz'mokĩs]
uniforme (m)	uniforme (m)	[uni'fɔrmi]
tenue (f) de travail	roupa (f) de trabalho	['hopa de tra'baʎu]
salopette (f)	macacão (m)	[maka'kãws]
blouse (f) (d'un médecin)	jaleco (m), bata (f)	[ʒa'lɛku], ['bata]

35. Les sous-vêtements

sous-vêtements (m pl)	roupa (f) íntima	['hopa 'ĩtʃima]
boxer (m)	cueca boxer (f)	['kwɛka 'bɔkser]
slip (m) de femme	calcinha (f)	[kaw'siɲa]
maillot (m) de corps	camiseta (f)	[kami'zɛta]
chaussettes (f pl)	meias (f pl)	['mejas]
chemise (f) de nuit	camisola (f)	[kami'zɔla]
soutien-gorge (m)	sutiã (m)	[su'tʃjã]
chaussettes (f pl) hautes	meias longas (f pl)	['mejas 'lõgas]
collants (m pl)	meias-calças (f pl)	['mejas 'kalsas]
bas (m pl)	meias (f pl)	['mejas]
maillot (m) de bain	maiô (m)	[ma'jo]

36. Les chapeaux

chapeau (m)	chapéu (m), touca (f)	[ʃa'pɛw], ['toka]
chapeau (m) feutre	chapéu (m) de feltro	[ʃa'pɛw de 'fewtru]
casquette (f) de base-ball	boné (m) de beisebol	[bo'nɛ de bejsi'bɔw]
casquette (f)	boina (f)	['bojna]
béret (m)	boina (f) francesa	['bojna frã'seza]
capuche (f)	capuz (m)	[ka'puz]
panama (m)	chapéu panamá (m)	[ʃa'pɛw pana'ma]
bonnet (m) de laine	touca (f)	['toka]
foulard (m)	lenço (m)	['lẽsu]
chapeau (m) de femme	chapéu (m) feminino	[ʃa'pɛw femi'ninu]
casque (m) (d'ouvriers)	capacete (m)	[kapa'setʃi]
calot (m)	bibico (m)	[bi'biko]
casque (m) (~ de moto)	capacete (m)	[kapa'setʃi]
melon (m)	chapéu-coco (m)	[ʃa'pɛw 'koku]
haut-de-forme (m)	cartola (f)	[kar'tɔla]

37. Les chaussures

chaussures (f pl)	calçado (m)	[kaw'sadu]
bottines (f pl)	botinas (f pl), sapatos (m pl)	[bo'tʃinas], [sapa'tõjs]
souliers (m pl) (~ plats)	sapatos (m pl)	[sa'patus]
bottes (f pl)	botas (f pl)	['bɔtas]
chaussons (m pl)	pantufas (f pl)	[pã'tufas]
tennis (m pl)	tênis (m pl)	['tenis]
baskets (f pl)	tênis (m pl)	['tenis]
sandales (f pl)	sandálias (f pl)	[sã'dalias]
cordonnier (m)	sapateiro (m)	[sapa'tejru]
talon (m)	salto (m)	['sawtu]

paire (f)	par (m)	[par]
lacet (m)	cadarço (m)	[ka'darsu]
lacer (vt)	amarrar os cadarços	[ama'har us ka'darsus]
chausse-pied (m)	calçadeira (f)	[kawsa'dejra]
cirage (m)	graxa (f) para calçado	['graʃa 'para kaw'sadu]

38. Le textile. Les tissus

coton (m)	algodão (m)	[awgo'dãw]
de coton (adj)	de algodão	[de awgo'dãw]
lin (m)	linho (m)	['liɲu]
de lin (adj)	de linho	[de 'liɲu]

soie (f)	seda (f)	['seda]
de soie (adj)	de seda	[de 'seda]
laine (f)	lã (f)	[lã]
en laine (adj)	de lã	[de lã]

velours (m)	veludo (m)	[ve'ludu]
chamois (m)	camurça (f)	[ka'mursa]
velours (m) côtelé	veludo (m) cotelê	[ve'ludu kɔte'le]

nylon (m)	nylon (m)	['najlɔn]
en nylon (adj)	de nylon	[de 'najlɔn]
polyester (m)	poliéster (m)	[po'ljɛster]
en polyester (adj)	de poliéster	[de po'ljɛster]

cuir (m)	couro (m)	['koru]
en cuir (adj)	de couro	[de 'koru]
fourrure (f)	pele (f)	['pɛli]
en fourrure (adj)	de pele	[de 'pɛli]

39. Les accessoires personnels

gants (m pl)	luva (f)	['luva]
moufles (f pl)	mitenes (f pl)	[mi'tɛnes]
écharpe (f)	cachecol (m)	[kaʃe'kɔw]

lunettes (f pl)	óculos (m pl)	['ɔkulus]
monture (f)	armação (f)	[arma'sãw]
parapluie (m)	guarda-chuva (m)	['gwarda 'ʃuva]
canne (f)	bengala (f)	[bẽ'gala]
brosse (f) à cheveux	escova (f) para o cabelo	[is'kova 'para u ka'belu]
éventail (m)	leque (m)	['lɛki]

cravate (f)	gravata (f)	[gra'vata]
nœud papillon (m)	gravata-borboleta (f)	[gra'vata borbo'leta]
bretelles (f pl)	suspensórios (m pl)	[suspẽ'sɔrjus]
mouchoir (m)	lenço (m)	['lẽsu]

peigne (m)	pente (m)	['pẽtʃi]
barrette (f)	fivela (f) para cabelo	[fi'vɛla 'para ka'belu]

épingle (f) à cheveux	grampo (m)	['grãpu]
boucle (f)	fivela (f)	[fi'vɛla]

ceinture (f)	cinto (m)	['sĩtu]
bandoulière (f)	alça (f) de ombro	['awsa de 'õbru]

sac (m)	bolsa (f)	['bowsa]
sac (m) à main	bolsa, carteira (f)	['bowsa], [kar'tejra]
sac (m) à dos	mochila (f)	[mo'ʃila]

40. Les vêtements. Divers

mode (f)	moda (f)	['mɔda]
à la mode (adj)	na moda	[na 'mɔda]
couturier, créateur de mode	estilista (m)	[istʃi'lista]

col (m)	colarinho (m)	[kola'riɲu]
poche (f)	bolso (m)	['bowsu]
de poche (adj)	de bolso	[de 'bowsu]
manche (f)	manga (f)	['mãga]
bride (f)	ganchinho (m)	[gã'ʃiɲu]
braguette (f)	bragueta (f)	[bra'gwetʃi]

fermeture (f) à glissière	zíper (m)	['ziper]
agrafe (f)	colchete (m)	[kow'ʃetʃi]
bouton (m)	botão (m)	[bo'tãw]
boutonnière (f)	botoeira (f)	[bo'twejra]
s'arracher (bouton)	soltar-se (vr)	[sow'tarsi]

coudre (vi, vt)	costurar (vi)	[kostu'rar]
broder (vt)	bordar (vt)	[bor'dar]
broderie (f)	bordado (m)	[bor'dadu]
aiguille (f)	agulha (f)	[a'guʎa]
fil (m)	fio, linha (f)	['fiu], ['liɲa]
couture (f)	costura (f)	[kos'tura]

se salir (vp)	sujar-se (vr)	[su'ʒarsi]
tache (f)	mancha (f)	['mãʃa]
se froisser (vp)	amarrotar-se (vr)	[amaho'tarse]
déchirer (vt)	rasgar (vt)	[haz'gar]
mite (f)	traça (f)	['trasa]

41. L'hygiène corporelle. Les cosmétiques

dentifrice (m)	pasta (f) de dente	['pasta de 'dẽtʃi]
brosse (f) à dents	escova (f) de dente	[is'kova de 'dẽtʃi]
se brosser les dents	escovar os dentes	[isko'var us 'dẽtʃis]

rasoir (m)	gilete (f)	[ʒi'lɛtʃi]
crème (f) à raser	creme (m) de barbear	['krɛmi de bar'bjar]
se raser (vp)	barbear-se (vr)	[bar'bjarsi]
savon (m)	sabonete (m)	[sabo'netʃi]

shampooing (m)	xampu (m)	[ʃã'pu]
ciseaux (m pl)	tesoura (f)	[te'zora]
lime (f) à ongles	lixa (f) de unhas	['liʃa de 'uɲas]
pinces (f pl) à ongles	corta-unhas (m)	['kɔrta 'uɲas]
pince (f) à épiler	pinça (f)	['pĩsa]

produits (m pl) de beauté	cosméticos (m pl)	[koz'mɛtʃikus]
masque (m) de beauté	máscara (f)	['maskara]
manucure (f)	manicure (f)	[mani'kuri]
se faire les ongles	fazer as unhas	[fa'zer as 'uɲas]
pédicurie (f)	pedicure (f)	[pedi'kure]

trousse (f) de toilette	bolsa (f) de maquiagem	['bowsa de ma'kjaʒẽ]
poudre (f)	pó (m)	[pɔ]
poudrier (m)	pó (m) compacto	[pɔ kõ'paktu]
fard (m) à joues	blush (m)	[blaʃ]

parfum (m)	perfume (m)	[per'fumi]
eau (f) de toilette	água-de-colônia (f)	['agwa de ko'lonja]
lotion (f)	loção (f)	[lo'sãw]
eau de Cologne (f)	colônia (f)	[ko'lonja]

fard (m) à paupières	sombra (f) de olhos	['sõbra de 'oʎus]
crayon (m) à paupières	delineador (m)	[delinja'dor]
mascara (m)	máscara (f), rímel (m)	['maskara], ['himew]

rouge (m) à lèvres	batom (m)	['batõ]
vernis (m) à ongles	esmalte (m)	[iz'mawtʃi]
laque (f) pour les cheveux	laquê (m), spray fixador (m)	[la'ke], [is'prej fiksa'dor]
déodorant (m)	desodorante (m)	[dʒizodo'rãtʃi]

crème (f)	creme (m)	['krɛmi]
crème (f) pour le visage	creme (m) de rosto	['krɛmi de 'hostu]
crème (f) pour les mains	creme (m) de mãos	['krɛmi de 'mãws]
crème (f) anti-rides	creme (m) antirrugas	['krɛmi ãtʃi'hugas]
crème (f) de jour	creme (m) de dia	['krɛmi de 'dʒia]
crème (f) de nuit	creme (m) de noite	['krɛmi de 'nojtʃi]
de jour (adj)	de dia	[de 'dʒia]
de nuit (adj)	da noite	[da 'nojtʃi]

tampon (m)	absorvente (m) interno	[absor'vẽtʃi ĩ'tɛrnu]
papier (m) de toilette	papel (m) higiênico	[pa'pɛw i'ʒjeniku]
sèche-cheveux (m)	secador (m) de cabelo	[seka'dor de ka'belu]

42. Les bijoux. La bijouterie

bijoux (m pl)	joias (f pl)	['ʒɔjas]
précieux (adj)	precioso	[pre'sjozu]
poinçon (m)	marca (f) de contraste	['marka de kõ'trastʃi]

bague (f)	anel (m)	[a'nɛw]
alliance (f)	aliança (f)	[a'ljãsa]
bracelet (m)	pulseira (f)	[puw'sejra]
boucles (f pl) d'oreille	brincos (m pl)	['brĩkus]

collier (m) (de perles)	colar (m)	[ko'lar]
couronne (f)	coroa (f)	[ko'roa]
collier (m) (en verre, etc.)	colar (m) de contas	[ko'lar de 'kõtas]

diamant (m)	diamante (m)	[dʒja'mãtʃi]
émeraude (f)	esmeralda (f)	[izme'rawda]
rubis (m)	rubi (m)	[hu'bi]
saphir (m)	safira (f)	[sa'fira]
perle (f)	pérola (f)	['pɛrola]
ambre (m)	âmbar (m)	[ãbar]

43. Les montres. Les horloges

montre (f)	relógio (m) de pulso	[he'lɔʒu de 'puwsu]
cadran (m)	mostrador (m)	[mostra'dor]
aiguille (f)	ponteiro (m)	[põ'tejru]
bracelet (m)	bracelete (f) em aço	[brase'letʃi ẽ 'asu]
bracelet (m) (en cuir)	bracelete (f) em couro	[brase'letʃi ẽ 'koru]

pile (f)	pilha (f)	['piʎa]
être déchargé	acabar (vi)	[aka'bar]
changer de pile	trocar a pilha	[tro'kar a 'piʎa]
avancer (vi)	estar adiantado	[is'tar adʒjã'tadu]
retarder (vi)	estar atrasado	[is'tar atra'zadu]

pendule (f)	relógio (m) de parede	[he'lɔʒu de pa'redʒi]
sablier (m)	ampulheta (f)	[ãpu'ʎeta]
cadran (m) solaire	relógio (m) de sol	[he'lɔʒu de sɔw]
réveil (m)	despertador (m)	[dʒisperta'dor]
horloger (m)	relojoeiro (m)	[helo'ʒwejru]
réparer (vt)	reparar (vt)	[hepa'rar]

Les aliments. L'alimentation

44. Les aliments

viande (f)	carne (f)	['karni]
poulet (m)	galinha (f)	[ga'liɲa]
poulet (m) (poussin)	frango (m)	['frãgu]
canard (m)	pato (m)	['patu]
oie (f)	ganso (m)	['gãsu]
gibier (m)	caça (f)	['kasa]
dinde (f)	peru (m)	[pe'ru]

du porc	carne (f) de porco	['karni de 'porku]
du veau	carne (f) de vitela	['karni de vi'tɛla]
du mouton	carne (f) de carneiro	['karni de kar'nejru]
du bœuf	carne (f) de vaca	['karni de 'vaka]
lapin (m)	carne (f) de coelho	['karni de ko'eʎu]

saucisson (m)	linguiça (f), salsichão (m)	[lĩ'gwisa], [sawsi'ʃãw]
saucisse (f)	salsicha (f)	[saw'siʃa]
bacon (m)	bacon (m)	['bejkõ]
jambon (m)	presunto (m)	[pre'zũtu]
cuisse (f)	pernil (m) de porco	[per'niw de 'porku]

pâté (m)	patê (m)	[pa'te]
foie (m)	fígado (m)	['figadu]
farce (f)	guisado (m)	[gi'zadu]
langue (f)	língua (f)	['lĩgwa]

œuf (m)	ovo (m)	['ovu]
les œufs	ovos (m pl)	['ɔvus]
blanc (m) d'œuf	clara (f) de ovo	['klara de 'ovu]
jaune (m) d'œuf	gema (f) de ovo	['ʒɛma de 'ovu]

poisson (m)	peixe (m)	['pejʃi]
fruits (m pl) de mer	mariscos (m pl)	[ma'riskus]
crustacés (m pl)	crustáceos (m pl)	[krus'tasjus]
caviar (m)	caviar (m)	[ka'vjar]

crabe (m)	caranguejo (m)	[karã'geʒu]
crevette (f)	camarão (m)	[kama'rãw]
huître (f)	ostra (f)	['ostra]
langoustine (f)	lagosta (f)	[la'gosta]
poulpe (m)	polvo (m)	['powvu]
calamar (m)	lula (f)	['lula]

esturgeon (m)	esturjão (m)	[istur'ʒãw]
saumon (m)	salmão (m)	[saw'mãw]
flétan (m)	halibute (m)	[ali'butʃi]
morue (f)	bacalhau (m)	[baka'ʎaw]

maquereau (m)	cavala, sarda (f)	[ka'vala], ['sarda]
thon (m)	atum (m)	[a'tũ]
anguille (f)	enguia (f)	[ẽ'gia]

truite (f)	truta (f)	['truta]
sardine (f)	sardinha (f)	[sar'dʒiɲa]
brochet (m)	lúcio (m)	['lusju]
hareng (m)	arenque (m)	[a'rẽki]

pain (m)	pão (m)	[pãw]
fromage (m)	queijo (m)	['kejʒu]
sucre (m)	açúcar (m)	[a'sukar]
sel (m)	sal (m)	[saw]

riz (m)	arroz (m)	[a'hoz]
pâtes (m pl)	massas (f pl)	['masas]
nouilles (f pl)	talharim, miojo (m)	[taʎa'rĩ], [mi'oʒu]

beurre (m)	manteiga (f)	[mã'tejga]
huile (f) végétale	óleo (m) vegetal	['ɔlju veʒe'taw]
huile (f) de tournesol	óleo (m) de girassol	['ɔlju de ʒira'sɔw]
margarine (f)	margarina (f)	[marga'rina]

olives (f pl)	azeitonas (f pl)	[azej'tɔnas]
huile (f) d'olive	azeite (m)	[a'zejtʃi]

lait (m)	leite (m)	['lejtʃi]
lait (m) condensé	leite (m) condensado	['lejtʃi kõdẽ'sadu]
yogourt (m)	iogurte (m)	[jo'gurtʃi]
crème (f) aigre	creme azedo (m)	['krɛmi a'zedu]
crème (f) (de lait)	creme (m) de leite	['krɛmi de 'lejtʃi]

sauce (f) mayonnaise	maionese (f)	[majo'nɛzi]
crème (f) au beurre	creme (m)	['krɛmi]

gruau (m)	grãos (m pl) de cereais	['grãws de se'rjajs]
farine (f)	farinha (f)	[fa'riɲa]
conserves (f pl)	enlatados (m pl)	[ẽla'tadus]

pétales (m pl) de maïs	flocos (m pl) de milho	['flɔkus de 'miʎu]
miel (m)	mel (m)	[mɛw]
confiture (f)	geleia (m)	[ʒe'lɛja]
gomme (f) à mâcher	chiclete (m)	[ʃi'klɛtʃi]

45. Les boissons

eau (f)	água (f)	['agwa]
eau (f) potable	água (f) potável	['agwa pu'tavɛw]
eau (f) minérale	água (f) mineral	['agwa mine'raw]

plate (adj)	sem gás	[sẽ gajs]
gazeuse (l'eau ~)	gaseificada	[gazejfi'kadu]
pétillante (adj)	com gás	[kõ gajs]
glace (f)	gelo (m)	['ʒelu]

avec de la glace	com gelo	[kõ 'ʒelu]
sans alcool	não alcoólico	[nãw aw'kɔliku]
boisson (f) non alcoolisée	refrigerante (m)	[hefriʒe'rãtʃi]
rafraîchissement (m)	refresco (m)	[he'fresku]
limonade (f)	limonada (f)	[limo'nada]

boissons (f pl) alcoolisées	bebidas (f pl) alcoólicas	[be'bidas aw'kɔlikas]
vin (m)	vinho (m)	['viɲu]
vin (m) blanc	vinho (m) branco	['viɲu 'brãku]
vin (m) rouge	vinho (m) tinto	['viɲu 'tʃĩtu]

liqueur (f)	licor (m)	[li'kor]
champagne (m)	champanhe (m)	[ʃã'paɲi]
vermouth (m)	vermute (m)	[ver'mutʃi]

whisky (m)	uísque (m)	['wiski]
vodka (f)	vodca (f)	['vɔdʒka]
gin (m)	gim (m)	[ʒĩ]
cognac (m)	conhaque (m)	[ko'ɲaki]
rhum (m)	rum (m)	[hũ]

café (m)	café (m)	[ka'fɛ]
café (m) noir	café (m) preto	[ka'fɛ 'pretu]
café (m) au lait	café (m) com leite	[ka'fɛ kõ 'lejtʃi]
cappuccino (m)	cappuccino (m)	[kapu'tʃinu]
café (m) soluble	café (m) solúvel	[ka'fɛ so'luvew]

lait (m)	leite (m)	['lejtʃi]
cocktail (m)	coquetel (m)	[koke'tɛw]
cocktail (m) au lait	batida (f), milkshake (m)	[ba'tʃida], ['milkʃejk]

jus (m)	suco (m)	['suku]
jus (m) de tomate	suco (m) de tomate	['suku de to'matʃi]
jus (m) d'orange	suco (m) de laranja	['suku de la'rãʒa]
jus (m) pressé	suco (m) fresco	['suku 'fresku]

bière (f)	cerveja (f)	[ser'veʒa]
bière (f) blonde	cerveja (f) clara	[ser'veʒa 'klara]
bière (f) brune	cerveja (f) preta	[ser'veʒa 'preta]

thé (m)	chá (m)	[ʃa]
thé (m) noir	chá (m) preto	[ʃa 'pretu]
thé (m) vert	chá (m) verde	[ʃa 'verdʒi]

46. Les légumes

légumes (m pl)	vegetais (m pl)	[veʒe'tajs]
verdure (f)	verdura (f)	[ver'dura]

tomate (f)	tomate (m)	[to'matʃi]
concombre (m)	pepino (m)	[pe'pinu]
carotte (f)	cenoura (f)	[se'nora]
pomme (f) de terre	batata (f)	[ba'tata]
oignon (m)	cebola (f)	[se'bola]

ail (m)	alho (m)	['aʎu]
chou (m)	couve (f)	['kovi]
chou-fleur (m)	couve-flor (f)	['kovi 'flɔr]
chou (m) de Bruxelles	couve-de-bruxelas (f)	['kovi de bru'ʃelas]
brocoli (m)	brócolis (m pl)	['brɔkolis]
betterave (f)	beterraba (f)	[bete'haba]
aubergine (f)	berinjela (f)	[berĩ'ʒɛla]
courgette (f)	abobrinha (f)	[abo'briɲa]
potiron (m)	abóbora (f)	[a'bɔbora]
navet (m)	nabo (m)	['nabu]
persil (m)	salsa (f)	['sawsa]
fenouil (m)	endro, aneto (m)	['ẽdru], [a'netu]
laitue (f) (salade)	alface (f)	[aw'fasi]
céleri (m)	aipo (m)	['ajpu]
asperge (f)	aspargo (m)	[as'pargu]
épinard (m)	espinafre (m)	[ispi'nafri]
pois (m)	ervilha (f)	[er'viʎa]
fèves (f pl)	feijão (m)	[fej'ʒãw]
maïs (m)	milho (m)	['miʎu]
haricot (m)	feijão (m) roxo	[fej'ʒãw 'hoʃu]
poivron (m)	pimentão (m)	[pimẽ'tãw]
radis (m)	rabanete (m)	[haba'netʃi]
artichaut (m)	alcachofra (f)	[awka'ʃofra]

47. Les fruits. Les noix

fruit (m)	fruta (f)	['fruta]
pomme (f)	maçã (f)	[ma'sã]
poire (f)	pera (f)	['pera]
citron (m)	limão (m)	[li'mãw]
orange (f)	laranja (f)	[la'rãʒa]
fraise (f)	morango (m)	[mo'rãgu]
mandarine (f)	tangerina (f)	[tãʒe'rina]
prune (f)	ameixa (f)	[a'mejʃa]
pêche (f)	pêssego (m)	['pesegu]
abricot (m)	damasco (m)	[da'masku]
framboise (f)	framboesa (f)	[frãbo'eza]
ananas (m)	abacaxi (m)	[abaka'ʃi]
banane (f)	banana (f)	[ba'nana]
pastèque (f)	melancia (f)	[melã'sia]
raisin (m)	uva (f)	['uva]
cerise (f)	ginja (f)	['ʒĩʒa]
merise (f)	cereja (f)	[se'reʒa]
melon (m)	melão (m)	[me'lãw]
pamplemousse (m)	toranja (f)	[to'rãʒa]
avocat (m)	abacate (m)	[aba'katʃi]
papaye (f)	mamão (m)	[ma'mãw]

mangue (f)	manga (f)	['mãga]
grenade (f)	romã (f)	['homa]

groseille (f) rouge	groselha (f) vermelha	[[gro'zeʎa ver'meʎa]
cassis (m)	groselha (f) negra	[gro'zeʎa 'negra]
groseille (f) verte	groselha (f) espinhosa	[gro'zeʎa ispi'ɲoza]
myrtille (f)	mirtilo (m)	[mih'tʃilu]
mûre (f)	amora (f) silvestre	[a'mɔra siw'vɛstri]

raisin (m) sec	passa (f)	['pasa]
figue (f)	figo (m)	['figu]
datte (f)	tâmara (f)	['tamara]

cacahuète (f)	amendoim (m)	[amẽdo'ĩ]
amande (f)	amêndoa (f)	[a'mẽdwa]
noix (f)	noz (f)	[nɔz]
noisette (f)	avelã (f)	[ave'lã]
noix (f) de coco	coco (m)	['koku]
pistaches (f pl)	pistaches (m pl)	[pis'taʃis]

48. Le pain. Les confiseries

confiserie (f)	pastelaria (f)	[pastela'ria]
pain (m)	pão (m)	[pãw]
biscuit (m)	biscoito (m), bolacha (f)	[bis'kojtu], [bo'laʃa]

chocolat (m)	chocolate (m)	[ʃoko'latʃi]
en chocolat (adj)	de chocolate	[de ʃoko'latʃi]
bonbon (m)	bala (f)	['bala]
gâteau (m), pâtisserie (f)	doce (m), bolo (m) pequeno	['dosi], ['bolu pe'kenu]
tarte (f)	bolo (m) de aniversário	['bolu de aniver'sarju]

gâteau (m)	torta (f)	['tɔrta]
garniture (f)	recheio (m)	[he'ʃeju]

confiture (f)	geleia (m)	[ʒe'lɛja]
marmelade (f)	marmelada (f)	[marme'lada]
gaufre (f)	wafers (m pl)	['wafers]
glace (f)	sorvete (m)	[sor'vetʃi]
pudding (m)	pudim (m)	[pu'dʒĩ]

49. Les plats cuisinés

plat (m)	prato (m)	['pratu]
cuisine (f)	cozinha (f)	[ko'ziɲa]
recette (f)	receita (f)	[he'sejta]
portion (f)	porção (f)	[por'sãw]

salade (f)	salada (f)	[sa'lada]
soupe (f)	sopa (f)	['sopa]
bouillon (m)	caldo (m)	['kawdu]
sandwich (m)	sanduíche (m)	[sand'wiʃi]

les œufs brouillés	ovos (m pl) fritos	['ɔvus 'fritus]
hamburger (m)	hambúrguer (m)	[ã'burger]
steak (m)	bife (m)	['bifi]

garniture (f)	acompanhamento (m)	[akõpaɲa'mẽtu]
spaghettis (m pl)	espaguete (m)	[ispa'geti]
purée (f)	purê (m) de batata	[pu're de ba'tata]
pizza (f)	pizza (f)	['pitsa]
bouillie (f)	mingau (m)	[mĩ'gaw]
omelette (f)	omelete (f)	[ome'letʃi]

cuit à l'eau (adj)	fervido	[fer'vidu]
fumé (adj)	defumado	[defu'madu]
frit (adj)	frito	['fritu]
sec (adj)	seco	['seku]
congelé (adj)	congelado	[kõʒe'ladu]
mariné (adj)	em conserva	[ẽ kõ'serva]

sucré (adj)	doce	['dosi]
salé (adj)	salgado	[saw'gadu]
froid (adj)	frio	['friu]
chaud (adj)	quente	['kẽtʃi]
amer (adj)	amargo	[a'margu]
bon (savoureux)	gostoso	[gos'tozu]

cuire à l'eau	cozinhar em água fervente	[kozi'ɲar ẽ 'agwa fer'vẽtʃi]
préparer (le dîner)	preparar (vt)	[prepa'rar]
faire frire	fritar (vt)	[fri'tar]
réchauffer (vt)	aquecer (vt)	[ake'ser]

saler (vt)	salgar (vt)	[saw'gar]
poivrer (vt)	apimentar (vt)	[apimẽ'tar]
râper (vt)	ralar (vt)	[ha'lar]
peau (f)	casca (f)	['kaska]
éplucher (vt)	descascar (vt)	[dʒiskas'kar]

50. Les épices

sel (m)	sal (m)	[saw]
salé (adj)	salgado	[saw'gadu]
saler (vt)	salgar (vt)	[saw'gar]

poivre (m) noir	pimenta-do-reino (f)	[pi'mẽta-du-hejnu]
poivre (m) rouge	pimenta (f) vermelha	[pi'mẽta ver'meʎa]
moutarde (f)	mostarda (f)	[mos'tarda]
raifort (m)	raiz-forte (f)	[ha'iz fɔrtʃi]

condiment (m)	condimento (m)	[kõdʒi'mẽtu]
épice (f)	especiaria (f)	[ispesja'ria]
sauce (f)	molho (m)	['moʎu]
vinaigre (m)	vinagre (m)	[vi'nagri]

| anis (m) | anis (m) | [a'nis] |
| basilic (m) | manjericão (m) | [mãʒeri'kãw] |

clou (m) de girofle	cravo (m)	['kravu]
gingembre (m)	gengibre (m)	[ʒẽ'ʒibri]
coriandre (m)	coentro (m)	[ko'ẽtru]
cannelle (f)	canela (f)	[ka'nɛla]

sésame (m)	gergelim (m)	[ʒerʒe'lĩ]
feuille (f) de laurier	folha (f) de louro	['foʎaʃ de 'loru]
paprika (m)	páprica (f)	['paprika]
cumin (m)	cominho (m)	[ko'miɲu]
safran (m)	açafrão (m)	[asa'frãw]

51. Les repas

| nourriture (f) | comida (f) | [ko'mida] |
| manger (vi, vt) | comer (vt) | [ko'mer] |

petit déjeuner (m)	café (m) da manhã	[ka'fɛ da ma'ɲã]
prendre le petit déjeuner	tomar café da manhã	[to'mar ka'fɛ da ma'ɲã]
déjeuner (m)	almoço (m)	[aw'mosu]
déjeuner (vi)	almoçar (vi)	[awmo'sar]
dîner (m)	jantar (m)	[ʒã'tar]
dîner (vi)	jantar (vi)	[ʒã'tar]

| appétit (m) | apetite (m) | [ape'tʃitʃi] |
| Bon appétit! | Bom apetite! | [bõ ape'tʃitʃi] |

ouvrir (vt)	abrir (vt)	[a'brir]
renverser (liquide)	derramar (vt)	[deha'mar]
se renverser (liquide)	derramar-se (vr)	[deha'marsi]

bouillir (vi)	ferver (vi)	[fer'ver]
faire bouillir	ferver (vt)	[fer'ver]
bouilli (l'eau ~e)	fervido	[fer'vidu]

| refroidir (vt) | esfriar (vt) | [is'frjar] |
| se refroidir (vp) | esfriar-se (vr) | [is'frjarse] |

| goût (m) | sabor, gosto (m) | [sa'bor], ['gostu] |
| arrière-goût (m) | fim (m) de boca | [fĩ de 'boka] |

suivre un régime	emagrecer (vi)	[imagre'ser]
régime (m)	dieta (f)	['dʒjɛta]
vitamine (f)	vitamina (f)	[vita'mina]
calorie (f)	caloria (f)	[kalo'ria]

| végétarien (m) | vegetariano (m) | [veʒeta'rjanu] |
| végétarien (adj) | vegetariano | [veʒeta'rjanu] |

lipides (m pl)	gorduras (f pl)	[gor'duras]
protéines (f pl)	proteínas (f pl)	[prote'inas]
glucides (m pl)	carboidratos (m pl)	[karboi'dratus]
tranche (f)	fatia (f)	[fa'tʃia]
morceau (m)	pedaço (m)	[pe'dasu]
miette (f)	migalha (f), farelo (m)	[mi'gaʎa], [fa'rɛlu]

52. Le dressage de la table

cuillère (f)	colher (f)	[ko'ʎer]
couteau (m)	faca (f)	['faka]
fourchette (f)	garfo (m)	['garfu]
tasse (f)	xícara (f)	['ʃikara]
assiette (f)	prato (m)	['pratu]
soucoupe (f)	pires (m)	['piris]
serviette (f)	guardanapo (m)	[gwarda'napu]
cure-dent (m)	palito (m)	[pa'litu]

53. Le restaurant

restaurant (m)	restaurante (m)	[hestaw'rãtʃi]
salon (m) de café	cafeteria (f)	[kafete'ria]
bar (m)	bar (m), cervejaria (f)	[bar], [serveʒa'ria]
salon (m) de thé	salão (m) de chá	[sa'lãw de ʃa]
serveur (m)	garçom (m)	[gar'sõ]
serveuse (f)	garçonete (f)	[garso'netʃi]
barman (m)	barman (m)	[bar'mã]
carte (f)	cardápio (m)	[kar'dapju]
carte (f) des vins	lista (f) de vinhos	['lista de 'viɲus]
réserver une table	reservar uma mesa	[hezer'var 'uma 'meza]
plat (m)	prato (m)	['pratu]
commander (vt)	pedir (vt)	[pe'dʒir]
faire la commande	fazer o pedido	[fa'zer u pe'dʒidu]
apéritif (m)	aperitivo (m)	[aperi'tʃivu]
hors-d'œuvre (m)	entrada (f)	[ẽ'trada]
dessert (m)	sobremesa (f)	[sobri'meza]
addition (f)	conta (f)	['kõta]
régler l'addition	pagar a conta	[pa'gar a 'kõta]
rendre la monnaie	dar o troco	[dar u 'troku]
pourboire (m)	gorjeta (f)	[gor'ʒeta]

La famille. Les parents. Les amis

54. Les données personnelles. Les formulaires

prénom (m)	nome (m)	['nɔmi]
nom (m) de famille	sobrenome (m)	[sobri'nɔmi]
date (f) de naissance	data (f) de nascimento	['data de nasi'mẽtu]
lieu (m) de naissance	local (m) de nascimento	[lo'kaw de nasi'mẽtu]
nationalité (f)	nacionalidade (f)	[nasjonali'dadʒi]
domicile (m)	lugar (m) de residência	[lu'gar de hezi'dẽsja]
pays (m)	país (m)	[pa'jis]
profession (f)	profissão (f)	[profi'sãw]
sexe (m)	sexo (m)	['sɛksu]
taille (f)	estatura (f)	[ista'tura]
poids (m)	peso (m)	['pezu]

55. La famille. Les liens de parenté

mère (f)	mãe (f)	[mãj]
père (m)	pai (m)	[paj]
fils (m)	filho (m)	['fiʎu]
fille (f)	filha (f)	['fiʎa]
fille (f) cadette	caçula (f)	[ka'sula]
fils (m) cadet	caçula (m)	[ka'sula]
fille (f) aînée	filha (f) mais velha	['fiʎa majs 'vɛʎa]
fils (m) aîné	filho (m) mais velho	['fiʎu majs 'vɛʎu]
frère (m)	irmão (m)	[ir'mãw]
frère (m) aîné	irmão (m) mais velho	[ir'mãw majs 'vɛʎu]
frère (m) cadet	irmão (m) mais novo	[ir'mãw majs 'novu]
sœur (f)	irmã (f)	[ir'mã]
sœur (f) aînée	irmã (f) mais velha	[ir'mã majs 'vɛʎa]
sœur (f) cadette	irmã (f) mais nova	[ir'mã majs 'nɔva]
cousin (m)	primo (m)	['primu]
cousine (f)	prima (f)	['prima]
maman (f)	mamãe (f)	[ma'mãj]
papa (m)	papai (m)	[pa'paj]
parents (m pl)	pais (pl)	['pajs]
enfant (m, f)	criança (f)	['krjãsa]
enfants (pl)	crianças (f pl)	['krjãsas]
grand-mère (f)	avó (f)	[a'vɔ]
grand-père (m)	avô (m)	[a'vɔ]
petit-fils (m)	neto (m)	['nɛtu]

| petite-fille (f) | neta (f) | ['nɛta] |
| petits-enfants (pl) | netos (pl) | ['nɛtus] |

oncle (m)	tio (m)	['tʃiu]
tante (f)	tia (f)	['tʃia]
neveu (m)	sobrinho (m)	[so'briɲu]
nièce (f)	sobrinha (f)	[so'briɲa]

belle-mère (f)	sogra (f)	['sɔgra]
beau-père (m)	sogro (m)	['sogru]
gendre (m)	genro (m)	['ʒẽhu]
belle-mère (f)	madrasta (f)	[ma'drasta]
beau-père (m)	padrasto (m)	[pa'drastu]

nourrisson (m)	criança (f) de colo	['krjãsa de 'kɔlu]
bébé (m)	bebê (m)	[be'be]
petit (m)	menino (m)	[me'ninu]

femme (f)	mulher (f)	[mu'ʎer]
mari (m)	marido (m)	[ma'ridu]
époux (m)	esposo (m)	[is'pozu]
épouse (f)	esposa (f)	[is'poza]

marié (adj)	casado	[ka'zadu]
mariée (adj)	casada	[ka'zada]
célibataire (adj)	solteiro	[sow'tejru]
célibataire (m)	solteirão (m)	[sowtej'rãw]
divorcé (adj)	divorciado	[dʒivor'sjadu]
veuve (f)	viúva (f)	['vjuva]
veuf (m)	viúvo (m)	['vjuvu]

parent (m)	parente (m)	[pa'rẽtʃi]
parent (m) proche	parente (m) próximo	[pa'rẽtʃi 'prɔsimu]
parent (m) éloigné	parente (m) distante	[pa'rẽtʃi dʒis'tãtʃi]
parents (m pl)	parentes (m pl)	[pa'rẽtʃis]

orphelin (m)	órfão (m)	['ɔrfãw]
orpheline (f)	órfã (f)	['ɔrfã]
tuteur (m)	tutor (m)	[tu'tor]
adopter (un garçon)	adotar (vt)	[ado'tar]
adopter (une fille)	adotar (vt)	[ado'tar]

56. Les amis. Les collègues

ami (m)	amigo (m)	[a'migu]
amie (f)	amiga (f)	[a'miga]
amitié (f)	amizade (f)	[ami'zadʒi]
être ami	ser amigos	[ser a'migus]

copain (m)	amigo (m)	[a'migu]
copine (f)	amiga (f)	[a'miga]
partenaire (m)	parceiro (m)	[par'sejru]
chef (m)	chefe (m)	['ʃɛfi]
supérieur (m)	superior (m)	[supe'rjor]

propriétaire (m)	proprietário (m)	[proprje'tarju]
subordonné (m)	subordinado (m)	[subordʒi'nadu]
collègue (m, f)	colega (m, f)	[ko'lɛga]

connaissance (f)	conhecido (m)	[koɲe'sidu]
compagnon (m) de route	companheiro (m) de viagem	[kõpa'ɲejru de 'vjaʒẽ]
copain (m) de classe	colega (m) de classe	[ko'lɛga de 'klasi]

voisin (m)	vizinho (m)	[vi'ziɲu]
voisine (f)	vizinha (f)	[vi'ziɲa]
voisins (m pl)	vizinhos (pl)	[vi'ziɲus]

57. L'homme. La femme

femme (f)	mulher (f)	[mu'ʎer]
jeune fille (f)	menina (f)	[me'nina]
fiancée (f)	noiva (f)	['nojva]

belle (adj)	bonita, bela	[bo'nita], ['bɛla]
de grande taille	alta	['awta]
svelte (adj)	esbelta	[iz'bɛwta]
de petite taille	baixa	['baɪʃa]

| blonde (f) | loira (f) | ['lojra] |
| brune (f) | morena (f) | [mo'rena] |

de femme (adj)	de senhora	[de se'ɲora]
vierge (f)	virgem (f)	['virʒẽ]
enceinte (adj)	grávida	['gravida]

homme (m)	homem (m)	['ɔmẽ]
blond (m)	loiro (m)	['lojru]
brun (m)	moreno (m)	[mo'renu]
de grande taille	alto	['awtu]
de petite taille	baixo	['baɪʃu]

rude (adj)	rude	['hudʒi]
trapu (adj)	atarracado	[ataha'kadu]
robuste (adj)	robusto	[ho'bustu]
fort (adj)	forte	['fortʃi]
force (f)	força (f)	['forsa]

gros (adj)	gordo	['gordu]
basané (adj)	moreno	[mo'renu]
svelte (adj)	esbelto	[iz'bɛwtu]
élégant (adj)	elegante	[ele'gãtʃi]

58. L'age

âge (m)	idade (f)	[i'dadʒi]
jeunesse (f)	juventude (f)	[ʒuvẽ'tudʒi]
jeune (adj)	jovem	['ʒɔvẽ]

plus jeune (adj)	mais novo	[majs 'novu]
plus âgé (adj)	mais velho	[majs 'vɛʎu]
jeune homme (m)	jovem (m)	['ʒɔvẽ]
adolescent (m)	adolescente (m)	[adole'sẽtʃi]
gars (m)	rapaz (m)	[ha'pajz]
vieillard (m)	velho (m)	['vɛʎu]
vieille femme (f)	velha (f)	['vɛʎa]
adulte (m)	adulto	[a'duwtu]
d'âge moyen (adj)	de meia-idade	[de meja i'dadʒi]
âgé (adj)	idoso, de idade	[I'dozu], [de i'dade]
vieux (adj)	velho	['vɛʎu]
retraite (f)	aposentadoria (f)	[apozẽtado'ria]
prendre sa retraite	aposentar-se (vr)	[apozẽ'tarsi]
retraité (m)	aposentado (m)	[apozẽ'tadu]

59. Les enfants. Les adolescents

enfant (m, f)	criança (f)	['krjãsa]
enfants (pl)	crianças (f pl)	['krjãsas]
jumeaux (m pl)	gêmeos (m pl), gêmeas (f pl)	['ʒemjus], ['ʒemjas]
berceau (m)	berço (m)	['bersu]
hochet (m)	chocalho (m)	[ʃo'kaʎu]
couche (f)	fralda (f)	['frawda]
tétine (f)	chupeta (f), bico (m)	[ʃu'peta], ['biku]
poussette (m)	carrinho (m) de bebê	[ka'hiɲu de be'be]
école (f) maternelle	jardim (m) de infância	[ʒar'dʒĩ de ĩ'fãsja]
baby-sitter (m, f)	babysitter, babá (f)	[bebi'sitter], [ba'ba]
enfance (f)	infância (f)	[ĩ'fãsja]
poupée (f)	boneca (f)	[bo'nɛka]
jouet (m)	brinquedo (m)	[brĩ'kedu]
jeu (m) de construction	jogo (m) de montar	['ʒogu de mõ'tar]
bien élevé (adj)	bem-educado	[bẽj edu'kadu]
mal élevé (adj)	malcriado	[maw'krjadu]
gâté (adj)	mimado	[mi'madu]
faire le vilain	ser travesso	[ser tra'vɛsu]
vilain (adj)	travesso, traquinas	[tra'vɛsu], [tra'kinas]
espièglerie (f)	travessura (f)	[trave'sura]
vilain (m)	criança (f) travessa	['krjãsa tra'vɛsa]
obéissant (adj)	obediente	[obe'dʒẽtʃi]
désobéissant (adj)	desobediente	[dʒizobe'dʒjẽtʃi]
sage (adj)	dócil	['dɔsiw]
intelligent (adj)	inteligente	[ĩteli'ʒẽtʃi]
l'enfant prodige	prodígio (m)	[pro'dʒiʒu]

60. Les couples mariés. La vie de famille

embrasser (sur les lèvres)	beijar (vt)	[bej'ʒar]
s'embrasser (vp)	beijar-se (vr)	[bej'ʒarsi]
famille (f)	família (f)	[fa'milja]
familial (adj)	familiar	[fami'ljar]
couple (m)	casal (m)	[ka'zaw]
mariage (m) (~ civil)	matrimônio (m)	[matri'monju]
foyer (m) familial	lar (m)	[lar]
dynastie (f)	dinastia (f)	[dʒinas'tʃia]
rendez-vous (m)	encontro (m)	[ẽ'kõtru]
baiser (m)	beijo (m)	['bejʒu]
amour (m)	amor (m)	[a'mor]
aimer (qn)	amar (vt)	[a'mar]
aimé (adj)	amado, querido	[a'madu], [ke'ridu]
tendresse (f)	ternura (f)	[ter'nura]
tendre (affectueux)	afetuoso	[afe'twozu]
fidélité (f)	fidelidade (f)	[fideli'dadʒi]
fidèle (adj)	fiel	[fjɛw]
soin (m) (~ de qn)	cuidado (m)	[kwi'dadu]
attentionné (adj)	carinhoso	[kari'ɲozu]
jeunes mariés (pl)	recém-casados (pl)	[he'sẽ-ka'zadus]
lune (f) de miel	lua (f) de mel	['lua de mɛw]
se marier	casar-se (vr)	[ka'zarsi]
(prendre pour époux)		
se marier	casar-se (vr)	[ka'zarsi]
(prendre pour épouse)		
mariage (m)	casamento (m)	[kaza'mẽtu]
les noces d'or	bodas (f pl) de ouro	['bodas de 'oru]
anniversaire (m)	aniversário (m)	[aniver'sarju]
amant (m)	amante (m)	[a'mãtʃi]
maîtresse (f)	amante (f)	[a'mãtʃi]
adultère (m)	adultério (m), traição (f)	[aduw'tɛrju], [traj'sãw]
commettre l'adultère	cometer adultério	[kome'ter aduw'tɛrju]
jaloux (adj)	ciumento	[sju'mẽtu]
être jaloux	ser ciumento, -a	[ser sju'mẽtu, -a]
divorce (m)	divórcio (m)	[dʒi'vɔrsju]
divorcer (vi)	divorciar-se (vr)	[dʒivor'sjarsi]
se disputer (vp)	brigar (vi)	[bri'gar]
se réconcilier (vp)	fazer as pazes	[fa'zer as 'pajzis]
ensemble (adv)	juntos	['ʒũtus]
sexe (m)	sexo (m)	['sɛksu]
bonheur (m)	felicidade (f)	[felisi'dadʒi]
heureux (adj)	feliz	[fe'liz]
malheur (m)	infelicidade (f)	[ĩfelisi'dadʒi]
malheureux (adj)	infeliz	[ĩfe'liz]

Le caractère. Les émotions

61. Les sentiments. Les émotions

sentiment (m)	sentimento (m)	[sẽtʃi'mẽtu]
sentiments (m pl)	sentimentos (m pl)	[sẽtʃi'mẽtus]
sentir (vt)	sentir (vt)	[së'tʃir]
faim (f)	fome (f)	['fɔmi]
avoir faim	ter fome	[ter 'fɔmi]
soif (f)	sede (f)	['sedʒi]
avoir soif	ter sede	[ter 'sedʒi]
somnolence (f)	sonolência (f)	[sono'lẽsja]
avoir sommeil	estar sonolento	[is'tar sono'lẽtu]
fatigue (f)	cansaço (m)	[kã'sasu]
fatigué (adj)	cansado	[kã'sadu]
être fatigué	ficar cansado	[fi'kar kã'sadu]
humeur (f) (de bonne ~)	humor (m)	[u'mor]
ennui (m)	tédio (m)	['tɛdʒju]
s'ennuyer (vp)	entediar-se (vr)	[ẽte'dʒjarsi]
solitude (f)	reclusão (f)	[heklu'zãw]
s'isoler (vp)	isolar-se (vr)	[izo'larsi]
inquiéter (vt)	preocupar (vt)	[preoku'par]
s'inquiéter (vp)	estar preocupado	[is'tar preoku'padu]
inquiétude (f)	preocupação (f)	[preokupa'sãw]
préoccupation (f)	ansiedade (f)	[ãsje'dadʒi]
soucieux (adj)	preocupado	[preoku'padu]
s'énerver (vp)	estar nervoso	[is'tar ner'vozu]
paniquer (vi)	entrar em pânico	[ẽ'trar ẽ 'paniku]
espoir (m)	esperança (f)	[ispe'rãsa]
espérer (vi)	esperar (vi, vt)	[ispe'rar]
certitude (f)	certeza (f)	[ser'teza]
certain (adj)	certo, seguro de ...	['sɛrtu], [se'guru de]
incertitude (f)	indecisão (f)	[ĩdesi'zãw]
incertain (adj)	indeciso	[ĩde'sizu]
ivre (adj)	bêbado	['bebadu]
sobre (adj)	sóbrio	['sɔbrju]
faible (adj)	fraco	['fraku]
heureux (adj)	feliz	[fe'liz]
faire peur	assustar (vt)	[asus'tar]
fureur (f)	fúria (f)	['furja]
rage (f), colère (f)	ira, raiva (f)	['ira], ['hajva]
dépression (f)	depressão (f)	[depre'sãw]
inconfort (m)	desconforto (m)	[dʒiskõ'fortu]

confort (m)	conforto (m)	[kõ'fortu]
regretter (vt)	arrepender-se (vr)	[ahepẽ'dersi]
regret (m)	arrependimento (m)	[ahepẽdʒi'mẽtu]
malchance (f)	azar (m), má sorte (f)	[a'zar], [ma 'sɔrtʃi]]
tristesse (f)	tristeza (f)	[tris'teza]

honte (f)	vergonha (f)	[ver'goɲa]
joie, allégresse (f)	alegria (f)	[ale'gria]
enthousiasme (m)	entusiasmo (m)	[ẽtu'zjazmu]
enthousiaste (m)	entusiasta (m)	[ẽtu'zjasta]
avoir de l'enthousiasme	mostrar entusiasmo	[mos'trar ẽtu'zjazmu]

62. Le caractère. La personnalité

caractère (m)	caráter (m)	[ka'rater]
défaut (m)	falha (f) de caráter	['faʎa de ka'rater]
esprit (m)	mente (f)	['mẽtʃi]
raison (f)	razão (f)	[ha'zãw]

conscience (f)	consciência (f)	[kõ'sjẽsja]
habitude (f)	hábito, costume (m)	['abitu], [kos'tumi]
capacité (f)	habilidade (f)	[abili'dadʒi]
savoir (faire qch)	saber (vi)	[sa'ber]

patient (adj)	paciente	[pa'sjẽtʃi]
impatient (adj)	impaciente	[ĩpa'sjẽtʃi]
curieux (adj)	curioso	[ku'rjozu]
curiosité (f)	curiosidade (f)	[kurjozi'dadʒi]

modestie (f)	modéstia (f)	[mo'dɛstu]
modeste (adj)	modesto	[mo'dɛstu]
vaniteux (adj)	imodesto	[imo'dɛstu]

paresse (f)	preguiça (f)	[pre'gisa]
paresseux (adj)	preguiçoso	[pregi'sozu]
paresseux (m)	preguiçoso (m)	[pregi'sozu]

astuce (f)	astúcia (f)	[as'tusja]
rusé (adj)	astuto	[as'tutu]
méfiance (f)	desconfiança (f)	[dʒiskõ'fjãsa]
méfiant (adj)	desconfiado	[dʒiskõ'fjadu]

générosité (f)	generosidade (f)	[ʒenerozi'dadʒi]
généreux (adj)	generoso	[ʒene'rozu]
doué (adj)	talentoso	[talẽ'tozu]
talent (m)	talento (m)	[ta'lẽtu]

courageux (adj)	corajoso	[kora'ʒozu]
courage (m)	coragem (f)	[ko'raʒẽ]
honnête (adj)	honesto	[o'nɛstu]
honnêteté (f)	honestidade (f)	[onestʃi'dadʒi]

| prudent (adj) | prudente, cuidadoso | [pru'dẽtʃi], [kwida'dozu] |
| courageux (adj) | valoroso | [valo'rozu] |

sérieux (adj)	sério	['sɛrju]
sévère (adj)	severo	[se'vɛru]

décidé (adj)	decidido	[desi'ʤidu]
indécis (adj)	indeciso	[ĩde'sizu]
timide (adj)	tímido	['tʃimidu]
timidité (f)	timidez (f)	[tʃimi'dez]

confiance (f)	confiança (f)	[kõ'fjãsa]
croire (qn)	confiar (vt)	[kõ'fjar]
confiant (adj)	crédulo	['krɛdulu]

sincèrement (adv)	sinceramente	[sĩsera'mẽtʃi]
sincère (adj)	sincero	[sĩ'sɛru]
sincérité (f)	sinceridade (f)	[sĩseri'daʤi]
ouvert (adj)	aberto	[a'bɛrtu]

calme (adj)	calmo	['kawmu]
franc (sincère)	franco	['frãku]
naïf (adj)	ingênuo	[ĩ'ʒenwu]
distrait (adj)	distraído	[ʤistra'idu]
drôle, amusant (adj)	engraçado	[ẽgra'sadu]

avidité (f)	ganância (f)	[ga'nãsja]
avare (adj)	ganancioso	[ganã'sjozu]
radin (adj)	avarento, sovina	[avar'ẽtu], [so'vina]
méchant (adj)	mal	[maw]
têtu (adj)	teimoso	[tej'mozu]
désagréable (adj)	desagradável	[ʤizagra'davew]

égoïste (m)	egoísta (m)	[ego'ista]
égoïste (adj)	egoísta	[ego'ista]
peureux (m)	covarde (m)	[ko'varʤi]
peureux (adj)	covarde	[ko'varʤi]

63. Le sommeil. Les rêves

dormir (vi)	dormir (vi)	[dor'mir]
sommeil (m)	sono (m)	['sɔnu]
rêve (m)	sonho (m)	['sɔɲu]
rêver (en dormant)	sonhar (vi)	[so'ɲar]
endormi (adj)	sonolento	[sono'lẽtu]

lit (m)	cama (f)	['kama]
matelas (m)	colchão (m)	[kow'ʃãw]
couverture (f)	cobertor (m)	[kuber'tor]
oreiller (m)	travesseiro (m)	[trave'sejru]
drap (m)	lençol (m)	[lẽ'sɔw]

insomnie (f)	insônia (f)	[ĩ'sonja]
sans sommeil (adj)	sem sono	[sẽ 'sɔnu]
somnifère (m)	sonífero (m)	[so'niferu]
prendre un somnifère	tomar um sonífero	[to'mar ũ so'niferu]
avoir sommeil	estar sonolento	[is'tar sono'lẽtu]

bâiller (vi)	bocejar (vi)	[buse'ʒar]
aller se coucher	ir para a cama	[ir 'para a 'kama]
faire le lit	fazer a cama	[fa'zer a 'kama]
s'endormir (vp)	adormecer (vi)	[adorme'ser]

cauchemar (m)	pesadelo (m)	[peza'delu]
ronflement (m)	ronco (m)	['hõku]
ronfler (vi)	roncar (vi)	[hõ'kar]

réveil (m)	despertador (m)	[dʒisperta'dor]
réveiller (vt)	acordar, despertar (vt)	[akor'dar], [dʒisper'tar]
se réveiller (vp)	acordar (vi)	[akor'dar]
se lever (tôt, tard)	levantar-se (vr)	[levã'tarsi]
se laver (le visage)	lavar-se (vr)	[la'varsi]

64. L'humour. Le rire. La joie

humour (m)	humor (m)	[u'mor]
sens (m) de l'humour	senso (m) de humor	['sẽsu de u'mor]
s'amuser (vp)	divertir-se (vr)	[dʒiver'tʃirsi]
joyeux (adj)	alegre	[a'lɛgri]
joie, allégresse (f)	alegria, diversão (f)	[ale'gria], [dʒiver'sãw]

sourire (m)	sorriso (m)	[so'hizu]
sourire (vi)	sorrir (vi)	[so'hir]
se mettre à rire	começar a rir	[kome'sar a hir]
rire (vi)	rir (vi)	[hir]
rire (m)	riso (m)	['hizu]

anecdote (f)	anedota (f)	[ane'dɔta]
drôle, amusant (adj)	engraçado	[ẽgra'sadu]
comique, ridicule (adj)	ridículo, cômico	[hi'dʒikulu], ['komiku]

plaisanter (vi)	brincar (vi)	[brĩ'kar]
plaisanterie (f)	piada (f)	['pjada]
joie (f) (émotion)	alegria (f)	[ale'gria]
se réjouir (vp)	regozijar-se (vr)	[hegozi'ʒarsi]
joyeux (adj)	alegre	[a'lɛgri]

65. Dialoguer et communiquer. Partie 1

communication (f)	comunicação (f)	[komunika'sãw]
communiquer (vi)	comunicar-se (vr)	[komuni'karse]

conversation (f)	conversa (f)	[kõ'vɛrsa]
dialogue (m)	diálogo (m)	['dʒjalogu]
discussion (f) (débat)	discussão (f)	[dʒisku'sãw]
débat (m)	debate (m)	[de'batʃi]
discuter (vi)	debater (vt)	[deba'ter]

interlocuteur (m)	interlocutor (m)	[ĩterloku'tor]
sujet (m)	tema (m)	['tɛma]

point (m) de vue	ponto (m) de vista	['põtu de 'vista]
opinion (f)	opinião (f)	[opi'njãw]
discours (m)	discurso (m)	[dʒis'kursu]

discussion (f) (d'un rapport)	discussão (f)	[dʒisku'sãw]
discuter (vt)	discutir (vt)	[dʒisku'tʃir]
conversation (f)	conversa (f)	[kõ'vɛrsa]
converser (vi)	conversar (vi)	[kõver'sar]
rencontre (f)	reunião (f)	[heu'njãw]
se rencontrer (vp)	encontrar-se (vr)	[ẽkõ'trarsi]

proverbe (m)	provérbio (m)	[pro'vɛrbju]
dicton (m)	ditado, provérbio (m)	[dʒi'tadu], [pro'vɛrbju]
devinette (f)	adivinha (f)	[adʒi'viɲa]
poser une devinette	dizer uma adivinha	[dʒi'zer 'uma adʒi'viɲu]
mot (m) de passe	senha (f)	['sɛɲa]
secret (m)	segredo (m)	[se'gredu]

serment (m)	juramento (m)	[ʒura'mẽtu]
jurer (de faire qch)	jurar (vi)	[ʒu'rar]
promesse (f)	promessa (f)	[pro'mɛsa]
promettre (vt)	prometer (vt)	[prome'ter]

conseil (m)	conselho (m)	[kõ'seʎu]
conseiller (vt)	aconselhar (vt)	[akõse'ʎar]
suivre le conseil (de qn)	seguir o conselho	[se'gir u kõ'seʎu]
écouter (~ ses parents)	escutar (vt)	[isku'tar]

nouvelle (f)	novidade, notícia (f)	[novi'dadʒi], [no'tʃisja]
sensation (f)	sensação (f)	[sẽsa'sãw]
renseignements (m pl)	informação (f)	[ĩforma'sãw]
conclusion (f)	conclusão (f)	[kõklu'zãw]
voix (f)	voz (f)	[vɔz]
compliment (m)	elogio (m)	[elo'ʒiu]
aimable (adj)	amável, querido	[a'mavew], [ke'ridu]

mot (m)	palavra (f)	[pa'lavra]
phrase (f)	frase (f)	['frazi]
réponse (f)	resposta (f)	[hes'pɔsta]

| vérité (f) | verdade (f) | [ver'dadʒi] |
| mensonge (m) | mentira (f) | [mẽ'tʃira] |

pensée (f)	pensamento (m)	[pẽsa'mẽtu]
idée (f)	ideia (f)	[i'dɛja]
fantaisie (f)	fantasia (f)	[fãta'zia]

66. Dialoguer et communiquer. Partie 2

respecté (adj)	estimado, respeitado	[istʃi'madu], [hespej'tadu]
respecter (vt)	respeitar (vt)	[hespej'tar]
respect (m)	respeito (m)	[hes'pejtu]
Cher ...	Estimado ..., Caro ...	[istʃi'madu], ['karu]
présenter (faire connaître)	apresentar (vt)	[aprezẽ'tar]

faire la connaissance	conhecer (vt)	[koɲe'ser]
intention (f)	intenção (f)	[ĩtẽ'sãw]
avoir l'intention	tencionar (vt)	[tẽsjo'nar]
souhait (m)	desejo (m)	[de'zeʒu]
souhaiter (vt)	desejar (vt)	[deze'ʒar]

étonnement (m)	surpresa (f)	[sur'preza]
étonner (vt)	surpreender (vt)	[surprjẽ'der]
s'étonner (vp)	surpreender-se (vr)	[surprjẽ'dersi]

donner (vt)	dar (vt)	[dar]
prendre (vt)	pegar (vt)	[pe'gar]
rendre (vt)	devolver (vt)	[devow'ver]
retourner (vt)	retornar (vt)	[hetor'nar]

s'excuser (vp)	desculpar-se (vr)	[dʒiskuw'parsi]
excuse (f)	desculpa (f)	[dʒis'kuwpa]
pardonner (vt)	perdoar (vt)	[per'dwar]

parler (~ avec qn)	falar (vi)	[fa'lar]
écouter (vt)	escutar (vt)	[isku'tar]
écouter jusqu'au bout	ouvir até o fim	[o'vir a'tɛ u fĩ]
comprendre (vt)	entender (vt)	[ẽtẽ'der]

montrer (vt)	mostrar (vt)	[mos'trar]
regarder (vt)	olhar para ...	[ɔ'ʎar 'para]
appeler (vt)	chamar (vt)	[ʃa'mar]
distraire (déranger)	perturbar, distrair (vt)	[pertur'bar], [dʒistra'ir]
ennuyer (déranger)	perturbar (vt)	[pertur'bar]
passer (~ le message)	entregar (vt)	[ẽtre'gar]

prière (f) (demande)	pedido (m)	[pe'dʒidu]
demander (vt)	pedir (vt)	[pe'dʒir]
exigence (f)	exigência (f)	[ezi'ʒẽsja]
exiger (vt)	exigir (vt)	[ezi'ʒir]

taquiner (vt)	insultar (vt)	[ĩsuw'tar]
se moquer (vp)	zombar (vt)	[zõ'bar]
moquerie (f)	zombaria (f)	[zõba'ria]
surnom (m)	alcunha (f), apelido (m)	[aw'kuɲa], [ape'lidu]

allusion (f)	insinuação (f)	[ĩsinwa'sãw]
faire allusion	insinuar (vt)	[ĩsi'nwar]
sous-entendre (vt)	querer dizer	[ke'rer dʒi'zer]

description (f)	descrição (f)	[dʒiskri'sãw]
décrire (vt)	descrever (vt)	[dʒiskre'ver]
éloge (m)	elogio (m)	[elo'ʒiu]
louer (vt)	elogiar (vt)	[elo'ʒjar]

déception (f)	desapontamento (m)	[dʒizapõta'mẽtu]
décevoir (vt)	desapontar (vt)	[dʒizapõ'tar]
être déçu	desapontar-se (vr)	[dʒizapõ'tarsi]

| supposition (f) | suposição (f) | [supozi'sãw] |
| supposer (vt) | supor (vt) | [su'por] |

avertissement (m)	advertência (f)	[adʒiver'tẽsja]
prévenir (vt)	advertir (vt)	[adʒiver'tʃir]

67. Dialoguer et communiquer. Partie 3

convaincre (vt)	convencer (vt)	[kõvẽ'ser]
calmer (vt)	acalmar (vt)	[akaw'mar]
silence (m) (~ est d'or)	silêncio (m)	[si'lẽsju]
rester silencieux	ficar em silêncio	[fi'kar ẽ si'lẽsju]
chuchoter (vi, vt)	sussurrar (vi, vt)	[susu'har]
chuchotement (m)	sussurro (m)	[su'suhu]
sincèrement (adv)	francamente	[frãka'mẽtʃi]
à mon avis ...	na minha opinião ...	[na 'miɲa opi'njãw]
détail (m) (d'une histoire)	detalhe (m)	[de'taʎi]
détaillé (adj)	detalhado	[deta'ʎadu]
en détail (adv)	detalhadamente	[detaʎada'mẽtʃi]
indice (m)	dica (f)	['dʒika]
donner un indice	dar uma dica	[dar 'uma 'dʒika]
regard (m)	olhar (m)	[ɔ'ʎar]
jeter un coup d'oeil	dar uma olhada	[dar 'uma o'ʎada]
fixe (un regard ~)	fixo	['fiksu]
clignoter (vi)	piscar (vi)	[pis'kar]
cligner de l'oeil	piscar (vt)	[pis'kar]
hocher la tête	acenar com a cabeça	[ase'nar kõ a ka'besa]
soupir (m)	suspiro (m)	[sus'piru]
soupirer (vi)	suspirar (vi)	[suspi'rar]
tressaillir (vi)	estremecer (vi)	[istreme'ser]
geste (m)	gesto (m)	['ʒɛstu]
toucher (de la main)	tocar (vt)	[to'kar]
saisir (par le bras)	agarrar (vt)	[aga'har]
taper (sur l'épaule)	bater de leve	[ba'ter de 'lɛvi]
Attention!	Cuidado!	[kwi'dadu]
Vraiment?	Sério?	['sɛrju]
Tu es sûr?	Tem certeza?	[tẽj ser'teza]
Bonne chance!	Boa sorte!	['boa 'sɔrtʃi]
Compris!	Entendi!	[ẽtẽ'dʒi]
Dommage!	Que pena!	[ki 'pena]

68. L'accord. Le refus

accord (m)	consentimento (m)	[kõsẽtʃi'mẽtu]
être d'accord	consentir (vi)	[kõsẽ'tʃir]
approbation (f)	aprovação (f)	[aprova'sãw]
approuver (vt)	aprovar (vt)	[apro'var]
refus (m)	recusa (f)	[he'kuza]

se refuser (vp)	negar-se a ...	[ne'garsi]
Super!	Ótimo!	['ɔtʃimu]
Bon!	Tudo bem!	['tudu bẽj]
D'accord!	Está bem! De acordo!	[is'ta bẽj], [de a'kordu]

interdit (adj)	proibido	[proi'bidu]
c'est interdit	é proibido	[ɛ proi'bidu]
c'est impossible	é impossível	[ɛ ĩpo'sivew]
incorrect (adj)	incorreto	[ĩko'hɛtu]

décliner (vt)	rejeitar (vt)	[heʒej'tar]
soutenir (vt)	apoiar (vt)	[apo'jar]
accepter (condition, etc.)	aceitar (vt)	[asej'tar]

confirmer (vt)	confirmar (vt)	[kõfir'mar]
confirmation (f)	confirmação (f)	[kõfirma'sãw]
permission (f)	permissão (f)	[permi'sãw]
permettre (vt)	permitir (vt)	[permi'tʃir]
décision (f)	decisão (f)	[desi'zãw]
ne pas dire un mot	não dizer nada	['nãw dʒi'zer 'nada]

condition (f)	condição (f)	[kõdʒi'sãw]
excuse (f) (prétexte)	pretexto (m)	[pre'testu]
éloge (m)	elogio (m)	[elo'ʒiu]
louer (vt)	elogiar (vt)	[elo'ʒjar]

69. La réussite. La chance. L'échec

succès (m)	êxito, sucesso (m)	['ezitu], [su'sɛsu]
avec succès (adv)	com êxito	[kõ 'ezitu]
réussi (adj)	bem sucedido	[bẽj suse'dʒidu]

chance (f)	sorte (f)	['sɔrtʃi]
Bonne chance!	Boa sorte!	['boa 'sɔrtʃi]
de chance (jour ~)	de sorte	[de 'sɔrtʃi]
chanceux (adj)	sortudo, felizardo	[sor'tudu], [feli'zardu]

échec (m)	fracasso (m)	[fra'kasu]
infortune (f)	pouca sorte (f)	['poka 'sɔrtʃi]
malchance (f)	azar (m), má sorte (f)	[a'zar], [ma 'sɔrtʃi]]

| raté (adj) | mal sucedido | [maw suse'dʒidu] |
| catastrophe (f) | catástrofe (f) | [ka'tastrofi] |

fierté (f)	orgulho (m)	[or'guʎu]
fier (adj)	orgulhoso	[orgu'ʎozu]
être fier	estar orgulhoso	[is'tar orgu'ʎozu]

gagnant (m)	vencedor (m)	[vẽse'dor]
gagner (vi)	vencer (vi, vt)	[vẽ'ser]
perdre (vi)	perder (vt)	[per'der]
tentative (f)	tentativa (f)	[tẽta'tʃiva]
essayer (vt)	tentar (vt)	[tẽ'tar]
chance (f)	chance (m)	['ʃãsi]

70. Les disputes. Les émotions négatives

cri (m)	grito (m)	['gritu]
crier (vi)	gritar (vi)	[gri'tar]
se mettre à crier	começar a gritar	[kome'sar a gri'tar]
dispute (f)	discussão (f)	[dʒisku'sãw]
se disputer (vp)	brigar (vi)	[bri'gar]
scandale (m) (dispute)	escândalo (m)	[is'kãdalu]
faire un scandale	criar escândalo	[krjar is'kãdalu]
conflit (m)	conflito (m)	[kõ'flitu]
malentendu (m)	mal-entendido (m)	[mal ẽtẽ'dʒidu]
insulte (f)	insulto (m)	[ĩ'suwtu]
insulter (vt)	insultar (vt)	[ĩsuw'tar]
insulté (adj)	insultado	[ĩsuw'tadu]
offense (f)	ofensa (f)	[ɔ'fẽsa]
offenser (vt)	ofender (vt)	[ofẽ'der]
s'offenser (vp)	ofender-se (vr)	[ofẽ'dersi]
indignation (f)	indignação (f)	[ĩdʒigna'sãw]
s'indigner (vp)	indignar-se (vr)	[ĩdʒig'narsi]
plainte (f)	queixa (f)	['kejʃa]
se plaindre (vp)	queixar-se (vr)	[kej'ʃarsi]
excuse (f)	desculpa (f)	[dʒis'kuwpa]
s'excuser (vp)	desculpar-se (vr)	[dʒiskuw'parsi]
demander pardon	pedir perdão	[pe'dʒir per'dãw]
critique (f)	crítica (f)	['kritʃika]
critiquer (vt)	criticar (vt)	[kritʃi'kar]
accusation (f)	acusação (f)	[akuza'sãw]
accuser (vt)	acusar (vt)	[aku'zar]
vengeance (f)	vingança (f)	[vĩ'gãsa]
se venger (vp)	vingar (vt)	[vĩ'gar]
faire payer (qn)	vingar-se (vr)	[vĩ'garsi]
mépris (m)	desprezo (m)	[dʒis'prezu]
mépriser (vt)	desprezar (vt)	[dʒispre'zar]
haine (f)	ódio (m)	['ɔdʒju]
haïr (vt)	odiar (vt)	[o'dʒjar]
nerveux (adj)	nervoso	[ner'vozu]
s'énerver (vp)	estar nervoso	[is'tar ner'vozu]
fâché (adj)	zangado	[zã'gadu]
fâcher (vt)	zangar (vt)	[zã'gar]
humiliation (f)	humilhação (f)	[umiʎa'sãw]
humilier (vt)	humilhar (vt)	[umi'ʎar]
s'humilier (vp)	humilhar-se (vr)	[umi'ʎarsi]
choc (m)	choque (m)	['ʃɔki]
choquer (vt)	chocar (vt)	[ʃo'kar]
ennui (m) (problème)	aborrecimento (m)	[abohesi'mẽtu]

désagréable (adj)	desagradável	[dʒizagra'davew]
peur (f)	medo (m)	['medu]
terrible (tempête, etc.)	terrível	[te'hivew]
effrayant (histoire ~e)	assustador	[asusta'dor]
horreur (f)	horror (m)	[o'hor]
horrible (adj)	horrível, terrível	[o'hivew], [te'hivew]
commencer à trembler	começar a tremer	[kome'sar a tre'mer]
pleurer (vi)	chorar (vi)	[ʃo'rar]
se mettre à pleurer	começar a chorar	[kome'sar a ʃo'rar]
larme (f)	lágrima (f)	['lagrima]
faute (f)	falta (f)	['fawta]
culpabilité (f)	culpa (f)	['kuwpa]
déshonneur (m)	desonra (f)	[dʒi'zõha]
protestation (f)	protesto (m)	[pro'tɛstu]
stress (m)	estresse (m)	[is'trɛsi]
déranger (vt)	perturbar (vt)	[pertur'bar]
être furieux	zangar-se com ...	[zã'garsi kõ]
en colère, fâché (adj)	zangado	[zã'gadu]
rompre (relations)	terminar (vt)	[termi'nar]
réprimander (vt)	praguejar	[prage'ʒar]
prendre peur	assustar-se	[asus'tarsi]
frapper (vt)	golpear (vt)	[gow'pjar]
se battre (vp)	brigar (vi)	[bri'gar]
régler (~ un conflit)	resolver (vt)	[hezow'ver]
mécontent (adj)	descontente	[dʒiskõ'tẽtʃi]
enragé (adj)	furioso	[fu'rjozu]
Ce n'est pas bien!	Não está bem!	['nãw is'ta bẽj]
C'est mal!	É ruim!	[ɛ hu'ĩ]

La médecine

71. Les maladies

maladie (f)	doença (f)	[do'ẽsa]
être malade	estar doente	[is'tar do'ẽtʃi]
santé (f)	saúde (f)	[sa'udʒi]

rhume (m) (coryza)	nariz (m) escorrendo	[na'riz isko'hẽdu]
angine (f)	amigdalite (f)	[amigda'litʃi]
refroidissement (m)	resfriado (m)	[hes'frjadu]
prendre froid	ficar resfriado	[fi'kar hes'frjadu]

bronchite (f)	bronquite (f)	[brõ'kitʃi]
pneumonie (f)	pneumonia (f)	[pnewmo'nia]
grippe (f)	gripe (f)	['gripi]

myope (adj)	míope	['miopi]
presbyte (adj)	presbita	[pres'bita]
strabisme (m)	estrabismo (m)	[istra'bizmu]
strabique (adj)	estrábico, vesgo	[is'trabiku], ['vezgu]
cataracte (f)	catarata (f)	[kata'rata]
glaucome (m)	glaucoma (m)	[glaw'koma]

insulte (f)	AVC (m), apoplexia (f)	[ave'se], [apople'ksia]
crise (f) cardiaque	ataque (m) cardíaco	[a'taki kar'dʒiaku]
infarctus (m) de myocarde	enfarte (m) do miocárdio	[ẽ'fartʃi du mjo'kardʒiu]
paralysie (f)	paralisia (f)	[parali'zia]
paralyser (vt)	paralisar (vt)	[parali'zar]

allergie (f)	alergia (f)	[aler'ʒia]
asthme (m)	asma (f)	['azma]
diabète (m)	diabetes (f)	[dʒja'bɛtʃis]

mal (m) de dents	dor (f) de dente	[dor de 'dẽtʃi]
carie (f)	cárie (f)	['kari]

diarrhée (f)	diarreia (f)	[dʒja'hɛja]
constipation (f)	prisão (f) de ventre	[pri'zãw de 'vẽtri]
estomac (m) barbouillé	desarranjo (m) intestinal	[dʒiza'hãʒu ĩtestʃi'naw]
intoxication (f) alimentaire	intoxicação (f) alimentar	[ĩtoksika'sãw alimẽ'tar]
être intoxiqué	intoxicar-se	[ĩtoksi'karsi]

arthrite (f)	artrite (f)	[ar'tritʃi]
rachitisme (m)	raquitismo (m)	[haki'tʃizmu]
rhumatisme (m)	reumatismo (m)	[hewma'tʃizmu]
athérosclérose (f)	arteriosclerose (f)	[arterjoskle'rɔzi]

gastrite (f)	gastrite (f)	[gas'tritʃi]
appendicite (f)	apendicite (f)	[apẽdʒi'sitʃi]

| cholécystite (f) | colecistite (f) | [kulesi'stʃitʃi] |
| ulcère (m) | úlcera (f) | ['uwsera] |

rougeole (f)	sarampo (m)	[sa'rãpu]
rubéole (f)	rubéola (f)	[hu'bɛola]
jaunisse (f)	icterícia (f)	[ikte'risja]
hépatite (f)	hepatite (f)	[epa'tʃitʃi]

schizophrénie (f)	esquizofrenia (f)	[iskizofre'nia]
rage (f) (hydrophobie)	raiva (f)	['hajva]
névrose (f)	neurose (f)	[new'rɔzi]
commotion (f) cérébrale	contusão (f) cerebral	[kõtu'zãw sere'braw]

cancer (m)	câncer (m)	['kãser]
sclérose (f)	esclerose (f)	[iskle'rozi]
sclérose (f) en plaques	esclerose (f) múltipla	[iskle'rozi 'muwtʃipla]

alcoolisme (m)	alcoolismo (m)	[awko'lizmu]
alcoolique (m)	alcoólico (m)	[aw'kɔliku]
syphilis (f)	sífilis (f)	['sifilis]
SIDA (m)	AIDS (f)	['ajdʒs]

tumeur (f)	tumor (m)	[tu'mor]
maligne (adj)	maligno	[ma'lignu]
bénigne (adj)	benigno	[be'nignu]

fièvre (f)	febre (f)	['fɛbri]
malaria (f)	malária (f)	[ma'larja]
gangrène (f)	gangrena (f)	[gã'grena]
mal (m) de mer	enjoo (m)	[ẽ'ʒou]
épilepsie (f)	epilepsia (f)	[epile'psia]

épidémie (f)	epidemia (f)	[epide'mia]
typhus (m)	tifo (m)	['tʃifu]
tuberculose (f)	tuberculose (f)	[tuberku'lɔzi]
choléra (m)	cólera (f)	['kɔlera]
peste (f)	peste (f) bubônica	['pɛstʃi bu'bonika]

72. Les symptômes. Le traitement. Partie 1

symptôme (m)	sintoma (m)	[sĩ'tɔma]
température (f)	temperatura (f)	[tẽpera'tura]
fièvre (f)	febre (f)	['fɛbri]
pouls (m)	pulso (m)	['puwsu]

vertige (m)	vertigem (f)	[ver'tʃiʒẽ]
chaud (adj)	quente	['kẽtʃi]
frisson (m)	calafrio (m)	[kala'friu]
pâle (adj)	pálido	['palidu]

toux (f)	tosse (f)	['tɔsi]
tousser (vi)	tossir (vi)	[to'sir]
éternuer (vi)	espirrar (vi)	[ispi'har]
évanouissement (m)	desmaio (m)	[dʒiz'maju]

s'évanouir (vp)	desmaiar (vi)	[dʒizmaˈjar]
bleu (m)	mancha (f) preta	[ˈmãʃa ˈpreta]
bosse (f)	galo (m)	[ˈgalu]
se heurter (vp)	machucar-se (vr)	[maʃuˈkarsi]
meurtrissure (f)	contusão (f)	[kõtuˈzãw]
se faire mal	machucar-se (vr)	[maʃuˈkarsi]

boiter (vi)	mancar (vi)	[mãˈkar]
foulure (f)	deslocamento (f)	[dʒizlokaˈmẽtu]
se démettre (l'épaule, etc.)	deslocar (vt)	[dʒizloˈkar]
fracture (f)	fratura (f)	[fraˈtura]
avoir une fracture	fraturar (vt)	[fratuˈrar]

coupure (f)	corte (m)	[ˈkɔrtʃi]
se couper (~ le doigt)	cortar-se (vr)	[korˈtarsi]
hémorragie (f)	hemorragia (f)	[emohaˈʒia]

brûlure (f)	queimadura (f)	[kejmaˈdura]
se brûler (vp)	queimar-se (vr)	[kejˈmarsi]

se piquer (le doigt)	picar (vt)	[piˈkar]
se piquer (vp)	picar-se (vr)	[piˈkarsi]
blesser (vt)	lesionar (vt)	[lezjoˈnar]
blessure (f)	lesão (m)	[leˈzãw]
plaie (f) (blessure)	ferida (f), ferimento (m)	[feˈrida], [feriˈmẽtu]
trauma (m)	trauma (m)	[ˈtrawma]

délirer (vi)	delirar (vi)	[deliˈrar]
bégayer (vi)	gaguejar (vi)	[gageˈʒar]
insolation (f)	insolação (f)	[insolaˈsãw]

73. Les symptômes. Le traitement. Partie 2

douleur (f)	dor (f)	[dor]
écharde (f)	farpa (f)	[ˈfarpa]

sueur (f)	suor (m)	[swɔr]
suer (vi)	suar (vi)	[swar]
vomissement (m)	vômito (m)	[ˈvomitu]
spasmes (m pl)	convulsões (f pl)	[kõvuwˈsõjs]

enceinte (adj)	grávida	[ˈgravida]
naître (vi)	nascer (vi)	[naˈser]
accouchement (m)	parto (m)	[ˈpartu]
accoucher (vi)	dar à luz	[dar a luz]
avortement (m)	aborto (m)	[aˈbortu]

respiration (f)	respiração (f)	[hespiraˈsãw]
inhalation (f)	inspiração (f)	[ĩspiraˈsãw]
expiration (f)	expiração (f)	[ispiraˈsãw]
expirer (vi)	expirar (vi)	[ispiˈrar]
inspirer (vi)	inspirar (vi)	[ĩspiˈrar]
invalide (m)	inválido (m)	[ĩˈvalidu]
handicapé (m)	aleijado (m)	[alejˈʒadu]

drogué (m)	drogado (m)	[dro'gadu]
sourd (adj)	surdo	['surdu]
muet (adj)	mudo	['mudu]
sourd-muet (adj)	surdo-mudo	['surdu-'mudu]

fou (adj)	louco, insano	['loku], [ĩ'sanu]
fou (m)	louco (m)	['loku]
folle (f)	louca (f)	['loka]
devenir fou	ficar louco	[fi'kar 'loku]

gène (m)	gene (m)	['ʒɛni]
immunité (f)	imunidade (f)	[imuni'dadʒi]
héréditaire (adj)	hereditário	[eredʒi'tarju]
congénital (adj)	congênito	[kõ'ʒenitu]

virus (m)	vírus (m)	['virus]
microbe (m)	micróbio (m)	[mi'krɔbju]
bactérie (f)	bactéria (f)	[bak'tɛrja]
infection (f)	infecção (f)	[ĩfek'sãw]

74. Les symptômes. Le traitement. Partie 3

hôpital (m)	hospital (m)	[ospi'taw]
patient (m)	paciente (m)	[pa'sjẽtʃi]

diagnostic (m)	diagnóstico (m)	[dʒjag'nɔstʃiku]
cure (f) (faire une ~)	cura (f)	['kura]
traitement (m)	tratamento (m) médico	[trata'mẽtu 'mɛdʒiku]
se faire soigner	curar-se (vr)	[ku'rarsi]
traiter (un patient)	tratar (vt)	[tra'tar]
soigner (un malade)	cuidar (vt)	[kwi'dar]
soins (m pl)	cuidado (m)	[kwi'dadu]

opération (f)	operação (f)	[opera'sãw]
panser (vt)	enfaixar (vt)	[ẽfaj'ʃar]
pansement (m)	enfaixamento (m)	[bã'daʒãj]

vaccination (f)	vacinação (f)	[vasina'sãw]
vacciner (vt)	vacinar (vt)	[vasi'nar]
piqûre (f)	injeção (f)	[inʒe'sãw]
faire une piqûre	dar uma injeção	[dar 'uma inʒe'sãw]

crise, attaque (f)	ataque (m)	[a'taki]
amputation (f)	amputação (f)	[ãputa'sãw]
amputer (vt)	amputar (vt)	[ãpu'tar]
coma (m)	coma (f)	['kɔma]
être dans le coma	estar em coma	[is'tar ẽ 'kɔma]
réanimation (f)	reanimação (f)	[hianima'sãw]

se rétablir (vp)	recuperar-se (vr)	[hekupe'rarsi]
état (m) (de santé)	estado (m)	[i'stadu]
conscience (f)	consciência (f)	[kõ'sjẽsja]
mémoire (f)	memória (f)	[me'mɔrja]
arracher (une dent)	tirar (vt)	[tʃi'rar]

plombage (m)	obturação (f)	[obitura'sãw]
plomber (vt)	obturar (vt)	[obitu'rar]

hypnose (f)	hipnose (f)	[ip'nɔzi]
hypnotiser (vt)	hipnotizar (vt)	[ipnotʃi'zar]

75. Les médecins

médecin (m)	médico (m)	['mɛdʒiku]
infirmière (f)	enfermeira (f)	[ẽfer'mejra]
médecin (m) personnel	médico (m) pessoal	['mɛdʒiku pe'swaw]

dentiste (m)	dentista (m)	[dẽ'tʃista]
ophtalmologiste (m)	oculista (m)	[oku'lista]
généraliste (m)	terapeuta (m)	[tera'pewta]
chirurgien (m)	cirurgião (m)	[sirur'ʒjãw]

psychiatre (m)	psiquiatra (m)	[psi'kjatra]
pédiatre (m)	pediatra (m)	[pe'dʒjatra]
psychologue (m)	psicólogo (m)	[psi'kɔlogu]
gynécologue (m)	ginecologista (m)	[ʒinekolo'ʒista]
cardiologue (m)	cardiologista (m)	[kardʒjolo'ʒista]

76. Les médicaments. Les accessoires

médicament (m)	medicamento (m)	[medʒika'mẽtu]
remède (m)	remédio (m)	[he'mɛdʒju]
prescrire (vt)	receitar (vt)	[hesej'tar]
ordonnance (f)	receita (f)	[he'sejta]

comprimé (m)	comprimido (m)	[kõpri'midu]
onguent (m)	unguento (m)	[ũ'gwẽtu]
ampoule (f)	ampola (f)	[ã'pɔla]
mixture (f)	solução, preparado (m)	[solu'sãw], [prepa'radu]
sirop (m)	xarope (m)	[ʃa'rɔpi]
pilule (f)	cápsula (f)	['kapsula]
poudre (f)	pó (m)	[pɔ]

bande (f)	atadura (f)	[ata'dura]
coton (m) (ouate)	algodão (m)	[awgo'dãw]
iode (m)	iodo (m)	['jodu]

sparadrap (m)	curativo (m) adesivo	[kura'tivu ade'zivu]
compte-gouttes (m)	conta-gotas (m)	['kõta 'gotas]
thermomètre (m)	termômetro (m)	[ter'mometru]
seringue (f)	seringa (f)	[se'rĩga]

fauteuil (m) roulant	cadeira (f) de rodas	[ka'dejra de 'hɔdas]
béquilles (f pl)	muletas (f pl)	[mu'letas]

anesthésique (m)	analgésico (m)	[anaw'ʒɛziku]
purgatif (m)	laxante (m)	[la'ʃãtʃi]

alcool (m)	álcool (m)	['awkɔw]
herbe (f) médicinale	ervas (f pl) medicinais	['ɛrvas medʒisi'najs]
d'herbes (adj)	de ervas	[de 'ɛrvas]

77. Le tabac et ses produits dérivés

tabac (m)	tabaco (m)	[ta'baku]
cigarette (f)	cigarro (m)	[si'gahu]
cigare (f)	charuto (m)	[ʃa'rutu]
pipe (f)	cachimbo (m)	[ka'ʃĩbu]
paquet (m)	maço (m)	['masu]

allumettes (f pl)	fósforos (m pl)	['fɔsforus]
boîte (f) d'allumettes	caixa (f) de fósforos	['kaɪʃa de 'fɔsforus]
briquet (m)	isqueiro (m)	[is'kejru]
cendrier (m)	cinzeiro (m)	[sĩ'zejru]
étui (m) à cigarettes	cigarreira (f)	[siga'hejra]

| fume-cigarette (m) | piteira (f) | [pi'tejra] |
| filtre (m) | filtro (m) | ['fiwtru] |

fumer (vi, vt)	fumar (vi, vt)	[fu'mar]
allumer une cigarette	acender um cigarro	[asẽ'der ũ si'gahu]
tabagisme (m)	tabagismo (m)	[taba'ʒiʒmu]
fumeur (m)	fumante (m)	[fu'mãtʃi]

mégot (m)	bituca (f)	[bi'tuka]
fumée (f)	fumaça (f)	[fu'masa]
cendre (f)	cinza (f)	['sĩza]

L'HABITAT HUMAIN

La ville

78. La ville. La vie urbaine

ville (f)	cidade (f)	[si'dadʒi]
capitale (f)	capital (f)	[kapi'taw]
village (m)	aldeia (f)	[aw'deja]
plan (m) de la ville	mapa (m) da cidade	['mapa da si'dadʒi]
centre-ville (m)	centro (m) da cidade	['sẽtru da si'dadʒi]
banlieue (f)	subúrbio (m)	[su'burbju]
de banlieue (adj)	suburbano	[subur'banu]
périphérie (f)	periferia (f)	[perife'ria]
alentours (m pl)	arredores (m pl)	[ahe'dɔris]
quartier (m)	quarteirão (m)	[kwartej'rãw]
quartier (m) résidentiel	quarteirão (m) residencial	[kwartej'rãw hezidẽ'sjaw]
trafic (m)	tráfego (m)	['trafegu]
feux (m pl) de circulation	semáforo (m)	[se'maforu]
transport (m) urbain	transporte (m) público	[trãs'portʃi 'publiku]
carrefour (m)	cruzamento (m)	[kruza'mẽtu]
passage (m) piéton	faixa (f)	['fajʃa]
passage (m) souterrain	túnel (m)	['tunew]
traverser (vt)	cruzar, atravessar (vt)	[kru'zar], [atrave'sar]
piéton (m)	pedestre (m)	[pe'dɛstri]
trottoir (m)	calçada (f)	[kaw'sada]
pont (m)	ponte (f)	['põtʃi]
quai (m)	margem (f) do rio	['marʒẽ du 'hiu]
fontaine (f)	fonte (f)	['fõtʃi]
allée (f)	alameda (f)	[ala'meda]
parc (m)	parque (m)	['parki]
boulevard (m)	bulevar (m)	[bule'var]
place (f)	praça (f)	['prasa]
avenue (f)	avenida (f)	[ave'nida]
rue (f)	rua (f)	['hua]
ruelle (f)	travessa (f)	[tra'vɛsa]
impasse (f)	beco (m) sem saída	['beku sẽ sa'ida]
maison (f)	casa (f)	['kaza]
édifice (m)	edifício, prédio (m)	[edʒi'fisju], ['prɛdʒju]
gratte-ciel (m)	arranha-céu (m)	[a'haɲa-sɛw]
façade (f)	fachada (f)	[fa'ʃada]
toit (m)	telhado (m)	[te'ʎadu]

fenêtre (f)	janela (f)	[ʒa'nɛla]
arc (m)	arco (m)	['arku]
colonne (f)	coluna (f)	[ko'luna]
coin (m)	esquina (f)	[is'kina]

vitrine (f)	vitrine (f)	[vi'trini]
enseigne (f)	letreiro (m)	[le'trejru]
affiche (f)	cartaz (m)	[kar'taz]
affiche (f) publicitaire	cartaz (m) publicitário	[kar'taz publisi'tarju]
panneau-réclame (m)	painel (m) publicitário	[paj'nɛw publisi'tarju]

ordures (f pl)	lixo (m)	['liʃu]
poubelle (f)	lixeira (f)	[li'ʃejra]
jeter à terre	jogar lixo na rua	[ʒo'gar 'liʃu na 'hua]
décharge (f)	aterro (m) sanitário	[a'tehu sani'tarju]

cabine (f) téléphonique	orelhão (m)	[ore'ʎãw]
réverbère (m)	poste (m) de luz	['pɔstʃi de luz]
banc (m)	banco (m)	['bãku]

policier (m)	polícia (m)	[po'lisja]
police (f)	polícia (f)	[po'lisja]
clochard (m)	mendigo, pedinte (m)	[mẽ'dʒigu], [pe'dʒĩtʃi]
sans-abri (m)	desabrigado (m)	[dʒizabri'gadu]

79. Les institutions urbaines

magasin (m)	loja (f)	['lɔʒa]
pharmacie (f)	drogaria (f)	[droga'ria]
opticien (m)	ótica (f)	['ɔtʃika]
centre (m) commercial	centro (m) comercial	['sẽtru komer'sjaw]
supermarché (m)	supermercado (m)	[supermer'kadu]

boulangerie (f)	padaria (f)	[pada'ria]
boulanger (m)	padeiro (m)	[pa'dejru]
pâtisserie (f)	pastelaria (f)	[pastela'ria]
épicerie (f)	mercearia (f)	[mersja'ria]
boucherie (f)	açougue (m)	[a'sogi]

| magasin (m) de légumes | fruteira (f) | [fru'tejra] |
| marché (m) | mercado (m) | [mer'kadu] |

salon (m) de café	cafeteria (f)	[kafete'ria]
restaurant (m)	restaurante (m)	[hestaw'rãtʃi]
brasserie (f)	bar (m)	[bar]
pizzeria (f)	pizzaria (f)	[pitsa'ria]

salon (m) de coiffure	salão (m) de cabeleireiro	[sa'lãw de kabelej'rejru]
poste (f)	agência (f) dos correios	[a'ʒẽsja dus ko'hejus]
pressing (m)	lavanderia (f)	[lavãde'ria]
atelier (m) de photo	estúdio (m) fotográfico	[is'tudʒu foto'grafiku]

| magasin (m) de chaussures | sapataria (f) | [sapata'ria] |
| librairie (f) | livraria (f) | [livra'ria] |

magasin (m) d'articles de sport	loja (f) de artigos esportivos	['lɔʒa de ar'tʃigus ispor'tʃivus]
atelier (m) de retouche	costureira (m)	[kostu'rejra]
location (f) de vêtements	aluguel (m) de roupa	[alu'gɛw de 'hopa]
location (f) de films	videolocadora (f)	['vidʒju·loka'dɔra]

cirque (m)	circo (m)	['sirku]
zoo (m)	jardim (m) zoológico	[ʒar'dʒĩ zo'lɔʒiku]
cinéma (m)	cinema (m)	[si'nɛma]
musée (m)	museu (m)	[mu'zew]
bibliothèque (f)	biblioteca (f)	[bibljo'tɛka]

théâtre (m)	teatro (m)	['tʃatru]
opéra (m)	ópera (f)	['ɔpera]
boîte (f) de nuit	boate (f)	['bwatʃi]
casino (m)	cassino (m)	[ka'sinu]

mosquée (f)	mesquita (f)	[mes'kita]
synagogue (f)	sinagoga (f)	[sina'gɔga]
cathédrale (f)	catedral (f)	[kate'draw]
temple (m)	templo (m)	['tẽplu]
église (f)	igreja (f)	[i'greʒa]

institut (m)	faculdade (f)	[fakuw'dadʒi]
université (f)	universidade (f)	[universi'dadʒi]
école (f)	escola (f)	[is'kɔla]

préfecture (f)	prefeitura (f)	[prefej'tura]
mairie (f)	câmara (f) municipal	['kamara munisi'paw]
hôtel (m)	hotel (m)	[o'tɛw]
banque (f)	banco (m)	['bãku]

ambassade (f)	embaixada (f)	[ẽbaj'ʃada]
agence (f) de voyages	agência (f) de viagens	[a'ʒẽsja de 'vjaʒẽs]
bureau (m) d'information	agência (f) de informações	[a'ʒẽsja de ĩforma'sõjs]
bureau (m) de change	casa (f) de câmbio	['kaza de 'kãbju]

| métro (m) | metrô (m) | [me'tro] |
| hôpital (m) | hospital (m) | [ospi'taw] |

station-service (f)	posto (m) de gasolina	['postu de gazo'lina]
parking (m)	parque (m)	['parki
	de estacionamento	de istasjona'mẽtu]

80. Les enseignes. Les panneaux

enseigne (f)	letreiro (m)	[le'trejru]
pancarte (f)	aviso (m)	[a'vizu]
poster (m)	pôster (m)	['poster]
indicateur (m) de direction	placa (f) de direção	['plaka]
flèche (f)	seta (f)	['sɛta]

avertissement (m)	aviso (m), advertência (f)	[a'vizu], [adʒiver'tẽsja]
panneau d'avertissement	sinal (m) de aviso	[si'naw de a'vizu]
avertir (vt)	avisar, advertir (vt)	[avi'zar], [adʒiver'tʃir]

jour (m) de repos	dia (m) de folga	['dʒia de 'fɔwga]
horaire (m)	horário (m)	[o'rarju]
heures (f pl) d'ouverture	horário (m)	[o'rarju]

BIENVENUE!	BEM-VINDOS!	[bẽj 'vĩdu]
ENTRÉE	ENTRADA	[ẽ'trada]
SORTIE	SAÍDA	[sa'ida]

POUSSER	EMPURRE	[ẽ'puhe]
TIRER	PUXE	['puʃe]
OUVERT	ABERTO	[a'bɛrtu]
FERMÉ	FECHADO	[fe'ʃadu]

FEMMES	MULHER	[mu'ʎer]
HOMMES	HOMEM	['ɔmẽ]

RABAIS	DESCONTOS	[dʒis'kõtus]
SOLDES	SALDOS, PROMOÇÃO	['sawdus], [promo'sãw]
NOUVEAU!	NOVIDADE!	[novi'dadʒi]
GRATUIT	GRÁTIS	['gratʃis]

ATTENTION!	ATENÇÃO!	[atẽ'sãw]
COMPLET	NÃO HÁ VAGAS	['nãw a 'vagas]
RÉSERVÉ	RESERVADO	[hezer'vadu]

ADMINISTRATION	ADMINISTRAÇÃO	[adʒiministra'sãw]
RÉSERVÉ AU PERSONNEL	SOMENTE PESSOAL AUTORIZADO	[sɔ'mẽtʃi pe'swaw awtori'zadu]

ATTENTION CHIEN MÉCHANT	CUIDADO CÃO FEROZ	[kwi'dadu kãw fe'rɔz]
DÉFENSE DE FUMER	PROIBIDO FUMAR!	[proi'bidu fu'mar]
PRIÈRE DE NE PAS TOUCHER	NÃO TOCAR	['nãw to'kar]

DANGEREUX	PERIGOSO	[peri'gozu]
DANGER	PERIGO	[pe'rigu]
HAUTE TENSION	ALTA TENSÃO	['awta tẽ'sãw]
BAIGNADE INTERDITE	PROIBIDO NADAR	[proi'bidu na'dar]
HORS SERVICE	COM DEFEITO	[kõ de'fejtu]

INFLAMMABLE	INFLAMÁVEL	[ĩfla'mavew]
INTERDIT	PROIBIDO	[proi'bidu]
PASSAGE INTERDIT	ENTRADA PROIBIDA	[ẽ'trada proi'bida]
PEINTURE FRAÎCHE	CUIDADO TINTA FRESCA	[kwi'dadu 'tʃĩta 'freska]

81. Les transports en commun

autobus (m)	ônibus (m)	['onibus]
tramway (m)	bonde (m) elétrico	['bõdʒi e'lɛtriku]
trolleybus (m)	trólebus (m)	['trolebus]
itinéraire (m)	rota (f), itinerário (m)	['hɔta], [itʃine'rarju]
numéro (m)	número (m)	['numeru]

prendre …	ir de …	[ir de]
monter (dans l'autobus)	entrar no …	[ẽ'trar nu]
descendre de …	descer do …	[de'ser du]

arrêt (m)	parada (f)	[pa'rada]
arrêt (m) prochain	próxima parada (f)	['prɔsima pa'rada]
terminus (m)	terminal (m)	[termi'naw]
horaire (m)	horário (m)	[o'rarju]
attendre (vt)	esperar (vt)	[ispe'rar]

ticket (m)	passagem (f)	[pa'saʒẽ]
prix (m) du ticket	tarifa (f)	[ta'rifa]

caissier (m)	bilheteiro (m)	[biʎe'tejru]
contrôle (m) des tickets	controle (m) de passagens	[kõ'troli de pa'saʒãjʃ]
contrôleur (m)	revisor (m)	[hevi'zor]

être en retard	atrasar-se (vr)	[atra'zarsi]
rater (~ le train)	perder (vt)	[per'der]
se dépêcher	estar com pressa	[is'tar kõ 'prɛsa]

taxi (m)	táxi (m)	['taksi]
chauffeur (m) de taxi	taxista (m)	[tak'sista]
en taxi	de táxi	[de 'taksi]
arrêt (m) de taxi	ponto (m) de táxis	['põtu de 'taksis]
appeler un taxi	chamar um táxi	[ʃa'mar ũ 'taksi]
prendre un taxi	pegar um táxi	[pe'gar ũ 'taksi]

trafic (m)	tráfego (m)	['trafegu]
embouteillage (m)	engarrafamento (m)	[ẽgahafa'mẽtu]
heures (f pl) de pointe	horas (f pl) de pico	['ɔras de 'piku]
se garer (vp)	estacionar (vi)	[istasjo'nar]
garer (vt)	estacionar (vt)	[istasjo'nar]
parking (m)	parque (m) de estacionamento	['parki de istasjona'mẽtu]

métro (m)	metrô (m)	[me'tro]
station (f)	estação (f)	[ista'sãw]
prendre le métro	ir de metrô	[ir de me'tro]
train (m)	trem (m)	[trẽj]
gare (f)	estação (f) de trem	[ista'sãw de trẽj]

82. Le tourisme

monument (m)	monumento (m)	[monu'mẽtu]
forteresse (f)	fortaleza (f)	[forta'leza]
palais (m)	palácio (m)	[pa'lasju]
château (m)	castelo (m)	[kas'tɛlu]
tour (f)	torre (f)	['tohi]
mausolée (m)	mausoléu (m)	[mawzo'lɛw]

architecture (f)	arquitetura (f)	[arkite'tura]
médiéval (adj)	medieval	[meʤje'vaw]
ancien (adj)	antigo	[ã'tʃigu]

| national (adj) | nacional | [nasjo'naw] |
| connu (adj) | famoso | [fa'mozu] |

touriste (m)	turista (m)	[tu'rista]
guide (m) (personne)	guia (m)	['gia]
excursion (f)	excursão (f)	[iskur'sãw]
montrer (vt)	mostrar (vt)	[mos'trar]
raconter (une histoire)	contar (vt)	[kõ'tar]

trouver (vt)	encontrar (vt)	[ẽkõ'trar]
se perdre (vp)	perder-se (vr)	[per'dersi]
plan (m) (du metro, etc.)	mapa (m)	['mapa]
carte (f) (de la ville, etc.)	mapa (m)	['mapa]

souvenir (m)	lembrança (f), presente (m)	[lẽ'brãsa], [pre'zẽtʃi]
boutique (f) de souvenirs	loja (f) de presentes	['lɔʒa de pre'zẽtʃis]
prendre en photo	tirar fotos	[tʃi'rar 'fotus]
se faire prendre en photo	fotografar-se (vr)	[fotogra'farse]

83. Le shopping

acheter (vt)	comprar (vt)	[kõ'prar]
achat (m)	compra (f)	['kõpra]
faire des achats	fazer compras	[fa'zer 'kõpras]
shopping (m)	compras (f pl)	['kõpras]

| être ouvert | estar aberta | [is'tar a'bɛrta] |
| être fermé | estar fechada | [is'tar fe'ʃada] |

chaussures (f pl)	calçado (m)	[kaw'sadu]
vêtement (m)	roupa (f)	['hopa]
produits (m pl) de beauté	cosméticos (m pl)	[koz'mɛtʃikus]
produits (m pl) alimentaires	alimentos (m pl)	[ali'mẽtus]
cadeau (m)	presente (m)	[pre'zẽtʃi]

| vendeur (m) | vendedor (m) | [vẽde'dor] |
| vendeuse (f) | vendedora (f) | [vẽde'dora] |

caisse (f)	caixa (f)	['kaɪʃa]
miroir (m)	espelho (m)	[is'peʎu]
comptoir (m)	balcão (m)	[baw'kãw]
cabine (f) d'essayage	provador (m)	[prɔva'dor]

essayer (robe, etc.)	provar (vt)	[pro'var]
aller bien (robe, etc.)	servir (vi)	[ser'vir]
plaire (être apprécié)	gostar (vt)	[gos'tar]

prix (m)	preço (m)	['presu]
étiquette (f) de prix	etiqueta (f) de preço	[etʃi'keta de 'presu]
coûter (vt)	custar (vt)	[kus'tar]
Combien?	Quanto?	['kwãtu]
rabais (m)	desconto (m)	[dʒis'kõtu]
pas cher (adj)	não caro	['nãw 'karu]
bon marché (adj)	barato	[ba'ratu]

cher (adj)	caro	['karu]
C'est cher	É caro	[ɛ 'karu]

location (f)	aluguel (m)	[alu'gɛw]
louer (une voiture, etc.)	alugar (vt)	[alu'gar]
crédit (m)	crédito (m)	['krɛdʒitu]
à crédit (adv)	a crédito	[a 'krɛdʒitu]

84. L'argent

argent (m)	dinheiro (m)	[dʒi'ɲejru]
échange (m)	câmbio (m)	['kãbju]
cours (m) de change	taxa (f) de câmbio	['taʃa de 'kãbju]
distributeur (m)	caixa (m) eletrônico	['kaɪʃa ele'troniku]
monnaie (f)	moeda (f)	['mwɛda]

dollar (m)	dólar (m)	['dɔlar]
euro (m)	euro (m)	['ewru]

lire (f)	lira (f)	['lira]
mark (m) allemand	marco (m)	['marku]
franc (m)	franco (m)	['frãku]
livre sterling (f)	libra (f) esterlina	['libra ister'linu]
yen (m)	iene (m)	['jɛni]

dette (f)	dívida (f)	['dʒivida]
débiteur (m)	devedor (m)	[deve'dor]
prêter (vt)	emprestar (vt)	[ẽpres'tar]
emprunter (vt)	pedir emprestado	[pe'dʒir ẽpres'tadu]

banque (f)	banco (m)	['bãku]
compte (m)	conta (f)	['kõta]
verser (dans le compte)	depositar (vt)	[depozi'tar]
verser dans le compte	depositar na conta	[depozi'tar na 'kõta]
retirer du compte	sacar (vt)	[sa'kar]

carte (f) de crédit	cartão (m) de crédito	[kar'tãw de 'krɛdʒitu]
espèces (f pl)	dinheiro (m) vivo	[dʒi'ɲejru vivu]
chèque (m)	cheque (m)	['ʃɛki]
faire un chèque	passar um cheque	[pa'sar ũ 'ʃɛki]
chéquier (m)	talão (m) de cheques	[ta'lãw de 'ʃɛkis]

portefeuille (m)	carteira (f)	[kar'tejra]
bourse (f)	niqueleira (f)	[nike'lejra]
coffre fort (m)	cofre (m)	['kɔfri]

héritier (m)	herdeiro (m)	[er'dejru]
héritage (m)	herança (f)	[e'rãsa]
fortune (f)	fortuna (f)	[for'tuna]

location (f)	arrendamento (m)	[ahẽda'mẽtu]
loyer (m) (argent)	aluguel (m)	[alu'gɛw]
louer (prendre en location)	alugar (vt)	[alu'gar]
prix (m)	preço (m)	['presu]

coût (m)	custo (m)	['kustu]
somme (f)	soma (f)	['sɔma]
dépenser (vt)	gastar (vt)	[gas'tar]
dépenses (f pl)	gastos (m pl)	['gastus]
économiser (vt)	economizar (vi)	[ekonomi'zar]
économe (adj)	econômico	[eko'nomiku]
payer (régler)	pagar (vt)	[pa'gar]
paiement (m)	pagamento (m)	[paga'mẽtu]
monnaie (f) (rendre la ~)	troco (m)	['troku]
impôt (m)	imposto (m)	[ĩ'postu]
amende (f)	multa (f)	['muwta]
mettre une amende	multar (vt)	[muw'tar]

85. La poste. Les services postaux

poste (f)	agência (f) dos correios	[a'ʒẽsja dus ko'hejus]
courrier (m) (lettres, etc.)	correio (m)	[ko'heju]
facteur (m)	carteiro (m)	[kar'tejru]
heures (f pl) d'ouverture	horário (m)	[o'rarju]
lettre (f)	carta (f)	['karta]
recommandé (m)	carta (f) registada	['karta heʒis'tada]
carte (f) postale	cartão (m) postal	[kar'tãw pos'taw]
télégramme (m)	telegrama (m)	[tele'grama]
colis (m)	encomenda (f)	[ẽko'mẽda]
mandat (m) postal	transferência (f) de dinheiro	[trãsfe'rẽsja de dʒi'ɲejru]
recevoir (vt)	receber (vt)	[hese'ber]
envoyer (vt)	enviar (vt)	[ẽ'vjar]
envoi (m)	envio (m)	[ẽ'viu]
adresse (f)	endereço (m)	[ẽde'resu]
code (m) postal	código (m) postal	['kɔdʒigu pos'taw]
expéditeur (m)	remetente (m)	[heme'tẽtʃi]
destinataire (m)	destinatário (m)	[destʃina'tarju]
prénom (m)	nome (m)	['nɔmi]
nom (m) de famille	sobrenome (m)	[sobri'nɔmi]
tarif (m)	tarifa (f)	[ta'rifa]
normal (adj)	ordinário	[ordʒi'narju]
économique (adj)	econômico	[eko'nomiku]
poids (m)	peso (m)	['pezu]
peser (~ les lettres)	pesar (vt)	[pe'zar]
enveloppe (f)	envelope (m)	[ẽve'lɔpi]
timbre (m)	selo (m) postal	['selu pos'taw]
timbrer (vt)	colar o selo	[ko'lar u 'selu]

Le logement. La maison. Le foyer

86. La maison. Le logis

maison (f)	casa (f)	['kaza]
chez soi	em casa	[ẽ 'kaza]
cour (f)	pátio (m), quintal (f)	['patʃu], [kĩ'taw]
clôture (f)	cerca, grade (f)	['sɛrka], ['gradʒi]
brique (f)	tijolo (m)	[tʃi'ʒolu]
en brique (adj)	de tijolos	[de tʃi'ʒolus]
pierre (f)	pedra (f)	['pɛdra]
en pierre (adj)	de pedra	[de 'pɛdra]
béton (m)	concreto (m)	[kõ'krɛtu]
en béton (adj)	concreto	[kõ'krɛtu]
neuf (adj)	novo	['novu]
vieux (adj)	velho	['vɛʎu]
délabré (adj)	decrépito	[de'krɛpitu]
moderne (adj)	moderno	[mo'dɛrnu]
à plusieurs étages	de vários andares	[de 'varjus ã'daris]
haut (adj)	alto	['awtu]
étage (m)	andar (m)	[ã'dar]
sans étage (adj)	de um andar	[de ũ ã'dar]
rez-de-chaussée (m)	térreo (m)	['tɛhju]
dernier étage (m)	andar (m) de cima	[ã'dar de 'sima]
toit (m)	telhado (m)	[te'ʎadu]
cheminée (f)	chaminé (f)	[ʃami'nɛ]
tuile (f)	telha (f)	['teʎa]
en tuiles (adj)	de telha	[de 'teʎa]
grenier (m)	sótão (m)	['sɔtãw]
fenêtre (f)	janela (f)	[ʒa'nɛla]
vitre (f)	vidro (m)	['vidru]
rebord (m)	parapeito (m)	[para'pejtu]
volets (m pl)	persianas (f pl)	[per'sjanas]
mur (m)	parede (f)	[pa'redʒi]
balcon (m)	varanda (f)	[va'rãda]
gouttière (f)	calha (f)	['kaʎa]
en haut (à l'étage)	em cima	[ẽ 'sima]
monter (vi)	subir (vi)	[su'bir]
descendre (vi)	descer (vi)	[de'ser]
déménager (vi)	mudar-se (vr)	[mu'darsi]

87. La maison. L'entrée. L'ascenseur

entrée (f)	entrada (f)	[ẽ'trada]
escalier (m)	escada (f)	[is'kada]
marches (f pl)	degraus (m pl)	[de'graws]
rampe (f)	corrimão (m)	[kohi'mãw]
hall (m)	hall (m) de entrada	[hɔw de ẽ'trada]

boîte (f) à lettres	caixa (f) de correio	['kaɪʃa de ko'heju]
poubelle (f) d'extérieur	lixeira (f)	[li'ʃejra]
vide-ordures (m)	calha (f) de lixo	['kaʎa de 'liʃu]

ascenseur (m)	elevador (m)	[eleva'dor]
monte-charge (m)	elevador (m) de carga	[eleva'dor de 'karga]
cabine (f)	cabine (f)	[ka'bini]
prendre l'ascenseur	pegar o elevador	[pe'gar u eleva'dor]

appartement (m)	apartamento (m)	[aparta'mẽtu]
locataires (m pl)	residentes (pl)	[hezi'dẽtʃis]
voisin (m)	vizinho (m)	[vi'ziɲu]
voisine (f)	vizinha (f)	[vi'ziɲa]
voisins (m pl)	vizinhos (pl)	[vi'ziɲus]

88. La maison. L'électricité

électricité (f)	eletricidade (f)	[eletrisi'dadʒi]
ampoule (f)	lâmpada (f)	['lãpada]
interrupteur (m)	interruptor (m)	[ĩtehup'tor]
plomb, fusible (m)	fusível, disjuntor (m)	[fu'zivew], [dʒisʒũ'tor]

fil (m) (~ électrique)	fio, cabo (m)	['fiu], ['kabu]
installation (f) électrique	instalação (f) elétrica	[ĩstala'sãw e'lɛtrika]
compteur (m) électrique	medidor (m) de eletricidade	[medʒi'dor de eletrisi'dadʒi]
relevé (m)	indicação (f), registro (m)	[ĩdʒika'sãw], [he'ʒistru]

89. La maison. La porte. La serrure

porte (f)	porta (f)	['pɔrta]
portail (m)	portão (m)	[por'tãw]
poignée (f)	maçaneta (f)	[masa'neta]
déverrouiller (vt)	destrancar (vt)	[dʒistrã'kar]
ouvrir (vt)	abrir (vt)	[a'brir]
fermer (vt)	fechar (vt)	[fe'ʃar]

clé (f)	chave (f)	['ʃavi]
trousseau (m), jeu (m)	molho (m)	['moʎu]
grincer (la porte)	ranger (vi)	[hã'ʒer]
grincement (m)	rangido (m)	[hã'ʒidu]
gond (m)	dobradiça (f)	[dobra'dʒisa]
paillasson (m)	capacho (m)	[ka'paʃu]
serrure (f)	fechadura (f)	[feʃa'dura]

trou (m) de la serrure	buraco (m) da fechadura	[bu'raku da feʃa'dura]
verrou (m)	barra (f)	['baha]
loquet (m)	fecho (m)	['feʃu]
cadenas (m)	cadeado (m)	[ka'dʒjadu]

sonner (à la porte)	tocar (vt)	[to'kar]
sonnerie (f)	toque (m)	['tɔki]
sonnette (f)	campainha (f)	[kampa'iɲa]
bouton (m)	botão (m)	[bo'tãw]
coups (m pl) à la porte	batida (f)	[ba'tʃida]
frapper (~ à la porte)	bater (vi)	[ba'ter]

code (m)	código (m)	['kɔdʒigu]
serrure (f) à combinaison	fechadura (f) de código	[feʃa'dura de 'kɔdʒigu]
interphone (m)	interfone (m)	[ĩter'foni]
numéro (m)	número (m)	['numeru]
plaque (f) de porte	placa (f) de porta	['plaka de 'pɔrta]
judas (m)	olho (m) mágico	['oʎu 'maʒiku]

90. La maison de campagne

village (m)	aldeia (f)	[aw'deja]
potager (m)	horta (f)	['ɔrta]
palissade (f)	cerca (f)	['serka]
clôture (f)	cerca (f) de piquete	['sɛrka de pi'ketʃi]
portillon (m)	portão (f) do jardim	[por'tãw du ʒar'dʒĩ]

grange (f)	celeiro (m)	[se'lejru]
cave (f)	adega (f)	[a'dɛga]
abri (m) de jardin	galpão, barracão (m)	[gaw'pãw], [baha'kãw]
puits (m)	poço (m)	['posu]

poêle (m) (~ à bois)	fogão (m)	[fo'gãw]
chauffer le poêle	atiçar o fogo	[atʃi'sar u 'fogu]
bois (m) de chauffage	lenha (f)	['lɛɲa]
bûche (f)	lenha (f)	['lɛɲa]

véranda (f)	varanda (f)	[va'rãda]
terrasse (f)	alpendre (m)	[aw'pẽdri]
perron (m) d'entrée	degraus (m pl) de entrada	[de'graws de ẽ'trada]
balançoire (f)	balanço (m)	[ba'lãsu]

91. La villa et le manoir

maison (f) de campagne	casa (f) de campo	['kaza de 'kãpu]
villa (f)	vila (f)	['vila]
aile (f) (~ ouest)	ala (f)	['ala]

jardin (m)	jardim (m)	[ʒar'dʒĩ]
parc (m)	parque (m)	['parki]
serre (f) tropicale	estufa (f)	[is'tufa]
s'occuper (~ du jardin)	cuidar de ...	[kwi'dar de]

piscine (f)	piscina (f)	[pi'sina]
salle (f) de gym	academia (f) de ginástica	[akade'mia de ʒi'nastʃika]
court (m) de tennis	quadra (f) de tênis	['kwadra de 'tenis]
salle (f) de cinéma	cinema (m)	[si'nɛma]
garage (m)	garagem (f)	[ga'raʒẽ]

propriété (f) privée	propriedade (f) privada	[proprje'dadʒi pri'vada]
terrain (m) privé	terreno (m) privado	[te'hɛnu pri'vadu]

avertissement (m)	advertência (f)	[adʒiver'tẽsja]
panneau d'avertissement	sinal (m) de aviso	[si'naw de a'vizu]

sécurité (f)	guarda (f)	['gwarda]
agent (m) de sécurité	guarda (m)	['gwarda]
alarme (f) antivol	alarme (m)	[a'larmi]

92. Le château. Le palais

château (m)	castelo (m)	[kas'tɛlu]
palais (m)	palácio (m)	[pa'lasju]
forteresse (f)	fortaleza (f)	[forta'leza]
muraille (f)	muralha (f)	[mu'raʎa]
tour (f)	torre (f)	['tohi]
donjon (m)	calabouço (m)	[kala'bosu]

herse (f)	grade (f) levadiça	['gradʒi leva'dʒisa]
souterrain (m)	passagem (f) subterrânea	[pa'saʒẽ subite'hanja]
douve (f)	fosso (m)	['fosu]
chaîne (f)	corrente, cadeia (f)	[ko'hẽtʃi], [ka'deja]
meurtrière (f)	seteira (f)	[se'tejra]

magnifique (adj)	magnífico	[mag'nifiku]
majestueux (adj)	majestoso	[maʒes'tozu]
inaccessible (adj)	inexpugnável	[inespug'navew]
médiéval (adj)	medieval	[medʒje'vaw]

93. L'appartement

appartement (m)	apartamento (m)	[aparta'mẽtu]
chambre (f)	quarto, cômodo (m)	['kwartu], ['komodu]
chambre (f) à coucher	quarto (m) de dormir	['kwartu de dor'mir]
salle (f) à manger	sala (f) de jantar	['sala de ʒã'tar]
salon (m)	sala (f) de estar	['sala de is'tar]
bureau (m)	escritório (m)	[iskri'torju]

antichambre (f)	sala (f) de entrada	['sala de ẽ'trada]
salle (f) de bains	banheiro (m)	[ba'ɲejru]
toilettes (f pl)	lavabo (m)	[la'vabu]

plafond (m)	teto (m)	['tɛtu]
plancher (m)	chão, piso (m)	['ʃãw], ['pizu]
coin (m)	canto (m)	['kãtu]

94. L'appartement. Le ménage

faire le ménage	arrumar, limpar (vt)	[ahu'mar], [lĩ'par]
ranger (jouets, etc.)	guardar (vt)	[gwar'dar]
poussière (f)	pó (m)	[pɔ]
poussiéreux (adj)	empoeirado	[ẽpoej'radu]
essuyer la poussière	tirar o pó	[tʃi'rar u pɔ]
aspirateur (m)	aspirador (m)	[aspira'dor]
passer l'aspirateur	aspirar (vt)	[aspi'rar]

balayer (vt)	varrer (vt)	[va'her]
balayures (f pl)	sujeira (f)	[su'ʒejra]
ordre (m)	arrumação, ordem (f)	[ahuma'sãw], ['ordẽ]
désordre (m)	desordem (f)	[dʒi'zordẽ]

balai (m) à franges	esfregão (m)	[isfre'gaw]
torchon (m)	pano (m), trapo (m)	['panu], ['trapu]
balayette (f) de sorgho	vassoura (f)	[va'sora]
pelle (f) à ordures	pá (f) de lixo	[pa de 'liʃu]

95. Les meubles. L'intérieur

meubles (m pl)	mobiliário (m)	[mobi'ljarju]
table (f)	mesa (f)	['meza]
chaise (f)	cadeira (f)	[ka'dejra]
lit (m)	cama (f)	['kama]
canapé (m)	sofá, divã (m)	[so'fa], [dʒi'vã]
fauteuil (m)	poltrona (f)	[pow'trɔna]

bibliothèque (f) (meuble)	estante (f)	[is'tãtʃi]
rayon (m)	prateleira (f)	[prate'lejra]

armoire (f)	guarda-roupas (m)	['gwarda 'hopa]
patère (f)	cabide (m) de parede	[ka'bidʒi de pa'redʒi]
portemanteau (m)	cabideiro (m) de pé	[kabi'dejru de pɛ]

commode (f)	cômoda (f)	['komoda]
table (f) basse	mesinha (f) de centro	[me'ziɲa de 'sẽtru]

miroir (m)	espelho (m)	[is'peʎu]
tapis (m)	tapete (m)	[ta'petʃi]
petit tapis (m)	tapete (m)	[ta'petʃi]

cheminée (f)	lareira (f)	[la'rejra]
bougie (f)	vela (f)	['vɛla]
chandelier (m)	castiçal (m)	[kastʃi'saw]

rideaux (m pl)	cortinas (f pl)	[kor'tʃinas]
papier (m) peint	papel (m) de parede	[pa'pɛw de pa'redʒi]
jalousie (f)	persianas (f pl)	[per'sjanas]

lampe (f) de table	luminária (f) de mesa	[lumi'narja de 'meza]
applique (f)	luminária (f) de parede	[lumi'narja de pa'redʒi]

lampadaire (m)	abajur (m) de pé	[aba'ʒur de 'pɛ]
lustre (m)	lustre (m)	['lustri]

pied (m) (~ de la table)	pé (m)	[pɛ]
accoudoir (m)	braço, descanso (m)	['brasu], [dʒis'kãsu]
dossier (m)	costas (f pl)	['kɔstas]
tiroir (m)	gaveta (f)	[ga'veta]

96. La literie

linge (m) de lit	roupa (f) de cama	['hopa de 'kama]
oreiller (m)	travesseiro (m)	[trave'sejru]
taie (f) d'oreiller	fronha (f)	['froɲa]
couverture (f)	cobertor (m)	[kuber'tor]
drap (m)	lençol (m)	[lẽ'sɔw]
couvre-lit (m)	colcha (f)	['kowʃa]

97. La cuisine

cuisine (f)	cozinha (f)	[ko'ziɲa]
gaz (m)	gás (m)	[gajs]
cuisinière (f) à gaz	fogão (m) a gás	[fo'gãw a gajs]
cuisinière (f) électrique	fogão (m) elétrico	[fo'gãw e'lɛtriku]
four (m)	forno (m)	['fornu]
four (m) micro-ondes	forno (m) de micro-ondas	['fornu de mikro'õdas]

réfrigérateur (m)	geladeira (f)	[ʒela'dejra]
congélateur (m)	congelador (m)	[kõʒela'dor]
lave-vaisselle (m)	máquina (f) de lavar louça	['makina de la'var 'losa]

hachoir (m) à viande	moedor (m) de carne	[moe'dor de 'karni]
centrifugeuse (f)	espremedor (m)	[ispreme'dor]
grille-pain (m)	torradeira (f)	[toha'dejra]
batteur (m)	batedeira (f)	[bate'dejra]

machine (f) à café	máquina (f) de café	['makina de ka'fɛ]
cafetière (f)	cafeteira (f)	[kafe'tejra]
moulin (m) à café	moedor (m) de café	[moe'dor de ka'fɛ]

bouilloire (f)	chaleira (f)	[ʃa'lejra]
théière (f)	bule (m)	['buli]
couvercle (m)	tampa (f)	['tãpa]
passoire (f) à thé	coador (m) de chá	[koa'dor de ʃa]

cuillère (f)	colher (f)	[ko'ʎer]
petite cuillère (f)	colher (f) de chá	[ko'ʎer de ʃa]
cuillère (f) à soupe	colher (f) de sopa	[ko'ʎer de 'sopa]
fourchette (f)	garfo (m)	['garfu]
couteau (m)	faca (f)	['faka]

vaisselle (f)	louça (f)	['losa]
assiette (f)	prato (m)	['pratu]

soucoupe (f)	pires (m)	['piris]
verre (m) à shot	cálice (m)	['kalisi]
verre (m) (~ d'eau)	copo (m)	['kɔpu]
tasse (f)	xícara (f)	['ʃikara]

sucrier (m)	açucareiro (m)	[asuka'rejru]
salière (f)	saleiro (m)	[sa'lejru]
poivrière (f)	pimenteiro (m)	[pimẽ'tejru]
beurrier (m)	manteigueira (f)	[mãtej'gejra]

casserole (f)	panela (f)	[pa'nɛla]
poêle (f)	frigideira (f)	[friʒi'dejra]
louche (f)	concha (f)	['kõʃa]
passoire (f)	coador (m)	[koa'dor]
plateau (m)	bandeja (f)	[bã'deʒa]

bouteille (f)	garrafa (f)	[ga'hafa]
bocal (m) (à conserves)	pote (m) de vidro	['pɔtʃi de 'vidru]
boîte (f) en fer-blanc	lata (f)	['lata]

ouvre-bouteille (m)	abridor (m) de garrafa	[abri'dor de ga'hafa]
ouvre-boîte (m)	abridor (m) de latas	[abri'dor de 'latas]
tire-bouchon (m)	saca-rolhas (m)	['saka-'hoʎas]
filtre (m)	filtro (m)	['fiwtru]
filtrer (vt)	filtrar (vt)	[fiw'trar]

ordures (f pl)	lixo (m)	['liʃu]
poubelle (f)	lixeira (f)	[li'ʃejra]

98. La salle de bains

salle (f) de bains	banheiro (m)	[ba'ɲejru]
eau (f)	água (f)	['agwa]
robinet (m)	torneira (f)	[tor'nejra]
eau (f) chaude	água (f) quente	['agwa 'kẽtʃi]
eau (f) froide	água (f) fria	['agwa 'fria]

dentifrice (m)	pasta (f) de dente	['pasta de 'dẽtʃi]
se brosser les dents	escovar os dentes	[isko'var us 'dẽtʃis]
brosse (f) à dents	escova (f) de dente	[is'kova de 'dẽtʃi]

se raser (vp)	barbear-se (vr)	[bar'bjarsi]
mousse (f) à raser	espuma (f) de barbear	[is'puma de bar'bjar]
rasoir (m)	gilete (f)	[ʒi'lɛtʃi]

laver (vt)	lavar (vt)	[la'var]
se laver (vp)	tomar banho	[to'mar baɲu]
douche (f)	chuveiro (m), ducha (f)	[ʃu'vejru], ['duʃa]
prendre une douche	tomar uma ducha	[to'mar 'uma 'duʃa]

baignoire (f)	banheira (f)	[ba'ɲejra]
cuvette (f)	vaso (m) sanitário	['vazu sani'tarju]
lavabo (m)	pia (f)	['pia]
savon (m)	sabonete (m)	[sabo'netʃi]

porte-savon (m)	saboneteira (f)	[sabone'tejra]
éponge (f)	esponja (f)	[is'põʒa]
shampooing (m)	xampu (m)	[ʃã'pu]
serviette (f)	toalha (f)	[to'aʎa]
peignoir (m) de bain	roupão (m) de banho	[ho'pãw de 'baɲu]

lessive (f) (faire la ~)	lavagem (f)	[la'vaʒẽ]
machine (f) à laver	lavadora (f) de roupas	[lava'dora de 'hopas]
faire la lessive	lavar a roupa	[la'var a 'hopa]
lessive (f) (poudre)	detergente (m)	[deter'ʒẽtʃi]

99. Les appareils électroménagers

téléviseur (m)	televisor (m)	[televi'zor]
magnétophone (m)	gravador (m)	[grava'dor]
magnétoscope (m)	videogravador (m)	['vidʒju·grava'dor]
radio (f)	rádio (m)	['hadʒju]
lecteur (m)	leitor (m)	[lej'tor]

vidéoprojecteur (m)	projetor (m)	[proʒe'tor]
home cinéma (m)	cinema (m) em casa	[si'nɛma ẽ 'kaza]
lecteur DVD (m)	DVD Player (m)	[deve'de 'plejer]
amplificateur (m)	amplificador (m)	[ãplifika'dor]
console (f) de jeux	console (f) de jogos	[kõ'sɔli de 'ʒogus]

caméscope (m)	câmera (f) de vídeo	['kamera de 'vidʒju]
appareil (m) photo	máquina (f) fotográfica	['makina foto'grafika]
appareil (m) photo numérique	câmera (f) digital	['kamera dʒiʒi'taw]

aspirateur (m)	aspirador (m)	[aspira'dor]
fer (m) à repasser	ferro (m) de passar	['fɛhu de pa'sar]
planche (f) à repasser	tábua (f) de passar	['tabwa de pa'sar]

téléphone (m)	telefone (m)	[tele'foni]
portable (m)	celular (m)	[selu'lar]
machine (f) à écrire	máquina (f) de escrever	['makina de iskre'ver]
machine (f) à coudre	máquina (f) de costura	['makina de kos'tura]

micro (m)	microfone (m)	[mikro'foni]
écouteurs (m pl)	fone (m) de ouvido	['foni de o'vidu]
télécommande (f)	controle remoto (m)	[kõ'troli he'mɔtu]

CD (m)	CD (m)	['sede]
cassette (f)	fita (f) cassete	['fita ka'sɛtʃi]
disque (m) (vinyle)	disco (m) de vinil	['dʒisku de vi'niw]

100. Les travaux de réparation et de rénovation

rénovation (f)	renovação (f)	[henova'sãw]
faire la rénovation	renovar (vt), fazer obras	[heno'var], [fa'zer 'ɔbras]
réparer (vt)	reparar (vt)	[hepa'rar]
remettre en ordre	consertar (vt)	[kõser'tar]

refaire (vt)	refazer (vt)	[hefa'zer]
peinture (f)	tinta (f)	[tʃĩta]
peindre (des murs)	pintar (vt)	[pĩ'tar]
peintre (m) en bâtiment	pintor (m)	[pĩ'tor]
pinceau (m)	pincel (m)	[pĩ'sɛw]

chaux (f)	cal (f)	[kaw]
blanchir à la chaux	caiar (vt)	[kaj'ar]

papier (m) peint	papel (m) de parede	[pa'pɛw de pa'redʒi]
tapisser (vt)	colocar papel de parede	[kolo'kar pa'pɛw de pa'redʒi]
vernis (m)	verniz (m)	[ver'niz]
vernir (vt)	envernizar (vt)	[ẽverni'zar]

101. La plomberie

eau (f)	água (f)	['agwa]
eau (f) chaude	água (f) quente	['agwa 'kẽtʃi]
eau (f) froide	água (f) fria	['agwa 'fria]
robinet (m)	torneira (f)	[tor'nejra]

goutte (f)	gota (f)	['gota]
goutter (vi)	gotejar (vi)	[gote'ʒar]
fuir (tuyau)	vazar (vt)	[va'zar]
fuite (f)	vazamento (m)	[vaza'mẽtu]
flaque (f)	poça (f)	['posa]

tuyau (m)	tubo (m)	['tubu]
valve (f)	válvula (f)	['vawvula]
se boucher (vp)	entupir-se (vr)	[ẽtu'pirsi]

outils (m pl)	ferramentas (f pl)	[feha'mẽtas]
clé (f) réglable	chave (f) inglesa	['ʃavi ĩ'gleza]
dévisser (vt)	desenroscar (vt)	[dezẽhos'kar]
visser (vt)	enroscar (vt)	[ẽhos'kar]

déboucher (vt)	desentupir (vt)	[dʒizẽtu'pir]
plombier (m)	encanador (m)	[ẽkana'dor]
sous-sol (m)	porão (m)	[po'rãw]
égouts (m pl)	rede (f) de esgotos	['hedʒi de iz'gotus]

102. L'incendie

feu (m)	incêndio (m)	[ĩ'sẽdʒu]
flamme (f)	chama (f)	['ʃama]
étincelle (f)	faísca (f)	[fa'iska]
fumée (f)	fumaça (f)	[fu'masa]
flambeau (m)	tocha (f)	['toʃa]
feu (m) de bois	fogueira (f)	[fo'gejra]

essence (f)	gasolina (f)	[gazo'lina]
kérosène (m)	querosene (m)	[kero'zɛni]

inflammable (adj)	inflamável	[ĩfla'mavew]
explosif (adj)	explosivo	[isplo'zivu]
DÉFENSE DE FUMER	PROIBIDO FUMAR!	[proi'bidu fu'mar]

sécurité (f)	segurança (f)	[segu'rãsa]
danger (m)	perigo (m)	[pe'rigu]
dangereux (adj)	perigoso	[peri'gozu]

prendre feu	incendiar-se (vr)	[ĩsẽ'dʒjarse]
explosion (f)	explosão (f)	[isplo'zãw]
mettre feu	incendiar (vt)	[ĩsẽ'dʒjar]
incendiaire (m)	incendiário (m)	[ĩsẽ'dʒjarju]
incendie (m) prémédité	incêndio (m) criminoso	[ĩ'sẽdʒju krimi'nozu]

flamboyer (vi)	flamejar (vi)	[flame'ʒar]
brûler (vi)	queimar (vi)	[kej'mar]
brûler complètement	queimar tudo (vi)	[kej'mar 'tudu]

appeler les pompiers	chamar os bombeiros	[ʃa'mar us bõ'bejrus]
pompier (m)	bombeiro (m)	[bõ'bejru]
voiture (f) de pompiers	caminhão (m) de bombeiros	[kami'ɲãw de bõ'bejrus]
sapeurs-pompiers (pl)	corpo (m) de bombeiros	['korpu de bõ'bejrus]
échelle (f) des pompiers	escada (f) extensível	[is'kada istẽ'sivɛl]

tuyau (m) d'incendie	mangueira (f)	[mã'gejra]
extincteur (m)	extintor (m)	[istĩ'tor]
casque (m)	capacete (m)	[kapa'setʃi]
sirène (f)	sirene (f)	[si'rɛni]

crier (vi)	gritar (vi)	[gri'tar]
appeler au secours	chamar por socorro	[ʃa'mar por so'kohu]
secouriste (m)	socorrista (m)	[soko'hista]
sauver (vt)	salvar, resgatar (vt)	[saw'var], [hezga'tar]

venir (vi)	chegar (vi)	[ʃe'gar]
éteindre (feu)	apagar (vt)	[apa'gar]
eau (f)	água (f)	['agwa]
sable (m)	areia (f)	[a'reja]

ruines (f pl)	ruínas (f pl)	['hwinas]
tomber en ruine	ruir (vi)	['hwir]
s'écrouler (vp)	desmoronar (vi)	[dʒizmoro'nar]
s'effondrer (vp)	desabar (vi)	[dʒiza'bar]

| morceau (m) (de mur, etc.) | fragmento (m) | [frag'mẽtu] |
| cendre (f) | cinza (f) | ['sĩza] |

| mourir étouffé | sufocar (vi) | [sufo'kar] |
| périr (vi) | perecer (vi) | [pere'ser] |

LES ACTIVITÉS HUMAINS

Le travail. Les affaires. Partie 1

103. Le bureau. La vie de bureau

bureau (m) (établissement)	escritório (m)	[iskri'tɔrju]
bureau (m) (au travail)	escritório (m)	[iskri'tɔrju]
accueil (m)	recepção (f)	[hesep'sãw]
secrétaire (m)	secretário (m)	[sekre'tarju]
secrétaire (f)	secretária (f)	[sekre'tarja]
directeur (m)	diretor (m)	[dʒire'tor]
manager (m)	gerente (m)	[ʒe'rẽtʃi]
comptable (m)	contador (m)	[kõta'dɔr]
collaborateur (m)	empregado (m)	[ẽpre'gadu]
meubles (m pl)	mobiliário (m)	[mobi'ljarju]
bureau (m)	mesa (f)	['meza]
fauteuil (m)	cadeira (f)	[ka'dejra]
classeur (m) à tiroirs	gaveteiro (m)	[gave'tejru]
portemanteau (m)	cabideiro (m) de pé	[kabi'dejru de pɛ]
ordinateur (m)	computador (m)	[kõputa'dor]
imprimante (f)	impressora (f)	[ĩpre'sora]
fax (m)	fax (m)	[faks]
copieuse (f)	fotocopiadora (f)	[fotokopja'dora]
papier (m)	papel (m)	[pa'pɛw]
papeterie (f)	artigos (m pl) de escritório	[ar'tʃigus de iskri'tɔrju]
tapis (m) de souris	tapete (m) para mouse	[ta'petʃi 'para 'mawz]
feuille (f)	folha (f)	['foʎa]
classeur (m)	pasta (f)	['pasta]
catalogue (m)	catálogo (m)	[ka'talogu]
annuaire (m)	lista (f) telefônica	['lista tele'fonika]
documents (m pl)	documentação (f)	[dokumẽta'sãw]
brochure (f)	brochura (f)	[bro'ʃura]
prospectus (m)	panfleto (m)	[pã'fletu]
échantillon (m)	amostra (f)	[a'mɔstra]
formation (f)	formação (f)	[forma'sãw]
réunion (f)	reunião (f)	[heu'njãw]
pause (f) déjeuner	hora (f) de almoço	['ɔra de aw'mosu]
faire une copie	fazer uma cópia	[fa'zer 'uma 'kɔpja]
faire des copies	tirar cópias	[tʃi'rar 'kɔpjas]
recevoir un fax	receber um fax	[hese'ber ũ faks]
envoyer un fax	enviar um fax	[ẽ'vjar ũ faks]

téléphoner, appeler	fazer uma chamada	[fa'zer 'uma ʃa'mada]
répondre (vi, vt)	responder (vt)	[hespõ'der]
passer (au téléphone)	passar (vt)	[pa'sar]

fixer (rendez-vous)	marcar (vt)	[mar'kar]
montrer (un échantillon)	demonstrar (vt)	[demõs'trar]
être absent	estar ausente	[is'tar aw'zẽtʃi]
absence (f)	ausência (f)	[aw'zẽsja]

104. Les processus d'affaires. Partie 1

affaire (f) (business)	negócio (m)	[ne'gɔsju]
métier (m)	ocupação (f)	[okupa'sãw]
firme (f), société (f)	firma, empresa (f)	['firma], [ẽ'preza]
compagnie (f)	companhia (f)	[kõpa'ɲia]
corporation (f)	corporação (f)	[korpora'sãw]
entreprise (f)	empresa (f)	[ẽ'preza]
agence (f)	agência (f)	[a'ʒẽsja]

accord (m)	acordo (m)	[a'kordu]
contrat (m)	contrato (m)	[kõ'tratu]
marché (m) (accord)	acordo (m)	[a'kordu]
commande (f)	pedido (m)	[pe'dʒidu]
terme (m) (~ du contrat)	termos (m pl)	['termus]

en gros (adv)	por atacado	[por ata'kadu]
en gros (adj)	por atacado	[por atak'adu]
vente (f) en gros	venda (f) por atacado	['vẽda pur ata'kadu]
au détail (adj)	a varejo	[a va'reʒu]
vente (f) au détail	venda (f) a varejo	['vẽda a va'reʒu]

concurrent (m)	concorrente (m)	[kõko'hẽtʃi]
concurrence (f)	concorrência (f)	[kõko'hẽsja]
concurrencer (vt)	competir (vi)	[kõpe'tʃir]

| associé (m) | sócio (m) | ['sɔsju] |
| partenariat (m) | parceria (f) | [parse'ria] |

crise (f)	crise (f)	['krizi]
faillite (f)	falência (f)	[fa'lẽsja]
faire faillite	entrar em falência	[ẽ'trar ẽ fa'lẽsja]
difficulté (f)	dificuldade (f)	[dʒifikuw'dadʒi]
problème (m)	problema (m)	[prob'lɛma]
catastrophe (f)	catástrofe (f)	[ka'tastrofi]

économie (f)	economia (f)	[ekono'mia]
économique (adj)	econômico	[eko'nomiku]
baisse (f) économique	recessão (f) econômica	[hesep'sãw eko'nomika]

| but (m) | objetivo (m) | [obʒe'tʃivu] |
| objectif (m) | tarefa (f) | [ta'rɛfa] |

| faire du commerce | comerciar (vi, vt) | [komer'sjar] |
| réseau (m) (de distribution) | rede (f), cadeia (f) | ['hedʒi], [ka'deja] |

inventaire (m) (stocks)	estoque (m)	[is'tɔki]
assortiment (m)	sortimento (m)	[sortʃi'mẽtu]
leader (m)	líder (m)	['lider]
grande (~ entreprise)	grande	['grãdʒi]
monopole (m)	monopólio (m)	[mono'pɔlju]
théorie (f)	teoria (f)	[teo'ria]
pratique (f)	prática (f)	['pratʃika]
expérience (f)	experiência (f)	[ispe'rjẽsja]
tendance (f)	tendência (f)	[tẽ'dẽsja]
développement (m)	desenvolvimento (m)	[dʒizẽvowvi'mẽtu]

105. Les processus d'affaires. Partie 2

rentabilité (m)	rentabilidade (f)	[hẽtabili'dadʒi]
rentable (adj)	rentável	[hẽ'tavew]
délégation (f)	delegação (f)	[delega'sãw]
salaire (m)	salário, ordenado (m)	[sa'larju], [orde'nadu]
corriger (une erreur)	corrigir (vt)	[kohi'ʒir]
voyage (m) d'affaires	viagem (f) de negócios	['vjaʒẽ de ne'gɔsjus]
commission (f)	comissão (f)	[komi'sãw]
contrôler (vt)	controlar (vt)	[kõtro'lar]
conférence (f)	conferência (f)	[kõfe'rẽsja]
licence (f)	licença (f)	[li'sẽsa]
fiable (partenaire ~)	confiável	[kõ'fjavew]
initiative (f)	empreendimento (m)	[ẽprjẽdʒi'mẽtu]
norme (f)	norma (f)	['nɔrma]
circonstance (f)	circunstância (f)	[sirkũ'stãsja]
fonction (f)	dever (m)	[de'ver]
entreprise (f)	empresa (f)	[ẽ'preza]
organisation (f)	organização (f)	[organiza'sãw]
organisé (adj)	organizado	[organi'zadu]
annulation (f)	anulação (f)	[anula'sãw]
annuler (vt)	anular, cancelar (vt)	[anu'lar], [kãse'lar]
rapport (m)	relatório (m)	[hela'tɔrju]
brevet (m)	patente (f)	[pa'tẽtʃi]
breveter (vt)	patentear (vt)	[patẽ'tʃar]
planifier (vt)	planejar (vt)	[plane'ʒar]
prime (f)	bônus (m)	['bonus]
professionnel (adj)	profissional	[profisjo'naw]
procédure (f)	procedimento (m)	[prosedʒi'mẽtu]
examiner (vt)	examinar (vt)	[ezami'nar]
calcul (m)	cálculo (m)	['kawkulu]
réputation (f)	reputação (f)	[reputa'sãw]
risque (m)	risco (m)	['hisku]
diriger (~ une usine)	dirigir (vt)	[dʒiri'ʒir]

renseignements (m pl)	informação (f)	[ĩforma'sãw]
propriété (f)	propriedade (f)	[proprje'dadʒi]
union (f)	união (f)	[u'njãw]

assurance vie (f)	seguro (m) de vida	[se'guru de 'vida]
assurer (vt)	fazer um seguro	[fa'zer ũ se'guru]
assurance (f)	seguro (m)	[se'guru]

enchères (f pl)	leilão (m)	[lej'lãw]
notifier (informer)	notificar (vt)	[notʃifi'kar]
gestion (f)	gestão (f)	[ʒes'tãw]
service (m)	serviço (m)	[ser'visu]

forum (m)	fórum (m)	['forũ]
fonctionner (vi)	funcionar (vi)	[fũsjo'nar]
étape (f)	estágio (m)	[is'taʒu]
juridique (services ~s)	jurídico, legal	[ʒu'ridʒiku], [le'gaw]
juriste (m)	advogado (m)	[adʒivo'gadu]

106. L'usine. La production

usine (f)	usina (f)	[u'zina]
fabrique (f)	fábrica (f)	['fabrika]
atelier (m)	oficina (f)	[ɔfi'sina]
site (m) de production	local (m) de produção	[lo'kaw de produ'sãw]

industrie (f)	indústria (f)	[ĩ'dustrja]
industriel (adj)	industrial	[ĩdus'trjaw]
industrie (f) lourde	indústria (f) pesada	[ĩ'dustrja pe'zada]
industrie (f) légère	indústria (f) ligeira	[ĩ'dustrja li'ʒejra]

produit (m)	produção (f)	[produ'sãw]
produire (vt)	produzir (vt)	[produ'zir]
matières (f pl) premières	matérias-primas (f pl)	[ma'tɛrjas 'primas]

chef (m) d'équipe	chefe (m) de obras	['ʃɛfi de 'ɔbras]
équipe (f) d'ouvriers	equipe (f)	[e'kipi]
ouvrier (m)	operário (m)	[ope'rarju]

jour (m) ouvrable	dia (m) de trabalho	['dʒia de tra'baʎu]
pause (f) (repos)	intervalo (m)	[ĩter'valu]
réunion (f)	reunião (f)	[heu'njãw]
discuter (vt)	discutir (vt)	[dʒisku'tʃir]

plan (m)	plano (m)	['planu]
accomplir le plan	cumprir o plano	[kũ'prir u 'planu]
norme (f) de production	taxa (f) de produção	['taʃa de produ'sãw]
qualité (f)	qualidade (f)	[kwali'dadʒi]
contrôle (m)	controle (m)	[kõ'troli]
contrôle (m) qualité	controle (m) da qualidade	[kõ'troli da kwali'dadʒi]

sécurité (f) de travail	segurança (f) no trabalho	[segu'rãsa nu tra'baʎu]
discipline (f)	disciplina (f)	[dʒisi'plina]
infraction (f)	infração (f)	[ĩfra'sãw]

violer (les règles)	violar (vt)	[vjo'lar]
grève (f)	greve (f)	['grɛvi]
gréviste (m)	grevista (m)	[gre'vista]
faire grève	estar em greve	[is'tar ẽ 'grɛvi]
syndicat (m)	sindicato (m)	[sĩdʒi'katu]

inventer (machine, etc.)	inventar (vt)	[ĩvẽ'tar]
invention (f)	invenção (f)	[ĩvẽ'sãw]
recherche (f)	pesquisa (f)	[pes'kiza]
améliorer (vt)	melhorar (vt)	[meʎo'rar]
technologie (f)	tecnologia (f)	[teknolo'ʒia]
dessin (m) technique	desenho (m) técnico	[de'zɛɲu 'tɛkniku]

charge (f) (~ de 3 tonnes)	carga (f)	['karga]
chargeur (m)	carregador (m)	[kahega'dor]
charger (véhicule, etc.)	carregar (vt)	[kahe'gar]
chargement (m)	carregamento (m)	[kahega'mẽtu]
décharger (vt)	descarregar (vt)	[dʒiskahe'gar]
déchargement (m)	descarga (f)	[dʒis'karga]

transport (m)	transporte (m)	[trãs'pɔrtʃi]
compagnie (f) de transport	companhia (f) de transporte	[kõpa'ɲia de trãs'pɔrtʃi]
transporter (vt)	transportar (vt)	[trãspor'tar]

wagon (m) de marchandise	vagão (m) de carga	[va'gãw de 'karga]
citerne (f)	tanque (m)	['tãki]
camion (m)	caminhão (m)	[kami'ɲãw]

machine-outil (f)	máquina (f) operatriz	['makina opera'triz]
mécanisme (m)	mecanismo (m)	[meka'nizmu]

déchets (m pl)	resíduos (m pl) industriais	[he'zidwus ĩdus'trjajs]
emballage (m)	embalagem (f)	[ẽba'laʒẽ]
emballer (vt)	embalar (vt)	[ẽba'lar]

107. Le contrat. L'accord

contrat (m)	contrato (m)	[kõ'tratu]
accord (m)	acordo (m)	[a'kordu]
annexe (f)	anexo (m)	[a'nɛksu]

signer un contrat	assinar o contrato	[asi'nar u kõ'tratu]
signature (f)	assinatura (f)	[asina'tura]
signer (vt)	assinar (vt)	[asi'nar]
cachet (m)	carimbo (m)	[ka'rĩbu]

objet (m) du contrat	objeto (m) do contrato	[ob'ʒɛtu du kõ'tratu]
clause (f)	cláusula (f)	['klawzula]
côtés (m pl)	partes (f pl)	['partʃis]
adresse (f) légale	domicílio (m) legal	[domi'silju le'gaw]

violer l'accord	violar o contrato	[vjo'lar u kõ'tratu]
obligation (f)	obrigação (f)	[obriga'sãw]
responsabilité (f)	responsabilidade (f)	[hespõsabili'dadʒi]

force (f) majeure	força (f) maior	['forsa ma'jɔr]
litige (m)	litígio (m), disputa (f)	[li'tʃiʒju], [dʒis'puta]
pénalités (f pl)	multas (f pl)	['muwtas]

108. L'importation. L'exportation

importation (f)	importação (f)	[importa'sãw]
importateur (m)	importador (m)	[ĩporta'dor]
importer (vt)	importar (vt)	[ĩpor'tar]
d'importation	de importação	[de importa'sãw]

exportation (f)	exportação (f)	[isporta'sãw]
exportateur (m)	exportador (m)	[isporta'dor]
exporter (vt)	exportar (vt)	[ispor'tar]
d'exportation (adj)	de exportação	[de isporta'sãw]

| marchandise (f) | mercadoria (f) | [merkado'ria] |
| lot (m) de marchandises | lote (m) | ['lotʃi] |

poids (m)	peso (m)	['pezu]
volume (m)	volume (m)	[vo'lumi]
mètre (m) cube	metro (m) cúbico	['mɛtru 'kubiku]

producteur (m)	produtor (m)	[produ'tor]
compagnie (f) de transport	companhia (f) de transporte	[kõpa'nia de trãs'pɔrtʃi]
container (m)	contêiner (m)	[kõ'tejner]

frontière (f)	fronteira (f)	[frõ'tejra]
douane (f)	alfândega (f)	[aw'fãdʒiga]
droit (m) de douane	taxa (f) alfandegária	['taʃa awfãde'garja]
douanier (m)	funcionário (m) da alfândega	[fũsjo'narju da aw'fãdʒiga]
contrebande (f) (trafic)	contrabando (m)	[kõtra'bãdu]
contrebande (f)	contrabando (m)	[kõtra'bãdu]

109. La finance

action (f)	ação (f)	[a'sãw]
obligation (f)	obrigação (f)	[obriga'sãw]
lettre (f) de change	nota (f) promissória	['nɔta promi'sɔrja]

| bourse (f) | bolsa (f) de valores | ['bowsa de va'lores] |
| cours (m) d'actions | cotação (m) das ações | [kota'sãw das a'sõjs] |

| baisser (vi) | tornar-se mais barato | [tor'narsi majs ba'ratu] |
| augmenter (vi) (prix) | tornar-se mais caro | [tor'narsi majs 'karu] |

part (f)	parte (f)	['partʃi]
participation (f) de contrôle	participação (f) majoritária	[partʃisipa'sãw maʒori'tarja]
investissements (m pl)	investimento (m)	[ĩvestʃi'mẽtu]
investir (vt)	investir (vt)	[ĩves'tʃir]
pour-cent (m)	porcentagem (f)	[porsẽ'taʒẽ]
intérêts (m pl)	juros (m pl)	['ʒurus]

profit (m)	lucro (m)	['lukru]
profitable (adj)	lucrativo	[lukra'tʃivu]
impôt (m)	imposto (m)	[ĩ'postu]

devise (f)	divisa (f)	[dʒi'viza]
national (adj)	nacional	[nasjo'naw]
échange (m)	câmbio (m)	['kãbju]

| comptable (m) | contador (m) | [kõta'dɔr] |
| comptabilité (f) | contabilidade (f) | [kõtabili'dadʒi] |

faillite (f)	falência (f)	[fa'lẽsja]
krach (m)	falência, quebra (f)	[fa'lẽsja], ['kɛbra]
ruine (f)	ruína (f)	['hwina]
se ruiner (vp)	estar quebrado	[is'tar ke'bradu]
inflation (f)	inflação (f)	[ĩfla'sãw]
dévaluation (f)	desvalorização (f)	[dʒizvaloriza'sãw]

capital (m)	capital (m)	[kapi'taw]
revenu (m)	rendimento (m)	[hẽdʒi'mẽtu]
chiffre (m) d'affaires	volume (m) de negócios	[vo'lumi de ne'gɔsjus]
ressources (f pl)	recursos (m pl)	[he'kursus]
moyens (m pl) financiers	recursos (m pl) financeiros	[he'kursus finã'sejrus]
frais (m pl) généraux	despesas (f pl) gerais	[dʒis'pezas ʒe'rajs]
réduire (vt)	reduzir (vt)	[hedu'zir]

110. La commercialisation. Le marketing

marketing (m)	marketing (m)	['marketʃĩ]
marché (m)	mercado (m)	[mer'kadu]
segment (m) du marché	segmento (m) do mercado	[sɛg'mẽtu du mer'kadu]
produit (m)	produto (m)	[pru'dutu]
marchandise (f)	mercadoria (f)	[merkado'ria]

marque (f) de fabrique	marca (f)	['marka]
marque (f) déposée	marca (f) registrada	['marka heʒis'trada]
logotype (m)	logotipo (m)	[logo'tʃipu]
logo (m)	logo (m)	['lɔgu]

| demande (f) | demanda (f) | [de'mãda] |
| offre (f) | oferta (f) | [ɔ'fɛrta] |

| besoin (m) | necessidade (f) | [nesesi'dadʒi] |
| consommateur (m) | consumidor (m) | [kõsumi'dor] |

| analyse (f) | análise (f) | [a'nalizi] |
| analyser (vt) | analisar (vt) | [anali'zar] |

| positionnement (m) | posicionamento (m) | [pozisjona'mẽtu] |
| positionner (vt) | posicionar (vt) | [pozisjo'nar] |

prix (m)	preço (m)	['presu]
politique (f) des prix	política (f) de preços	[po'litʃika de 'presus]
formation (f) des prix	formação (f) de preços	[forma'sãw de 'presus]

111. La publicité

publicité (f), pub (f)	publicidade (f)	[publisi'dadʒi]
faire de la publicité	fazer publicidade	[fa'zer publisi'dadʒi]
budget (m)	orçamento (m)	[orsa'mẽtu]

annonce (f), pub (f)	anúncio (m)	[a'nũsju]
publicité (f) à la télévision	publicidade (f) televisiva	[publisi'dadʒi televi'ziva]
publicité (f) à la radio	publicidade (f) na rádio	[publisi'dadʒi na 'hadʒju]
publicité (f) extérieure	publicidade (f) exterior	[publisi'dadʒi iste'rjor]

mass média (m pl)	comunicação (f) de massa	[komunika'sãw de 'masa]
périodique (m)	periódico (m)	[pe'rjɔdʒiku]
image (f)	imagem (f)	[i'maʒẽ]

slogan (m)	slogan (m)	[iz'lɔgã]
devise (f)	mote (m), lema (f)	['mɔtʃi], ['lɛma]

campagne (f)	campanha (f)	[kã'paɲa]
campagne (f) publicitaire	campanha (f) publicitária	[kã'paɲa publisi'tarja]
public (m) cible	grupo (m) alvo	['grupu 'awvu]

carte (f) de visite	cartão (m) de visita	[kar'tãw de vi'zita]
prospectus (m)	panfleto (m)	[pã'fletu]
brochure (f)	brochura (f)	[bro'ʃura]
dépliant (m)	folheto (m)	[fo'ʎetu]
bulletin (m)	boletim (m)	[bole'tʃĩ]

enseigne (f)	letreiro (m)	[le'trejru]
poster (m)	pôster (m)	['poster]
panneau-réclame (m)	painel (m) publicitário	[paj'nɛw publisi'tarju]

112. Les opérations bancaires

banque (f)	banco (m)	['bãku]
agence (f) bancaire	balcão (f)	[baw'kãw]

conseiller (m)	consultor (m) bancário	[kõsuw'tor bã'karju]
gérant (m)	gerente (m)	[ʒe'rẽtʃi]

compte (m)	conta (f)	['kõta]
numéro (m) du compte	número (m) da conta	['numeru da 'kõta]
compte (m) courant	conta (f) corrente	['kõta ko'hẽtʃi]
compte (m) sur livret	conta (f) poupança	['kõta po'pãsa]

ouvrir un compte	abrir uma conta	[a'brir 'uma 'kõta]
clôturer le compte	fechar uma conta	[fe'ʃar 'uma 'kõta]
verser dans le compte	depositar na conta	[depozi'tar na 'kõta]
retirer du compte	sacar (vt)	[sa'kar]

dépôt (m)	depósito (m)	[de'pɔzitu]
faire un dépôt	fazer um depósito	[fa'zer ũ de'pozitu]
virement (m) bancaire	transferência (f) bancária	[trãsfe'rẽsja bã'karja]

faire un transfert	transferir (vt)	[trãsfe'rir]
somme (f)	soma (f)	['sɔma]
Combien?	Quanto?	['kwãtu]

| signature (f) | assinatura (f) | [asina'tura] |
| signer (vt) | assinar (vt) | [asi'nar] |

carte (f) de crédit	cartão (m) de crédito	[kar'tãw de 'krɛdʒitu]
code (m)	senha (f)	['sɛɲa]
numéro (m) de carte de crédit	número (m) do cartão de crédito	['numeru du kar'tãw de 'krɛdʒitu]
distributeur (m)	caixa (m) eletrônico	['kaɪʃa ele'troniku]

chèque (m)	cheque (m)	['ʃɛki]
faire un chèque	passar um cheque	[pa'sar ũ 'ʃɛki]
chéquier (m)	talão (m) de cheques	[ta'lãw de 'ʃɛkis]

crédit (m)	empréstimo (m)	[ẽ'prɛstʃimu]
demander un crédit	pedir um empréstimo	[pe'dʒir ũ ẽ'prɛstʃimu]
prendre un crédit	obter empréstimo	[ob'ter ẽ'prɛstʃimu]
accorder un crédit	dar um empréstimo	[dar ũ ẽ'prɛstʃimu]
gage (m)	garantia (f)	[garã'tʃia]

113. Le téléphone. La conversation téléphonique

téléphone (m)	telefone (m)	[tele'fɔni]
portable (m)	celular (m)	[selu'lar]
répondeur (m)	secretária (f) eletrônica	[sekre'tarja ele'tronika]

| téléphoner, appeler | fazer uma chamada | [fa'zer 'uma ʃa'mada] |
| appel (m) | chamada (f) | [ʃa'mada] |

composer le numéro	discar um número	[dʒis'kar ũ 'numeru]
Allô!	Alô!	[a'lo]
demander (~ l'heure)	perguntar (vt)	[pergũ'tar]
répondre (vi, vt)	responder (vt)	[hespõ'der]

entendre (bruit, etc.)	ouvir (vt)	[o'vir]
bien (adv)	bem	[bẽj]
mal (adv)	mal	[maw]
bruits (m pl)	ruído (m)	['hwidu]

récepteur (m)	fone (m)	['fɔni]
décrocher (vt)	pegar o telefone	[pe'gar u tele'fɔni]
raccrocher (vi)	desligar (vi)	[dʒizli'gar]

occupé (adj)	ocupado	[oku'padu]
sonner (vi)	tocar (vi)	[to'kar]
carnet (m) de téléphone	lista (f) telefônica	['lista tele'fonika]
local (adj)	local	[lo'kaw]
appel (m) local	chamada (f) local	[ʃa'mada lo'kaw]
interurbain (adj)	de longa distância	['de 'lõgu dʒis'tãsja]
appel (m) interurbain	chamada (f) de longa distância	[ʃa'mada de 'lõgu dʒis'tãsja]

| international (adj) | internacional | [ĩternasjo'naw] |
| appel (m) international | chamada (f) internacional | [ʃa'mada ĩternasjo'naw] |

114. Le téléphone portable

portable (m)	celular (m)	[selu'lar]
écran (m)	tela (f)	['tɛla]
bouton (m)	botão (m)	[bo'tãw]
carte SIM (f)	cartão SIM (m)	[kar'tãw sim]

pile (f)	bateria (f)	[bate'ria]
être déchargé	descarregar-se (vr)	[dʒiskahe'garsi]
chargeur (m)	carregador (m)	[kahega'dor]

| menu (m) | menu (m) | [me'nu] |
| réglages (m pl) | configurações (f pl) | [kõfigura'sõjs] |

| mélodie (f) | melodia (f) | [melo'dʒia] |
| sélectionner (vt) | escolher (vt) | [isko'ʎer] |

calculatrice (f)	calculadora (f)	[kawkula'dora]
répondeur (m)	correio (m) de voz	[ko'heju de vɔz]
réveil (m)	despertador (m)	[dʒisperta'dor]
contacts (m pl)	contatos (m pl)	[kõ'tatus]

| SMS (m) | mensagem (f) de texto | [mẽ'saʒẽ de 'testu] |
| abonné (m) | assinante (m) | [asi'nãtʃi] |

115. La papeterie

| stylo (m) à bille | caneta (f) | [ka'neta] |
| stylo (m) à plume | caneta (f) tinteiro | [ka'neta tʃĩ'tejru] |

crayon (m)	lápis (m)	['lapis]
marqueur (m)	marcador (m) de texto	[marka'dor de 'testu]
feutre (m)	caneta (f) hidrográfica	[ka'neta idro'grafika]

| bloc-notes (m) | bloco (m) de notas | ['blɔku de 'nɔtas] |
| agenda (m) | agenda (f) | [a'ʒẽda] |

règle (f)	régua (f)	['hɛgwa]
calculatrice (f)	calculadora (f)	[kawkula'dora]
gomme (f)	borracha (f)	[bo'haʃa]

| punaise (f) | alfinete (m) | [awfi'netʃi] |
| trombone (m) | clipe (m) | ['klipi] |

| colle (f) | cola (f) | ['kɔla] |
| agrafeuse (f) | grampeador (m) | [grãpja'dor] |

| perforateur (m) | furador (m) de papel | [fura'dor de pa'pɛw] |
| taille-crayon (m) | apontador (m) | [apõta'dor] |

116. Les différents types de documents

rapport (m)	relatório (m)	[hela'tɔrju]
accord (m)	acordo (m)	[a'kordu]
formulaire (m) d'inscription	ficha (f) de inscrição	['fiʃa de ˉiskri'sãw]
authentique (adj)	autêntico	[aw'tẽtʃiku]
badge (m)	crachá (m)	[kra'ʃa]
carte (f) de visite	cartão (m) de visita	[kar'tãw de vi'zita]

certificat (m)	certificado (m)	[sertʃifi'kadu]
chèque (m) de banque	cheque (m)	['ʃɛki]
addition (f) (restaurant)	conta (f)	['kõta]
constitution (f)	constituição (f)	[kõstʃitwi'sãw]

contrat (m)	contrato (m)	[kõ'tratu]
copie (f)	cópia (f)	['kɔpja]
exemplaire (m)	exemplar (m)	[ezẽ'plar]

déclaration (f) de douane	declaração (f) alfandegária	[deklara'sãw awfãde'garja]
document (m)	documento (m)	[doku'mẽtu]
permis (m) de conduire	carteira (f) de motorista	[kar'tejra de moto'rista]
annexe (f)	anexo (m)	[a'nɛksu]
questionnaire (m)	questionário (m)	[kestʃjo'narju]

carte (f) d'identité	carteira (f) de identidade	[kar'tejra de idẽtʃi'dadʒi]
demande (f)	inquérito (m)	[ˉi'kɛritu]
de renseignements		
lettre (f) d'invitation	convite (m)	[kõ'vitʃi]
facture (f)	fatura (f)	[fa'tura]

loi (f)	lei (f)	[lej]
lettre (f)	carta (f)	['karta]
papier (m) à en-tête	papel (m) timbrado	[pa'pɛw tˉi'bradu]
liste (f) (~ des noms)	lista (f)	['lista]
manuscrit (m)	manuscrito (m)	[manus'kritu]
bulletin (m)	boletim (m)	[bole'tʃˉi]
mot (m) (message)	bilhete (m)	[bi'ʎetʃi]

laissez-passer (m)	passe (m)	['pasi]
passeport (m)	passaporte (m)	[pasa'pɔrtʃi]
permis (m)	permissão (f)	[permi'sãw]
C.V. (m)	currículo (m)	[ku'hikulu]
reconnaissance (f) de dette	nota (f) promissória	['nɔta promi'sɔrja]
reçu (m)	recibo (m)	[he'sibu]
ticket (m) de caisse	talão (f)	[ta'lãw]
rapport (m)	relatório (m)	[hela'tɔrju]

présenter (pièce d'identité)	mostrar (vt)	[mos'trar]
signer (vt)	assinar (vt)	[asi'nar]
signature (f)	assinatura (f)	[asina'tura]
cachet (m)	carimbo (m)	[ka'rˉibu]
texte (m)	texto (m)	['testu]
ticket (m)	ingresso (m)	[ˉi'grɛsu]
rayer (vt)	riscar (vt)	[his'kar]
remplir (vt)	preencher (vt)	[preẽ'ʃer]

| bordereau (m) de transport | carta (f) de porte | ['karta de 'pɔrtʃi] |
| testament (m) | testamento (m) | [testa'mẽtu] |

117. Les types d'activités économiques

agence (f) de recrutement	agência (f) de emprego	[a'ʒẽsja de ẽ'pregu]
agence (f) de sécurité	empresa (f) de segurança	[ẽ'preza de segu'rãsa]
agence (f) d'information	agência (f) de notícias	[a'ʒẽsja de no'tʃisjas]
agence (f) publicitaire	agência (f) de publicidade	[a'ʒẽsja de publisi'dadʒi]

antiquités (f pl)	comércio (m) de antiguidades	[ko'mɛrsju de ãtʃigwi'dadʒi]
assurance (f)	seguro (m)	[se'guru]
atelier (m) de couture	alfaiataria (f)	[awfajata'ria]

banques (f pl)	negócios (m pl) bancários	[ne'gɔsjus bã'karjus]
bar (m)	bar (m)	[bar]
bâtiment (m)	construção (f)	[kõstru'sãw]
bijouterie (f)	joias (f pl)	['ʒɔjas]
bijoutier (m)	joalheiro (m)	[ʒoa'ʎejru]

blanchisserie (f)	lavanderia (f)	[lavãde'ria]
boissons (f pl) alcoolisées	bebidas (f pl) alcoólicas	[be'bidas aw'kɔlikas]
boîte (f) de nuit	boate (f)	['bwatʃi]
bourse (f)	bolsa (f) de valores	['bowsa de va'lores]
brasserie (f) (fabrique)	cervejaria (f)	[serveʒa'ria]
maison (f) funéraire	casa (f) funerária	['kaza fune'raria]

casino (m)	cassino (m)	[ka'sinu]
centre (m) d'affaires	centro (m) de escritórios	['sẽtru de iskri'tɔrjus]
cinéma (m)	cinema (m)	[si'nɛma]
climatisation (m)	ar (m) condicionado	[ar kõdʒisjo'nadu]

commerce (m)	comércio (m)	[ko'mɛrsju]
compagnie (f) aérienne	companhia (f) aérea	[kõpa'ɲia a'erja]
conseil (m)	consultoria (f)	[kõsuwto'ria]
coursiers (m pl)	serviços (m pl) de remessa	[ser'visus de he'mɛsa]

dentistes (pl)	clínica (f) dentária	['klinika dẽ'tarja]
design (m)	design (m)	[dʒi'zãjn]
école (f) de commerce	escola (f) de negócios	[is'kɔla de ne'gɔsjus]
entrepôt (m)	armazém (m)	[arma'zẽj]
galerie (f) d'art	galeria (f) de arte	[gale'ria de 'artʃi]
glace (f)	sorvete (m)	[sor'vetʃi]
hôtel (m)	hotel (m)	[o'tɛw]

immobilier (m)	imobiliário (m)	[imobi'ljarju]
imprimerie (f)	tipografia (f)	[tʃipogra'fia]
industrie (f)	indústria (f)	[ĩ'dustrja]
Internet (m)	internet (f)	[ĩter'nɛtʃi]
investissements (m pl)	investimento (m)	[ĩvestʃi'mẽtu]

| journal (m) | jornal (m) | [ʒor'naw] |
| librairie (f) | livraria (f) | [livra'ria] |

industrie (f) légère	indústria (f) ligeira	[i'dustrja li'ʒejra]
magasin (m)	loja (f)	['lɔʒa]
maison (f) d'édition	editora (f)	[edʒi'tora]
médecine (f)	medicina (f)	[medʒi'sina]
meubles (m pl)	mobiliário (m)	[mobi'ljarju]
musée (m)	museu (m)	[mu'zew]

pétrole (m)	petróleo (m)	[pe'trɔlju]
pharmacie (f)	drogaria (f)	[droga'ria]
industrie (f) pharmaceutique	indústria (f) farmacêutica	[i'dustrja farma'sewtʃiku]
piccine (f)	piscina (f)	[pi'sina]
pressing (m)	lavanderia (f)	[lavãde'ria]
produits (m pl) alimentaires	alimentos (m pl)	[ali'mẽtus]
publicité (f), pub (f)	publicidade (f)	[publisi'dadʒi]

radio (f)	rádio (m)	['hadʒju]
récupération (f) des déchets	recolha (f) do lixo	[he'koʎa du 'liʃu]
restaurant (m)	restaurante (m)	[hestaw'rãtʃi]
revue (f)	revista (f)	[he'vista]

salon (m) de beauté	salão (m) de beleza	[sa'lãw de be'leza]
service (m) financier	serviços (m pl) financeiros	[ser'visus finã'sejrus]
service (m) juridique	assessorias (f pl) jurídicas	[aseso'rias ʒu'ridʒikas]
services (m pl) comptables	serviços (m pl) de contabilidade	[ser'visus de kõtabili'dadʒi]
services (m pl) d'audition	serviços (m pl) de auditoria	[ser'visus de awdʒito'ria]
sport (m)	esporte (m)	[is'pɔrtʃi]
supermarché (m)	supermercado (m)	[supermer'kadu]

télévision (f)	televisão (f)	[televi'zãw]
théâtre (m)	teatro (m)	['tʃjatru]
tourisme (m)	viagens (f pl)	['vjaʒẽs]
sociétés de transport	serviços (m pl) de transporte	[ser'visus de trãs'pɔrtʃi]

vente (f) par catalogue	vendas (f pl) por catálogo	['vẽdas por ka'talogu]
vêtement (m)	roupa (f)	['hopa]
vétérinaire (m)	veterinário (m)	[veteri'narju]

Le travail. Les affaires. Partie 2

118. Les foires et les salons

salon (m)	feira, exposição (f)	['fejra], [ispozi'sãw]
salon (m) commercial	feira (f) comercial	['fejra komer'sjaw]
participation (f)	participação (f)	[partʃisipa'sãw]
participer à ...	participar (vi)	[partʃisi'par]
participant (m)	participante (m)	[partʃisi'pãtʃi]
directeur (m)	diretor (m)	[dʒire'tor]
direction (f)	direção (f)	[dʒire'sãw]
organisateur (m)	organizador (m)	[organiza'dor]
organiser (vt)	organizar (vt)	[organi'zar]
demande (f) de participation	ficha (f) de inscrição	['fiʃa de ĩskri'sãw]
remplir (vt)	preencher (vt)	[preẽ'ʃer]
détails (m pl)	detalhes (m pl)	[de'taʎis]
information (f)	informação (f)	[ĩforma'sãw]
prix (m)	preço (m)	['presu]
y compris	incluindo	[ĩklw'ĩdu]
inclure (~ les taxes)	incluir (vt)	[ĩ'klwir]
payer (régler)	pagar (vt)	[pa'gar]
droits (m pl) d'inscription	taxa (f) de inscrição	['taʃa de ĩskri'sãw]
entrée (f)	entrada (f)	[ẽ'trada]
pavillon (m)	pavilhão (m), salão (f)	[pavi'ʎãw], [sa'lãw]
enregistrer (vt)	inscrever (vt)	[ĩskre'ver]
badge (m)	crachá (m)	[kra'ʃa]
stand (m)	stand (m)	[stɛnd]
réserver (vt)	reservar (vt)	[hezer'var]
vitrine (f)	vitrine (f)	[vi'trini]
lampe (f)	lâmpada (f)	['lãpada]
design (m)	design (m)	[dʒi'zãjn]
mettre (placer)	pôr, colocar (vt)	[por], [kolo'kar]
distributeur (m)	distribuidor (m)	[dʒistribwi'dor]
fournisseur (m)	fornecedor (m)	[fornese'dor]
fournir (vt)	fornecer (vt)	[forne'ser]
pays (m)	país (m)	[pa'jis]
étranger (adj)	estrangeiro	[istrã'ʒejru]
produit (m)	produto (m)	[pru'dutu]
association (f)	associação (f)	[asosja'sãw]
salle (f) de conférences	sala (f) de conferência	['sala de kõfe'rẽsja]

congrès (m)	congresso (m)	[kõ'grɛsu]
concours (m)	concurso (m)	[kõ'kursu]

visiteur (m)	visitante (m)	[vizi'tãtʃi]
visiter (vt)	visitar (vt)	[vizi'tar]
client (m)	cliente (m)	['kljẽtʃi]

119. Les médias de masse

journal (m)	jornal (m)	[ʒor'naw]
revue (f)	revista (f)	[he'vista]
presse (f)	imprensa (f)	[ĩ'prẽsa]
radio (f)	rádio (m)	['hadʒju]
station (f) de radio	estação (f) de rádio	[ista'sãw de 'hadʒju]
télévision (f)	televisão (f)	[televi'zãw]

animateur (m)	apresentador (m)	[aprezẽta'dor]
présentateur (m) de journaux télévisés	locutor (m)	[loku'tor]
commentateur (m)	comentarista (m)	[komẽta'rista]

journaliste (m)	jornalista (m)	[ʒorna'lista]
correspondant (m)	correspondente (m)	[kohespõ'dẽtʃi]
reporter photographe (m)	repórter (m) fotográfico	[he'porter foto'grafiku]
reporter (m)	repórter (m)	[he'porter]

rédacteur (m)	redator (m)	[heda'tor]
rédacteur (m) en chef	redator-chefe (m)	[heda'tor 'ʃɛfi]

s'abonner (vp)	assinar a ...	[asi'nar a]
abonnement (m)	assinatura (f)	[asina'tura]
abonné (m)	assinante (m)	[asi'nãtʃi]
lire (vi, vt)	ler (vt)	[ler]
lecteur (m)	leitor (m)	[lej'tor]

tirage (m)	tiragem (f)	[tʃi'raʒẽ]
mensuel (adj)	mensal	[mẽ'saw]
hebdomadaire (adj)	semanal	[sema'naw]
numéro (m)	número (m)	['numeru]
nouveau (~ numéro)	recente, novo	[he'sẽtʃi], ['novu]

titre (m)	manchete (f)	[mã'ʃɛtʃi]
entrefilet (m)	pequeno artigo (m)	[pe'kenu ar'tʃigu]
rubrique (f)	coluna (f)	[ko'luna]
article (m)	artigo (m)	[ar'tʃigu]
page (f)	página (f)	['paʒina]

reportage (m)	reportagem (f)	[hepor'taʒẽ]
événement (m)	evento (m)	[e'vẽtu]
sensation (f)	sensação (f)	[sẽsa'sãw]
scandale (m)	escândalo (m)	[is'kãdalu]
scandaleux	escandaloso	[iskãda'lozu]
grand (~ scandale)	grande	['grãdʒi]
émission (f)	programa (m)	[pro'grama]

interview (f)	entrevista (f)	[ẽtre'vista]
émission (f) en direct	transmissão (f) ao vivo	[trãzmi'sãw aw 'vivu]
chaîne (f) (~ payante)	canal (m)	[ka'naw]

120. L'agriculture

agriculture (f)	agricultura (f)	[agrikuw'tura]
paysan (m)	camponês (m)	[kãpo'nes]
paysanne (f)	camponesa (f)	[kãpo'neza]
fermier (m)	agricultor, fazendeiro (m)	[agrikuw'tor], [fazẽ'dejru]

| tracteur (m) | trator (m) | [tra'tor] |
| moissonneuse-batteuse (f) | colheitadeira (f) | [koʎejta'dejra] |

charrue (f)	arado (m)	[a'radu]
labourer (vt)	arar (vt)	[a'rar]
champ (m) labouré	campo (m) lavrado	['kãpu la'vradu]
sillon (m)	sulco (m)	[suw'ku]

semer (vt)	semear (vt)	[se'mjar]
semeuse (f)	plantadeira (f)	[plãta'dejra]
semailles (f pl)	semeadura (f)	[semja'dura]

| faux (f) | foice (m) | ['fɔjsi] |
| faucher (vt) | cortar com foice | [kor'tar kõ 'fɔjsi] |

| pelle (f) | pá (f) | [pa] |
| bêcher (vt) | cavar (vt) | [ka'var] |

couperet (m)	enxada (f)	[ẽ'ʃada]
sarcler (vt)	capinar (vt)	[kapi'nar]
mauvaise herbe (f)	erva (f) daninha	['ɛrva da'niɲa]

arrosoir (m)	regador (m)	[hega'dor]
arroser (plantes)	regar (vt)	[he'gar]
arrosage (m)	rega (f)	['hɛga]

| fourche (f) | forquilha (f) | [for'kiʎa] |
| râteau (m) | ancinho (m) | [ã'siɲu] |

engrais (m)	fertilizante (m)	[fertʃili'zãtʃi]
engraisser (vt)	fertilizar (vt)	[fertʃili'zar]
fumier (m)	estrume, esterco (m)	[is'trumi], [is'terku]

champ (m)	campo (m)	['kãpu]
pré (m)	prado (m)	['pradu]
potager (m)	horta (f)	['ɔrta]
jardin (m)	pomar (m)	[po'mar]

faire paître	pastar (vt)	[pas'tar]
berger (m)	pastor (m)	[pas'tor]
pâturage (m)	pastagem (f)	[pas'taʒẽ]
élevage (m)	pecuária (f)	[pe'kwarja]
élevage (m) de moutons	criação (f) de ovelhas	[krja'sãw de o'veʎas]

plantation (f)	plantação (f)	[plătaˈsãw]
plate-bande (f)	canteiro (m)	[kãˈtejru]
serre (f)	estufa (f)	[isˈtufa]
sécheresse (f)	seca (f)	[ˈseka]
sec (l'été ~)	seco	[ˈseku]
grains (m pl)	grão (m)	[ˈgrãw]
céréales (f pl)	cereais (m pl)	[seˈrjajs]
récolter (vt)	colher (vt)	[koˈʎer]
meunier (m)	moleiro (m)	[muˈlejru]
moulin (m)	moinho (m)	[ˈmwiɲu]
moudre (vt)	moer (vt)	[mwer]
farine (f)	farinha (f)	[faˈriɲa]
paille (f)	palha (f)	[ˈpaʎa]

121. Le BTP et la construction

chantier (m)	canteiro (m) de obras	[kãˈtejru de ˈɔbras]
construire (vt)	construir (vt)	[kõsˈtrwir]
ouvrier (m) du bâtiment	construtor (m)	[kõstruˈtor]
projet (m)	projeto (m)	[proˈʒɛtu]
architecte (m)	arquiteto (m)	[arkiˈtɛtu]
ouvrier (m)	operário (m)	[opeˈrarju]
fondations (f pl)	fundação (f)	[fũdaˈsãw]
toit (m)	telhado (m)	[teˈʎadu]
pieu (m) de fondation	estaca (f)	[isˈtaka]
mur (m)	parede (f)	[paˈredʒi]
ferraillage (m)	barras (f pl) de reforço	[ˈbahas de heˈforsu]
échafaudage (m)	andaime (m)	[ãˈdajmi]
béton (m)	concreto (m)	[kõˈkrɛtu]
granit (m)	granito (m)	[graˈnitu]
pierre (f)	pedra (f)	[ˈpɛdra]
brique (f)	tijolo (m)	[tʃiˈʒolu]
sable (m)	areia (f)	[aˈreja]
ciment (m)	cimento (m)	[siˈmẽtu]
plâtre (m)	emboço, reboco (m)	[ẽˈbosu], [heˈboku]
plâtrer (vt)	emboçar, rebocar (vt)	[ẽboˈsar], [heboˈkar]
peinture (f)	tinta (f)	[tʃĩta]
peindre (des murs)	pintar (vt)	[pĩˈtar]
tonneau (m)	barril (m)	[baˈhiw]
grue (f)	grua (f), guindaste (m)	[ˈgrua], [gĩˈdastʃi]
monter (vt)	erguer (vt)	[erˈger]
abaisser (vt)	baixar (vt)	[bajˈʃar]
bulldozer (m)	buldózer (m)	[buwˈdozer]
excavateur (m)	escavadora (f)	[iskavaˈdora]

godet (m)	caçamba (f)	[ka'sãba]
creuser (vt)	escavar (vt)	[iska'var]
casque (m)	capacete (m) de proteção	[kapa'setʃi de prote'sãw]

122. La recherche scientifique et les chercheurs

science (f)	ciência (f)	['sjẽsja]
scientifique (adj)	científico	[sjẽ'tʃifiku]
savant (m)	cientista (m)	[sjẽ'tʃista]
théorie (f)	teoria (f)	[teo'ria]

axiome (m)	axioma (m)	[a'sjɔma]
analyse (f)	análise (f)	[a'nalizi]
analyser (vt)	analisar (vt)	[anali'zar]
argument (m)	argumento (m)	[argu'mẽtu]
substance (f) (matière)	substância (f)	[sub'stãsja]

hypothèse (f)	hipótese (f)	[i'pɔtezi]
dilemme (m)	dilema (m)	[dʒi'lɛma]
thèse (f)	tese (f)	['tɛzi]
dogme (m)	dogma (m)	['dɔgma]

doctrine (f)	doutrina (f)	[do'trina]
recherche (f)	pesquisa (f)	[pes'kiza]
rechercher (vt)	pesquisar (vt)	[peski'zar]
test (m)	testes (m pl)	['tɛstʃis]
laboratoire (m)	laboratório (m)	[labora'tɔrju]

méthode (f)	método (m)	['mɛtodu]
molécule (f)	molécula (f)	[mo'lɛkula]
monitoring (m)	monitoramento (m)	[monitora'mẽtu]
découverte (f)	descoberta (f)	[dʒisko'bɛrta]

postulat (m)	postulado (m)	[postu'ladu]
principe (m)	princípio (m)	[prĩ'sipju]
prévision (f)	prognóstico (m)	[prog'nɔstʃiku]
prévoir (vt)	prognosticar (vt)	[prognostʃi'kar]

synthèse (f)	síntese (f)	['sĩtezi]
tendance (f)	tendência (f)	[tẽ'dẽsja]
théorème (m)	teorema (m)	[teo'rɛma]

| enseignements (m pl) | ensinamentos (m pl) | [ẽsina'mẽtus] |
| fait (m) | fato (m) | ['fatu] |

| expédition (f) | expedição (f) | [ispedʒi'sãw] |
| expérience (f) | experiência (f) | [ispe'rjẽsja] |

académicien (m)	acadêmico (m)	[aka'demiku]
bachelier (m)	bacharel (m)	[baʃa'rɛw]
docteur (m)	doutor (m)	[do'tor]
chargé (m) de cours	professor (m) associado	[profe'sor aso'sjadu]
magistère (m)	mestrado (m)	[mes'trado]
professeur (m)	professor (m)	[profe'sor]

Les professions. Les métiers

123. La recherche d'emploi. Le licenciement

travail (m)	trabalho (m)	[tra'baʎu]
employés (pl)	equipe (f)	[e'kipi]
personnel (m)	pessoal (m)	[pe'swaw]
carrière (f)	carreira (f)	[ka'hejra]
perspective (f)	perspectivas (f pl)	[perspek'tʃivas]
maîtrise (f)	habilidades (f pl)	[abili'dadʒis]
sélection (f)	seleção (f)	[sele'sãw]
agence (f) de recrutement	agência (f) de emprego	[a'ʒẽsja de ẽ'pregu]
C.V. (m)	currículo (m)	[ku'hikulu]
entretien (m)	entrevista (f) de emprego	[ẽtre'vista de ẽ'pregu]
emploi (m) vacant	vaga (f)	['vaga]
salaire (m)	salário (m)	[sa'larju]
salaire (m) fixe	salário (m) fixo	[sa'larju 'fiksu]
rémunération (f)	pagamento (m)	[paga'mẽtu]
poste (m) (~ évolutif)	cargo (m)	['kargu]
fonction (f)	dever (m)	[de'ver]
liste (f) des fonctions	gama (f) de deveres	['gama de de'veris]
occupé (adj)	ocupado	[oku'padu]
licencier (vt)	despedir, demitir (vt)	[dʒispe'dʒir], [demi'tʃir]
licenciement (m)	demissão (f)	[demi'sãw]
chômage (m)	desemprego (m)	[dʒizẽ'pregu]
chômeur (m)	desempregado (m)	[dʒizẽpre'gadu]
retraite (f)	aposentadoria (f)	[apozẽtado'ria]
prendre sa retraite	aposentar-se (vr)	[apozẽ'tarsi]

124. Les hommes d'affaires

directeur (m)	diretor (m)	[dʒire'tor]
gérant (m)	gerente (m)	[ʒe'rẽtʃi]
patron (m)	patrão, chefe (m)	[pa'trãw], ['ʃɛfi]
supérieur (m)	superior (m)	[supe'rjor]
supérieurs (m pl)	superiores (m pl)	[supe'rjores]
président (m)	presidente (m)	[prezi'dẽtʃi]
président (m) (d'entreprise)	chairman, presidente (m)	['tʃɛamen], [prezi'dẽtʃi]
adjoint (m)	substituto (m)	[substi'tutu]
assistant (m)	assistente (m)	[asis'tẽtʃi]

| secrétaire (m, f) | secretário (m) | [sekre'tarju] |
| secrétaire (m, f) personnel | secretário (m) pessoal | [sekre'tarju pe'swaw] |

homme (m) d'affaires	homem (m) de negócios	['ɔmẽ de ne'gɔsjus]
entrepreneur (m)	empreendedor (m)	[ẽprjẽde'dor]
fondateur (m)	fundador (m)	[fũda'dor]
fonder (vt)	fundar (vt)	[fũ'dar]

fondateur (m)	principiador (m)	[prĩsipja'dor]
partenaire (m)	parceiro, sócio (m)	[par'sejru], ['sɔsju]
actionnaire (m)	acionista (m)	[asjo'nista]

millionnaire (m)	milionário (m)	[miljo'narju]
milliardaire (m)	bilionário (m)	[biljo'narju]
propriétaire (m)	proprietário (m)	[proprje'tarju]
propriétaire (m) foncier	proprietário (m) de terras	[proprje'tarju de 'tɛhas]

client (m)	cliente (m)	['kljẽtʃi]
client (m) régulier	cliente (m) habitual	['kljẽtʃi abi'twaw]
acheteur (m)	comprador (m)	[kõpra'dor]
visiteur (m)	visitante (m)	[vizi'tãtʃi]

professionnel (m)	profissional (m)	[profisjo'naw]
expert (m)	perito (m)	[pe'ritu]
spécialiste (m)	especialista (m)	[ispesja'lista]

| banquier (m) | banqueiro (m) | [bã'kejru] |
| courtier (m) | corretor (m) | [kohe'tor] |

caissier (m)	caixa (m, f)	['kaɪʃa]
comptable (m)	contador (m)	[kõta'dor]
agent (m) de sécurité	guarda (m)	['gwarda]

investisseur (m)	investidor (m)	[ĩvestʃi'dor]
débiteur (m)	devedor (m)	[deve'dor]
créancier (m)	credor (m)	[kre'dor]
emprunteur (m)	mutuário (m)	[mu'twarju]

| importateur (m) | importador (m) | [ĩporta'dor] |
| exportateur (m) | exportador (m) | [isporta'dor] |

producteur (m)	produtor (m)	[produ'tor]
distributeur (m)	distribuidor (m)	[dʒistribwi'dor]
intermédiaire (m)	intermediário (m)	[ĩterme'dʒjarju]

conseiller (m)	consultor (m)	[kõsuw'tor]
représentant (m)	representante (m) comercial	[heprezẽ'tãtʃi komer'sjaw]
agent (m)	agente (m)	[a'ʒẽtʃi]
agent (m) d'assurances	agente (m) de seguros	[a'ʒẽtʃi de se'gurus]

125. Les métiers des services

| cuisinier (m) | cozinheiro (m) | [kozi'ɲejru] |
| cuisinier (m) en chef | chefe (m) de cozinha | ['ʃɛfi de ko'ziɲa] |

boulanger (m)	padeiro (m)	[pa'dejru]
barman (m)	barman (m)	[bar'mã]
serveur (m)	garçom (m)	[gar'sõ]
serveuse (f)	garçonete (f)	[garso'netʃi]

avocat (m)	advogado (m)	[adʒivo'gadu]
juriste (m)	jurista (m)	[ʒu'rista]
notaire (m)	notário (m)	[no'tarju]

électricien (m)	eletricista (m)	[eletri'sista]
plombier (m)	encanador (m)	[ẽkana'dor]
charpentier (m)	carpinteiro (m)	[karpĩ'tejru]

masseur (m)	massagista (m)	[masa'ʒista]
masseuse (f)	massagista (f)	[masa'ʒista]
médecin (m)	médico (m)	['mɛdʒiku]

chauffeur (m) de taxi	taxista (m)	[tak'sista]
chauffeur (m)	condutor, motorista (m)	[kõdu'tor], [moto'rista]
livreur (m)	entregador (m)	[ẽtrega'dor]

femme (f) de chambre	camareira (f)	[kama'rejra]
agent (m) de sécurité	guarda (m)	['gwarda]
hôtesse (f) de l'air	aeromoça (f)	[aero'mosa]

professeur (m)	professor (m)	[profe'sor]
bibliothécaire (m)	bibliotecário (m)	[bibljote'karju]
traducteur (m)	tradutor (m)	[tradu'tor]
interprète (m)	intérprete (m)	[ĩ'tɛrpretʃi]
guide (m)	guia (m)	['gia]

coiffeur (m)	cabeleireiro (m)	[kabelej'rejru]
facteur (m)	carteiro (m)	[kar'tejru]
vendeur (m)	vendedor (m)	[vẽde'dor]

jardinier (m)	jardineiro (m)	[ʒardʒi'nejru]
serviteur (m)	criado (m)	['krjadu]
servante (f)	criada (f)	['krjada]
femme (f) de ménage	empregada (f) de limpeza	[ẽpre'gada de lĩ'peza]

126. Les professions militaires et leurs grades

soldat (m) (grade)	soldado (m) raso	[sow'dadu 'hazu]
sergent (m)	sargento (m)	[sar'ʒẽtu]
lieutenant (m)	tenente (m)	[te'nẽtʃi]
capitaine (m)	capitão (m)	[kapi'tãw]

commandant (m)	major (m)	[ma'ʒor]
colonel (m)	coronel (m)	[koro'nɛw]
général (m)	general (m)	[ʒene'raw]
maréchal (m)	marechal (m)	[mare'ʃaw]
amiral (m)	almirante (m)	[awmi'rãtʃi]
militaire (m)	militar (m)	[mili'tar]
soldat (m)	soldado (m)	[sow'dadu]

officier (m)	oficial (m)	[ofi'sjaw]
commandant (m)	comandante (m)	[komã'dãtʃi]

garde-frontière (m)	guarda (m) de fronteira	['gwarda de frõ'tejra]
opérateur (m) radio	operador (m) de rádio	[opera'dor de 'hadʒju]
éclaireur (m)	explorador (m)	[isplora'dor]
démineur (m)	sapador-mineiro (m)	[sapa'dor-mi'nejru]
tireur (m)	atirador (m)	[atʃira'dor]
navigateur (m)	navegador (m)	[navega'dor]

127. Les fonctionnaires. Les prêtres

roi (m)	rei (m)	[hej]
reine (f)	rainha (f)	[ha'iɲa]

prince (m)	príncipe (m)	['prĩsipi]
princesse (f)	princesa (f)	[prĩ'seza]

tsar (m)	czar (m)	['kzar]
tsarine (f)	czarina (f)	[kza'rina]

président (m)	presidente (m)	[prezi'dẽtʃi]
ministre (m)	ministro (m)	[mi'nistru]
premier ministre (m)	primeiro-ministro (m)	[pri'mejru mi'nistru]
sénateur (m)	senador (m)	[sena'dor]

diplomate (m)	diplomata (m)	[dʒiplo'mata]
consul (m)	cônsul (m)	['kõsuw]
ambassadeur (m)	embaixador (m)	[ẽbajʃa'dor]
conseiller (m)	conselheiro (m)	[kõse'ʎejru]

fonctionnaire (m)	funcionário (m)	[fũsjo'narju]
préfet (m)	prefeito (m)	[pre'fejtu]
maire (m)	Presidente (m) da Câmara	[prezi'dẽtʃi da 'kamara]

juge (m)	juiz (m)	[ʒwiz]
procureur (m)	procurador (m)	[prokura'dor]

missionnaire (m)	missionário (m)	[misjo'narju]
moine (m)	monge (m)	['mõʒi]
abbé (m)	abade (m)	[a'badʒi]
rabbin (m)	rabino (m)	[ha'binu]

vizir (m)	vizir (m)	[vi'zir]
shah (m)	xá (m)	[ʃa]
cheik (m)	xeique (m)	['ʃɛjki]

128. Les professions agricoles

apiculteur (m)	abelheiro (m)	[abi'ʎejru]
berger (m)	pastor (m)	[pas'tor]
agronome (m)	agrônomo (m)	[a'gronomu]

éleveur (m)	criador (m) de gado	[krja'dor de 'gadu]
vétérinaire (m)	veterinário (m)	[veteri'narju]

fermier (m)	agricultor, fazendeiro (m)	[agrikuw'tor], [fazẽ'dejru]
vinificateur (m)	vinicultor (m)	[vinikuw'tor]
zoologiste (m)	zoólogo (m)	[zo'ɔlogu]
cow-boy (m)	vaqueiro (m)	[va'kejru]

129. Les professions artistiques

acteur (m)	ator (m)	[a'tor]
actrice (f)	atriz (f)	[a'triz]

chanteur (m)	cantor (m)	[kã'tor]
cantatrice (f)	cantora (f)	[kã'tora]

danseur (m)	bailarino (m)	[bajla'rinu]
danseuse (f)	bailarina (f)	[bajla'rina]

artiste (m)	artista (m)	[ar'tʃista]
artiste (f)	artista (f)	[ar'tʃista]

musicien (m)	músico (m)	['muziku]
pianiste (m)	pianista (m)	[pja'nista]
guitariste (m)	guitarrista (m)	[gita'hista]

chef (m) d'orchestre	maestro (m)	[ma'ɛstru]
compositeur (m)	compositor (m)	[kõpozi'tor]
imprésario (m)	empresário (m)	[ẽpre'zarju]

metteur (m) en scène	diretor (m) de cinema	[dʒire'tor de si'nɛma]
producteur (m)	produtor (m)	[produ'tor]
scénariste (m)	roteirista (m)	[hotej'rista]
critique (m)	crítico (m)	['kritʃiku]

écrivain (m)	escritor (m)	[iskri'tor]
poète (m)	poeta (m)	['pwɛta]
sculpteur (m)	escultor (m)	[iskuw'tor]
peintre (m)	pintor (m)	[pĩ'tor]

jongleur (m)	malabarista (m)	[malaba'rista]
clown (m)	palhaço (m)	[pa'ʎasu]
acrobate (m)	acrobata (m)	[akro'bata]
magicien (m)	ilusionista (m)	[iluzjo'nista]

130. Les différents métiers

médecin (m)	médico (m)	['mɛdʒiku]
infirmière (f)	enfermeira (f)	[ẽfer'mejra]
psychiatre (m)	psiquiatra (m)	[psi'kjatra]
stomatologue (m)	dentista (m)	[dẽ'tʃista]
chirurgien (m)	cirurgião (m)	[sirur'ʒjãw]

astronaute (m)	**astronauta** (m)	[astro'nawta]
astronome (m)	**astrônomo** (m)	[as'tronomu]
pilote (m)	**piloto** (m)	[pi'lotu]
chauffeur (m)	**motorista** (m)	[moto'rista]
conducteur (m) de train	**maquinista** (m)	[maki'nista]
mécanicien (m)	**mecânico** (m)	[me'kaniku]
mineur (m)	**mineiro** (m)	[mi'nejru]
ouvrier (m)	**operário** (m)	[ope'rarju]
serrurier (m)	**serralheiro** (m)	[seha'ʎejru]
menuisier (m)	**marceneiro** (m)	[marse'nejru]
tourneur (m)	**torneiro** (m)	[tor'nejru]
ouvrier (m) du bâtiment	**construtor** (m)	[kõstru'tor]
soudeur (m)	**soldador** (m)	[sɔwda'dor]
professeur (m) (titre)	**professor** (m)	[profe'sor]
architecte (m)	**arquiteto** (m)	[arki'tɛtu]
historien (m)	**historiador** (m)	[istorja'dor]
savant (m)	**cientista** (m)	[sjẽ'tʃista]
physicien (m)	**físico** (m)	['fiziku]
chimiste (m)	**químico** (m)	['kimiku]
archéologue (m)	**arqueólogo** (m)	[ar'kjɔlogu]
géologue (m)	**geólogo** (m)	[ʒe'ɔlogu]
chercheur (m)	**pesquisador** (m)	[peskiza'dor]
baby-sitter (m, f)	**babysitter, babá** (f)	[bebi'sitter], [ba'ba]
pédagogue (m, f)	**professor** (m)	[profe'sor]
rédacteur (m)	**redator** (m)	[heda'tor]
rédacteur (m) en chef	**redator-chefe** (m)	[heda'tor 'ʃɛfi]
correspondant (m)	**correspondente** (m)	[kohespõ'dẽtʃi]
dactylographe (f)	**datilógrafa** (f)	[datʃi'lɔgrafa]
designer (m)	**designer** (m)	[dʒi'zajner]
informaticien (m)	**perito** (m) **em informática**	[pe'ritu ẽ ĩfur'matika]
programmeur (m)	**programador** (m)	[programa'dor]
ingénieur (m)	**engenheiro** (m)	[ẽʒe'ɲejru]
marin (m)	**marujo** (m)	[ma'ruʒu]
matelot (m)	**marinheiro** (m)	[mari'ɲejru]
secouriste (m)	**socorrista** (m)	[soko'hista]
pompier (m)	**bombeiro** (m)	[bõ'bejru]
policier (m)	**polícia** (m)	[po'lisja]
veilleur (m) de nuit	**guarda-noturno** (m)	['gwarda no'turnu]
détective (m)	**detetive** (m)	[dete'tʃivi]
douanier (m)	**funcionário** (m) **da alfândega**	[fũsjo'narju da aw'fãdʒiga]
garde (m) du corps	**guarda-costas** (m)	['gwarda 'kɔstas]
gardien (m) de prison	**guarda** (m) **prisional**	['gwarda prizjo'naw]
inspecteur (m)	**inspetor** (m)	[ĩspe'tor]
sportif (m)	**esportista** (m)	[ispor'tʃista]
entraîneur (m)	**treinador** (m)	[trejna'dor]

boucher (m)	açougueiro (m)	[aso'gejru]
cordonnier (m)	sapateiro (m)	[sapa'tejru]
commerçant (m)	comerciante (m)	[komer'sjãtʃi]
chargeur (m)	carregador (m)	[kahega'dor]

| couturier (m) | estilista (m) | [istʃi'lista] |
| modèle (f) | modelo (f) | [mo'delu] |

131. Les occupations. Le statut social

| écolier (m) | estudante (m) | [istu'dãtʃi] |
| étudiant (m) | estudante (m) | [istu'dãtʃi] |

philosophe (m)	filósofo (m)	[fi'lɔzofu]
économiste (m)	economista (m)	[ekono'mista]
inventeur (m)	inventor (m)	[ĩvẽ'tor]

chômeur (m)	desempregado (m)	[dʒizẽpre'gadu]
retraité (m)	aposentado (m)	[apozẽ'tadu]
espion (m)	espião (m)	[is'pjãw]

prisonnier (m)	preso, prisioneiro (m)	['prezu], [prizjo'nejru]
gréviste (m)	grevista (m)	[gre'vista]
bureaucrate (m)	burocrata (m)	[buro'krata]
voyageur (m)	viajante (m)	[vja'ʒãtʃi]

homosexuel (m)	homossexual (m)	[omosek'swaw]
hacker (m)	hacker (m)	['haker]
hippie (m, f)	hippie (m, f)	['hɪpɪ]

bandit (m)	bandido (m)	[bã'dʒidu]
tueur (m) à gages	assassino (m)	[asa'sinu]
drogué (m)	drogado (m)	[dro'gadu]
trafiquant (m) de drogue	traficante (m)	[trafi'kãtʃi]
prostituée (f)	prostituta (f)	[prostʃi'tuta]
souteneur (m)	cafetão (m)	[kafe'tãw]

sorcier (m)	bruxo (m)	['bruʃu]
sorcière (f)	bruxa (f)	['bruʃa]
pirate (m)	pirata (m)	[pi'rata]
esclave (m)	escravo (m)	[is'kravu]
samouraï (m)	samurai (m)	[samu'raj]
sauvage (m)	selvagem (m)	[sew'vaʒẽ]

Le sport

132. Les types de sports. Les sportifs

sportif (m)	esportista (m)	[ispor'tʃista]
type (m) de sport	tipo (m) de esporte	['tʃipu de is'pɔrtʃi]
basket-ball (m)	basquete (m)	[bas'kɛtʃi]
basketteur (m)	jogador (m) de basquete	[ʒoga'dor de bas'kɛtʃi]
base-ball (m)	beisebol (m)	[bejsi'bɔw]
joueur (m) de base-ball	jogador (m) de beisebol	[ʒoga'dor de bejsi'bɔw]
football (m)	futebol (m)	[futʃi'bɔw]
joueur (m) de football	jogador (m) de futebol	[ʒoga'dor de futʃi'bɔw]
gardien (m) de but	goleiro (m)	[go'lejru]
hockey (m)	hóquei (m)	['hɔkej]
hockeyeur (m)	jogador (m) de hóquei	[ʒoga'dor de 'hɔkej]
volley-ball (m)	vôlei (m)	['volej]
joueur (m) de volley-ball	jogador (m) de vôlei	[ʒoga'dor de 'volej]
boxe (f)	boxe (m)	['bɔksi]
boxeur (m)	boxeador (m)	[boksja'dor]
lutte (f)	luta (f)	['luta]
lutteur (m)	lutador (m)	[luta'dor]
karaté (m)	caratê (m)	[kara'te]
karatéka (m)	carateca (m)	[kara'teka]
judo (m)	judô (m)	[ʒu'do]
judoka (m)	judoca (m)	[ʒu'dɔka]
tennis (m)	tênis (m)	['tenis]
joueur (m) de tennis	tenista (m)	[te'nista]
natation (f)	natação (f)	[nata'sãw]
nageur (m)	nadador (m)	[nada'dor]
escrime (f)	esgrima (f)	[iz'grima]
escrimeur (m)	esgrimista (m)	[izgri'mista]
échecs (m pl)	xadrez (m)	[ʃa'drez]
joueur (m) d'échecs	jogador (m) de xadrez	[ʒoga'dor de ʃa'drez]
alpinisme (m)	alpinismo (m)	[awpi'nizmu]
alpiniste (m)	alpinista (m)	[awpi'nista]
course (f)	corrida (f)	[ko'hida]

coureur (m)	corredor (m)	[kohe'dor]
athlétisme (m)	atletismo (m)	[atle'tʃizmu]
athlète (m)	atleta (m)	[at'lɛta]

| équitation (f) | hipismo (m) | [i'pizmu] |
| cavalier (m) | cavaleiro (m) | [kava'lejru] |

patinage (m) artistique	patinação (f) artística	[patʃina'sãw ar'tʃistʃika]
patineur (m)	patinador (m)	[patʃina'dor]
patineuse (f)	patinadora (f)	[patʃina'dora]

| haltérophilie (f) | halterofilismo (m) | [awterofi'lizmu] |
| haltérophile (m) | halterofilista (m) | [awterofi'lista] |

| course (f) automobile | corrida (f) de carros | [ko'hida de 'kahos] |
| pilote (m) | piloto (m) | [pi'lotu] |

| cyclisme (m) | ciclismo (m) | [si'klizmu] |
| cycliste (m) | ciclista (m) | [si'klista] |

sauts (m pl) en longueur	salto (m) em distância	['sawtu ẽ dʒis'tãsja]
sauts (m pl) à la perche	salto (m) com vara	['sawtu kõ 'vara]
sauteur (m)	atleta (m) de saltos	[at'lɛta de 'sawtus]

133. Les types de sports. Divers

football (m) américain	futebol (m) americano	[futʃi'bɔw ameri'kanu]
badminton (m)	badminton (m)	[bad'mĩtɔn]
biathlon (m)	biatlo (m)	[bi'atlu]
billard (m)	bilhar (m)	[bi'ʎar]

bobsleigh (m)	bobsled (m)	['bɔbsled]
bodybuilding (m)	musculação (f)	[muskula'sãw]
water-polo (m)	polo (m) aquático	['pɔlu a'kwatʃiku]
handball (m)	handebol (m)	[ãde'bɔl]
golf (m)	golfe (m)	['gowfi]

aviron (m)	remo (m)	['hɛmu]
plongée (f)	mergulho (m)	[mer'guʎu]
course (f) à skis	corrida (f) de esqui	[ko'hida de is'ki]
tennis (m) de table	tênis (m) de mesa	['tenis de 'meza]

voile (f)	vela (f)	['vɛla]
rallye (m)	rali (m)	[ha'li]
rugby (m)	rúgbi (m)	['hugbi]
snowboard (m)	snowboard (m)	[snowbɔrd]
tir (m) à l'arc	arco-e-flecha (m)	['arku I 'flɛʃa]

134. La salle de sport

| barre (f) à disques | barra (f) | ['baha] |
| haltères (m pl) | halteres (m pl) | [aw'tɛris] |

appareil (m) d'entraînement	aparelho (m) de musculação	[apa'reʎu de muskula'sãw]
vélo (m) d'exercice	bicicleta (f) ergométrica	[bisi'klɛta ergo'mɛtrika]
tapis (m) roulant	esteira (f) de corrida	[is'tejra de ko'hida]

barre (f) fixe	barra (f) fixa	['baha 'fiksa]
barres (pl) parallèles	barras (f pl) paralelas	['bahas para'lɛlas]
cheval (m) d'Arçons	cavalo (m)	[ka'valu]
tapis (m) gymnastique	tapete (m) de ginástica	[ta'petʃi de ʒi'nastʃika]

corde (f) à sauter	corda (f) de saltar	['kɔrda de saw'tar]
aérobic (m)	aeróbica (f)	[ae'rɔbika]
yoga (m)	ioga, yoga (f)	['jɔga]

135. Le hockey sur glace

hockey (m)	hóquei (m)	['hɔkej]
hockeyeur (m)	jogador (m) de hóquei	[ʒoga'dor de 'hɔkej]
jouer au hockey	jogar hóquei	[ʒo'gar 'hɔkej]
glace (f)	gelo (m)	['ʒelu]

palet (m)	disco (m)	['dʒisku]
crosse (f)	taco (m) de hóquei	['taku de 'hɔkej]
patins (m pl)	patins (m pl) de gelo	[pa'tʃis de 'ʒelu]

| rebord (m) | muro (m) | ['muru] |
| tir (m) | tiro (m) | ['tʃiru] |

gardien (m) de but	goleiro (m)	[go'lejru]
but (m)	gol (m)	[gow]
marquer un but	marcar um gol	[mar'kar ũ gow]

période (f)	tempo (m)	['tẽpu]
deuxième période (f)	segundo tempo (m)	[se'gũdu 'tẽpu]
banc (m) des remplaçants	banco (m) de reservas	['bãku de he'zɛrvas]

136. Le football

football (m)	futebol (m)	[futʃi'bɔw]
joueur (m) de football	jogador (m) de futebol	[ʒoga'dor de futʃi'bɔw]
jouer au football	jogar futebol	[ʒo'gar futʃi'bɔw]

ligue (f) supérieure	Time (m) Principal	['tʃimi prĩsi'paw]
club (m) de football	time (m) de futebol	['tʃimi de futʃi'bɔw]
entraîneur (m)	treinador (m)	[trejna'dor]
propriétaire (m)	proprietário (m)	[proprje'tarju]

équipe (f)	equipe (f)	[e'kipi]
capitaine (m) de l'équipe	capitão (m)	[kapi'tãw]
joueur (m)	jogador (m)	[ʒoga'dor]
remplaçant (m)	jogador (m) reserva	[ʒoga'dor he'zɛrva]
attaquant (m)	atacante (m)	[ata'kãtʃi]
avant-centre (m)	centroavante (m)	[sẽtroa'vãtʃi]

butteur (m)	marcador (m)	[marka'dor]
arrière (m)	defesa (m)	[de'feza]
demi (m)	meio-campo (m)	['meju-'kãpu]

match (m)	jogo (m), partida (f)	['ʒogu], [par'tʃida]
se rencontrer (vp)	encontrar-se (vr)	[ẽkõ'trarsi]
finale (f)	final (m)	[fi'naw]
demi-finale (f)	semifinal (f)	[semi'finaw]
championnat (m)	campeonato (m)	[kãpjo'natu]

mi-temps (f)	tempo (m)	['tẽpu]
première mi-temps (f)	primeiro tempo (m)	[pri'mejru 'tẽpu]
mi-temps (f) (pause)	intervalo (m)	[ɪter'valu]

but (m)	goleira (f)	[go'lejra]
gardien (m) de but	goleiro (m)	[go'lejru]
poteau (m)	trave (f)	['travi]
barre (f)	travessão (m)	[trave'sãw]
filet (m)	rede (f)	['hedʒi]
encaisser un but	tomar um gol	[to'mar ũ gow]

ballon (m)	bola (f)	['bɔla]
passe (f)	passe (m)	['pasi]
coup (m)	chute (m)	['ʃutʃi]
porter un coup	chutar (vt)	[ʃu'tar]
coup (m) franc	pontapé (m)	[põta'pɛ]
corner (m)	escanteio (m)	[iskã'teju]

attaque (f)	ataque (m)	[a'taki]
contre-attaque (f)	contra-ataque (m)	['kõtra a'taki]
combinaison (f)	combinação (f)	[kõbina'sãw]

arbitre (m)	árbitro (m)	['arbitru]
siffler (vi)	apitar (vi)	[api'tar]
sifflet (m)	apito (m)	[a'pitu]
faute (f)	falta (f)	['fawta]
commettre un foul	cometer a falta	[kome'ter a 'fawta]
expulser du terrain	expulsar (vt)	[ispuw'sar]

carton (m) jaune	cartão (m) amarelo	[kar'tãw ama'rɛlu]
carton (m) rouge	cartão (m) vermelho	[kar'tãw ver'meʎu]
disqualification (f)	desqualificação (f)	[deskwalifika'sãw]
disqualifier (vt)	desqualificar (vt)	[dʒiskwalifi'kar]

penalty (m)	pênalti (m)	['penawtʃi]
mur (m)	barreira (f)	[ba'hejra]
marquer (vt)	marcar (vt)	[mar'kar]
but (m)	gol (m)	[gow]
marquer un but	marcar um gol	[mar'kar ũ gow]

remplacement (m)	substituição (f)	[substʃitwi'sãw]
remplacer (vt)	substituir (vt)	[substʃi'twir]
règles (f pl)	regras (f pl)	['hɛgras]
tactique (f)	tática (f)	['tatʃika]
stade (m)	estádio (m)	[is'tadʒu]
tribune (f)	arquibancadas (f pl)	[arkibã'kadas]

supporteur (m)	fã, torcedor (m)	[fã], [torse'dor]
crier (vi)	gritar (vi)	[gri'tar]
tableau (m)	placar (m)	[pla'kar]
score (m)	resultado (m)	[hezuw'tadu]
défaite (f)	derrota (f)	[de'hɔta]
perdre (vi)	perder (vt)	[per'der]
match (m) nul	empate (m)	[ẽ'patʃi]
faire match nul	empatar (vi)	[ẽpa'tar]
victoire (f)	vitória (f)	[vi'tɔrja]
gagner (vi, vt)	vencer (vi, vt)	[vẽ'ser]
champion (m)	campeão (m)	[kã'pjãw]
meilleur (adj)	melhor	[me'ʎɔr]
féliciter (vt)	felicitar (vt)	[felisi'tar]
commentateur (m)	comentarista (m)	[komẽta'rista]
commenter (vt)	comentar (vt)	[komẽ'tar]
retransmission (f)	transmissão (f)	[trãzmi'sãw]

137. Le ski alpin

skis (m pl)	esqui (m)	[is'ki]
faire du ski	esquiar (vi)	[is'kjar]
station (f) de ski	estação (f) de esqui	[ista'sãw de is'ki]
remontée (f) mécanique	teleférico (m)	[tele'fɛriku]
bâtons (m pl)	bastões (m pl) de esqui	[bas'tõjs de is'ki]
pente (f)	declive (m)	[de'klivi]
slalom (m)	slalom (m)	['slalom]

138. Le tennis. Le golf

golf (m)	golfe (m)	['gowfi]
club (m) de golf	clube (m) de golfe	['klubi de 'gowfi]
joueur (m) au golf	jogador (m) de golfe	[ʒoga'dor de 'gowfi]
trou (m)	buraco (m)	[bu'raku]
club (m)	taco (m)	['taku]
chariot (m) de golf	trolley (m)	['trɔlɪ]
tennis (m)	tênis (m)	['tenis]
court (m) de tennis	quadra (f) de tênis	['kwadra de 'tenis]
service (m)	saque (m)	['saki]
servir (vi)	sacar (vi)	[sa'kar]
raquette (f)	raquete (f)	[ha'ketʃi]
filet (m)	rede (f)	['hedʒi]
balle (f)	bola (f)	['bɔla]

139. Les échecs

échecs (m pl)	xadrez (m)	[ʃa'drez]
pièces (f pl)	peças (f pl) de xadrez	['pɛsas de ʃa'drez]
joueur (m) d'échecs	jogador (m) de xadrez	[ʒoga'dor de ʃa'drez]
échiquier (m)	tabuleiro (m) de xadrez	[tabu'lejru de ʃa'drez]
pièce (f)	peça (f)	['pɛsa]
blancs (m pl)	brancas (f pl)	['brãkas]
noirs (m pl)	pretas (f pl)	['pretas]
pion (m)	peão (m)	[pjãw]
fou (m)	bispo (m)	['bispu]
cavalier (m)	cavalo (m)	[ka'valu]
tour (f)	torre (f)	['tohi]
reine (f)	dama (f)	['dama]
roi (m)	rei (m)	[hej]
coup (m)	vez (f)	[vez]
jouer (déplacer une pièce)	mover (vt)	[mo'ver]
sacrifier (vt)	sacrificar (vt)	[sakrifi'kar]
roque (m)	roque (m)	['hɔki]
échec (m)	xeque (m)	['ʃɛki]
tapis (m)	xeque-mate (m)	['ʃɛki-'matʃi]
tournoi (m) d'échecs	torneio (m) de xadrez	[tor'neju de ʃa'drez]
grand maître (m)	grão-mestre (m)	['grãw 'mɛstri]
combinaison (f)	combinação (f)	[kõbina'sãw]
partie (f)	partida (f)	[par'tʃida]
dames (f pl)	jogo (m) de damas	['ʒogu de 'damas]

140. La boxe

boxe (f)	boxe (m)	['bɔksi]
combat (m)	combate (m)	[kõ'batʃi]
match (m)	luta (f) de boxe	['luta de 'bɔksi]
round (m)	round (m)	['hãwdʒi]
ring (m)	ringue (m)	['hĩgi]
gong (m)	gongo (m)	['gõgu]
coup (m)	murro, soco (m)	['muhu], ['soku]
knock-down (m)	derrubada (f)	[dehu'bada]
knock-out (m)	nocaute (m)	[no'kawtʃi]
mettre KO	nocautear (vt)	[nokaw'tʃjar]
gant (m) de boxe	luva (f) de boxe	['luva de 'bɔksi]
arbitre (m)	juiz (m)	[ʒwiz]
poids (m) léger	peso-pena (m)	['pezu 'pena]
poids (m) moyen	peso-médio (m)	['pezu 'mɛdiu]
poids (m) lourd	peso-pesado (m)	['pezu pe'zadu]

141. Le sport. Divers

Jeux (m pl) olympiques	Jogos (m pl) Olímpicos	['ʒɔgus o'lĩpikus]
gagnant (m)	vencedor (m)	[vẽse'dor]
remporter (vt)	vencer (vi)	[vẽ'ser]
gagner (vi)	vencer (vi, vt)	[vẽ'ser]
leader (m)	líder (m)	['lider]
prendre la tête	liderar (vt)	[lide'rar]
première place (f)	primeiro lugar (m)	[pri'mejru lu'gar]
deuxième place (f)	segundo lugar (m)	[se'gũdu lu'gar]
troisième place (f)	terceiro lugar (m)	[ter'sejru lu'gar]
médaille (f)	medalha (f)	[me'daʎa]
trophée (m)	troféu (m)	[tro'fɛw]
coupe (f) (trophée)	taça (f)	['tasa]
prix (m)	prêmio (m)	['premju]
prix (m) principal	prêmio (m) principal	['premju prĩsi'paw]
record (m)	recorde (m)	[he'kɔrdʒi]
établir un record	estabelecer um recorde	[istabele'ser ũ he'kɔrdʒi]
finale (f)	final (m)	[fi'naw]
final (adj)	final	[fi'naw]
champion (m)	campeão (m)	[kã'pjãw]
championnat (m)	campeonato (m)	[kãpjo'natu]
stade (m)	estádio (m)	[is'tadʒu]
tribune (f)	arquibancadas (f pl)	[arkibã'kadas]
supporteur (m)	fã, torcedor (m)	[fã], [torse'dor]
adversaire (m)	adversário (m)	[adʒiver'sarju]
départ (m)	partida (f)	[par'tʃida]
ligne (f) d'arrivée	linha (f) de chegada	['liɲa de ʃe'gada]
défaite (f)	derrota (f)	[de'hɔta]
perdre (vi)	perder (vt)	[per'der]
arbitre (m)	árbitro, juiz (m)	[ar'bitru], [ʒwiz]
jury (m)	júri (m)	['ʒuri]
score (m)	resultado (m)	[hezuw'tadu]
match (m) nul	empate (m)	[ẽ'patʃi]
faire match nul	empatar (vi)	[ẽpa'tar]
point (m)	ponto (m)	['põtu]
résultat (m)	resultado (m) final	[hezuw'tadu fi'naw]
période (f)	tempo (m)	['tẽpu]
mi-temps (f) (pause)	intervalo (m)	[ĩter'valu]
dopage (m)	doping (m)	['dɔpĩg]
pénaliser (vt)	penalizar (vt)	[penali'zar]
disqualifier (vt)	desqualificar (vt)	[dʒiskwalifi'kar]
agrès (m)	aparelho, aparato (m)	[apa'reʎu], [apa'ratu]
lance (f)	dardo (m)	['dardu]

poids (m) (boule de métal)	peso (m)	['pezu]
bille (f) (de billard, etc.)	bola (f)	['bɔla]
but (cible)	alvo (m)	['awvu]
cible (~ en papier)	alvo (m)	['awvu]
tirer (vi)	disparar, atirar (vi)	[dʒispa'rar], [atʃi'rar]
précis (un tir ~)	preciso	[pre'sizu]
entraîneur (m)	treinador (m)	[trejna'dor]
entraîner (vt)	treinar (vt)	[trej'nar]
s'entraîner (vp)	treinar-se (vr)	[trej'narsi]
entraînement (m)	treino (m)	['trejnu]
salle (f) de gym	academia (f) de ginástica	[akade'mia de ʒi'nastʃika]
exercice (m)	exercício (m)	[ezer'sisju]
échauffement (m)	aquecimento (m)	[akesi'mẽtu]

125

L'éducation

142. L'éducation

école (f)	escola (f)	[is'kɔla]
directeur (m) d'école	diretor (m) de escola	[dʒire'tor de is'kɔla]
élève (m)	aluno (m)	[a'lunu]
élève (f)	aluna (f)	[a'luna]
écolier (m)	estudante (m)	[istu'dãtʃi]
écolière (f)	estudante (f)	[istu'dãtʃi]
enseigner (vt)	ensinar (vt)	[ẽsi'nar]
apprendre (~ l'arabe)	aprender (vt)	[aprẽ'der]
apprendre par cœur	decorar (vt)	[deko'rar]
apprendre (à faire qch)	estudar (vi)	[istu'dar]
être étudiant, -e	estar na escola	[is'tar na is'kɔla]
aller à l'école	ir à escola	[ir a is'kɔla]
alphabet (m)	alfabeto (m)	[awfa'bɛtu]
matière (f)	disciplina (f)	[dʒisi'plina]
salle (f) de classe	sala (f) de aula	['sala de 'awla]
leçon (f)	lição, aula (f)	[li'sãw], ['awla]
récréation (f)	recreio (m)	[he'kreju]
sonnerie (f)	toque (m)	['tɔki]
pupitre (m)	classe (f)	['klasi]
tableau (m) noir	quadro (m) negro	['kwadru 'negru]
note (f)	nota (f)	['nɔta]
bonne note (f)	boa nota (f)	['boa 'nɔta]
mauvaise note (f)	nota (f) baixa	['nɔta 'baɪʃa]
donner une note	dar uma nota	[dar 'uma 'nɔta]
faute (f)	erro (m)	['ehu]
faire des fautes	errar (vi)	[e'har]
corriger (une erreur)	corrigir (vt)	[kohi'ʒir]
antisèche (f)	cola (f)	['kɔla]
devoir (m)	dever (m) de casa	[de'ver de 'kaza]
exercice (m)	exercício (m)	[ezer'sisju]
être présent	estar presente	[is'tar pre'zẽtʃi]
être absent	estar ausente	[is'tar aw'zẽtʃi]
manquer l'école	faltar às aulas	[faw'tar as 'awlas]
punir (vt)	punir (vt)	[pu'nir]
punition (f)	punição (f)	[puni'sãw]
conduite (f)	comportamento (m)	[kõporta'mẽtu]

carnet (m) de notes	boletim (m) escolar	[bole'tʃi isko'lar]
crayon (m)	lápis (m)	['lapis]
gomme (f)	borracha (f)	[bo'haʃa]
craie (f)	giz (m)	[ʒiz]
plumier (m)	porta-lápis (m)	['pɔrta-'lapis]

cartable (m)	mala, pasta, mochila (f)	['mala], ['pasta], [mo'ʃila]
stylo (m)	caneta (f)	[ka'neta]
cahier (m)	caderno (m)	[ka'dɛrnu]
manuel (m)	livro (m) didático	['livru dʒi'datʃiku]
compas (m)	compasso (m)	[kõ'pasu]

dessiner (~ un plan)	traçar (vt)	[tra'sar]
dessin (m) technique	desenho (m) técnico	[de'zɐɲu 'tɛkniku]

poésie (f)	poesia (f)	[poe'zia]
par cœur (adv)	de cor	[de kɔr]
apprendre par cœur	decorar (vt)	[deko'rar]

vacances (f pl)	férias (f pl)	['fɛrjas]
être en vacances	estar de férias	[is'tar de 'fɛrjas]
passer les vacances	passar as férias	[pa'sar as 'fɛrjas]

interrogation (f) écrite	teste (m), prova (f)	['tɛstʃi], ['prɔva]
composition (f)	redação (f)	[heda'sãw]
dictée (f)	ditado (m)	[dʒi'tadu]
examen (m)	exame (m), prova (f)	[e'zami], ['prɔva]
passer les examens	fazer prova	[fa'zer 'prɔva]
expérience (f) (~ de chimie)	experiência (f)	[ispe'rjẽsja]

143. L'enseignement supérieur

académie (f)	academia (f)	[akade'mia]
université (f)	universidade (f)	[universi'dadʒi]
faculté (f)	faculdade (f)	[fakuw'dadʒi]

étudiant (m)	estudante (m)	[istu'dãtʃi]
étudiante (f)	estudante (f)	[istu'dãtʃi]
enseignant (m)	professor (m)	[profe'sor]

salle (f)	auditório (m)	[awdʒi'tɔrju]
licencié (m)	graduado (m)	[gra'dwadu]

diplôme (m)	diploma (m)	[dʒip'lɔma]
thèse (f)	tese (f)	['tɛzi]

étude (f)	estudo (m)	[is'tudu]
laboratoire (m)	laboratório (m)	[labora'tɔrju]

cours (m)	palestra (f)	[pa'lɛstra]
camarade (m) de cours	colega (m) de curso	[ko'lɛga de 'kursu]

bourse (f)	bolsa (f) de estudos	['bowsa de is'tudus]
grade (m) universitaire	grau (m) acadêmico	['graw aka'demiku]

144. Les disciplines scientifiques

mathématiques (f pl)	matemática (f)	[mate'matʃika]
algèbre (f)	álgebra (f)	['awʒebra]
géométrie (f)	geometria (f)	[ʒeome'tria]
astronomie (f)	astronomia (f)	[astrono'mia]
biologie (f)	biologia (f)	[bjolo'ʒia]
géographie (f)	geografia (f)	[ʒeogra'fia]
géologie (f)	geologia (f)	[ʒeolo'ʒia]
histoire (f)	história (f)	[is'tɔrja]
médecine (f)	medicina (f)	[medʒi'sina]
pédagogie (f)	pedagogia (f)	[pedago'ʒia]
droit (m)	direito (m)	[dʒi'rejtu]
physique (f)	física (f)	['fizika]
chimie (f)	química (f)	['kimika]
philosophie (f)	filosofia (f)	[filozo'fia]
psychologie (f)	psicologia (f)	[psikolo'ʒia]

145. Le système d'écriture et l'orthographe

grammaire (f)	gramática (f)	[gra'matʃika]
vocabulaire (m)	vocabulário (m)	[vokabu'larju]
phonétique (f)	fonética (f)	[fo'nɛtʃika]
nom (m)	substantivo (m)	[substã'tʃivu]
adjectif (m)	adjetivo (m)	[adʒe'tʃivu]
verbe (m)	verbo (m)	['vɛrbu]
adverbe (m)	advérbio (m)	[adʒi'vɛrbju]
pronom (m)	pronome (m)	[pro'nɔmi]
interjection (f)	interjeição (f)	[ĩterʒej'sãw]
préposition (f)	preposição (f)	[prepozi'sãw]
racine (f)	raiz (f)	[ha'iz]
terminaison (f)	terminação (f)	[termina'sãw]
préfixe (m)	prefixo (m)	[pre'fiksu]
syllabe (f)	sílaba (f)	['silaba]
suffixe (m)	sufixo (m)	[su'fiksu]
accent (m) tonique	acento (m)	[a'sẽtu]
apostrophe (f)	apóstrofo (m)	[a'pɔstrofu]
point (m)	ponto (m)	['põtu]
virgule (f)	vírgula (f)	['virgula]
point (m) virgule	ponto e vírgula (m)	['põtu e 'virgula]
deux-points (m)	dois pontos (m pl)	['dojs 'põtus]
points (m pl) de suspension	reticências (f pl)	[hetʃi'sẽsjas]
point (m) d'interrogation	ponto (m) de interrogação	['põtu de ĩtehoga'sãw]
point (m) d'exclamation	ponto (m) de exclamação	['põtu de isklama'sãw]

guillemets (m pl)	aspas (f pl)	['aspas]
entre guillemets	entre aspas	[ĕtri 'aspas]
parenthèses (f pl)	parênteses (m pl)	[pa'rĕtezis]
entre parenthèses	entre parênteses	[ĕtri pa'rĕtezis]

trait (m) d'union	hífen (m)	['ifĕ]
tiret (m)	travessão (m)	[trave'sãw]
blanc (m)	espaço (m)	[is'pasu]

| lettre (f) | letra (f) | ['letra] |
| majuscule (f) | letra (f) maiúscula | ['letra ma'juskula] |

| voyelle (f) | vogal (f) | [vo'gaw] |
| consonne (f) | consoante (f) | [kõso'ãtʃi] |

proposition (f)	frase (f)	['frazi]
sujet (m)	sujeito (m)	[su'ʒejtu]
prédicat (m)	predicado (m)	[predʒi'kadu]

ligne (f)	linha (f)	['liɲa]
à la ligne	em uma nova linha	[ĕ 'uma 'nɔva 'liɲa]
paragraphe (m)	parágrafo (m)	[pa'ragrafu]

mot (m)	palavra (f)	[pa'lavra]
groupe (m) de mots	grupo (m) de palavras	['grupu de pa'lavras]
expression (f)	expressão (f)	[ispre'sãw]
synonyme (m)	sinônimo (m)	[si'nonimu]
antonyme (m)	antônimo (m)	[ã'tonimu]

règle (f)	regra (f)	['hɛgra]
exception (f)	exceção (f)	[ese'sãw]
correct (adj)	correto	[ko'hɛtu]

conjugaison (f)	conjugação (f)	[kõʒuga'sãw]
déclinaison (f)	declinação (f)	[deklina'sãw]
cas (m)	caso (m)	['kazu]
question (f)	pergunta (f)	[per'gũta]
souligner (vt)	sublinhar (vt)	[subli'ɲar]
pointillé (m)	linha (f) pontilhada	['liɲa põtʃi'ʎada]

146. Les langues étrangères

langue (f)	língua (f)	['lĩgwa]
étranger (adj)	estrangeiro	[istrã'ʒejru]
langue (f) étrangère	língua (f) estrangeira	['lĩgwa istrã'ʒejra]
étudier (vt)	estudar (vt)	[istu'dar]
apprendre (~ l'arabe)	aprender (vt)	[aprĕ'der]

lire (vi, vt)	ler (vt)	[ler]
parler (vi, vt)	falar (vi)	[fa'lar]
comprendre (vt)	entender (vt)	[ĕtĕ'der]
écrire (vt)	escrever (vt)	[iskre'ver]
vite (adv)	rapidamente	[hapida'mĕtʃi]
lentement (adv)	lentamente	[lĕta'mĕtʃi]

couramment (adv)	fluentemente	[fluĕte'mĕtʃi]
règles (f pl)	regras (f pl)	['hɛgras]
grammaire (f)	gramática (f)	[gra'matʃika]
vocabulaire (m)	vocabulário (m)	[vokabu'larju]
phonétique (f)	fonética (f)	[fo'nɛtʃika]

manuel (m)	livro (m) didático	['livru dʒi'datʃiku]
dictionnaire (m)	dicionário (m)	[dʒisjo'narju]
manuel (m) autodidacte	manual (m) autodidático	[ma'nwaw awtɔdʒi'datʃiku]
guide (m) de conversation	guia (m) de conversação	['gia de kŏversa'sãw]

cassette (f)	fita (f) cassete	['fita ka'sɛtʃi]
cassette (f) vidéo	videoteipe (m)	[vidʒju'tejpi]
CD (m)	CD, disco (m) compacto	['sede], ['dʒisku kŏ'paktu]
DVD (m)	DVD (m)	[deve'de]

alphabet (m)	alfabeto (m)	[awfa'bɛtu]
épeler (vt)	soletrar (vt)	[sole'trar]
prononciation (f)	pronúncia (f)	[pro'nũsja]

accent (m)	sotaque (m)	[so'taki]
avec un accent	com sotaque	[kŏ so'taki]
sans accent	sem sotaque	[sẽ so'taki]

| mot (m) | palavra (f) | [pa'lavra] |
| sens (m) | sentido (m) | [sẽ'tʃidu] |

cours (m pl)	curso (m)	['kursu]
s'inscrire (vp)	inscrever-se (vr)	[ĩskre'verse]
professeur (m) (~ d'anglais)	professor (m)	[profe'sor]

traduction (f) (action)	tradução (f)	[tradu'sãw]
traduction (f) (texte)	tradução (f)	[tradu'sãw]
traducteur (m)	tradutor (m)	[tradu'tor]
interprète (m)	intérprete (m)	[ĩ'tɛrpretʃi]

| polyglotte (m) | poliglota (m) | [pɔli'glɔta] |
| mémoire (f) | memória (f) | [me'mɔrja] |

147. Les personnages de contes de fées

Père Noël (m)	Papai Noel (m)	[pa'paj nɔ'ɛl]
Cendrillon (f)	Cinderela (f)	[sĩde'rɛla]
sirène (f)	sereia (f)	[se'reja]
Neptune (m)	Netuno (m)	[ne'tunu]

magicien (m)	bruxo, feiticeiro (m)	['bruʃu], [fejtʃi'sejru]
fée (f)	fada (f)	['fada]
magique (adj)	mágico	['maʒiku]
baguette (f) magique	varinha (f) mágica	[va'riɲa 'maʒika]

conte (m) de fées	conto (m) de fadas	['kŏtu de 'fadas]
miracle (m)	milagre (m)	[mi'lagri]
gnome (m)	anão (m)	[a'nãw]

se transformer en ...	transformar-se em ...	[trãsfor'marsi ẽ]
esprit (m) (revenant)	fantasma (m)	[fã'tazma]
fantôme (m)	fantasma (m)	[fã'tazma]
monstre (m)	monstro (m)	['mõstru]
dragon (m)	dragão (m)	[dra'gãw]
géant (m)	gigante (m)	[ʒi'gãtʃi]

148. Les signes du zodiaque

Bélier (m)	Áries (f)	['aris]
Taureau (m)	Touro (m)	['toru]
Gémeaux (m pl)	Gêmeos (m pl)	['ʒemjus]
Cancer (m)	Câncer (m)	['kãser]
Lion (m)	Leão (m)	[le'ãw]
Vierge (f)	Virgem (f)	['virʒẽ]

Balance (f)	Libra (f)	['libra]
Scorpion (m)	Escorpião (m)	[iskorpi'ãw]
Sagittaire (m)	Sagitário (m)	[saʒi'tarju]
Capricorne (m)	Capricórnio (m)	[kapri'kɔrnju]
Verseau (m)	Aquário (m)	[a'kwarju]
Poissons (m pl)	Peixes (pl)	['pejʃis]

caractère (m)	caráter (m)	[ka'rater]
traits (m pl) du caractère	traços (m pl) do caráter	['trasus du ka'rater]
conduite (f)	comportamento (m)	[kõporta'mẽtu]
dire la bonne aventure	prever a sorte	[pre'ver a 'sɔrtʃi]
diseuse (f) de bonne aventure	adivinha (f)	[adʒi'viɲa]
horoscope (m)	horóscopo (m)	[o'rɔskopu]

L'art

149. Le théâtre

théâtre (m)	teatro (m)	['tʃatru]
opéra (m)	ópera (f)	['ɔpera]
opérette (f)	opereta (f)	[ope'reta]
ballet (m)	balé (m)	[ba'lɛ]
affiche (f)	cartaz (m)	[kar'taz]
troupe (f) de théâtre	companhia (f) de teatro	[kõpa'ɲia de 'tʃatru]
tournée (f)	turnê (f)	[tur'ne]
être en tournée	estar em turnê	[is'tar ẽ tur'ne]
répéter (vt)	ensaiar (vt)	[ẽsa'jar]
répétition (f)	ensaio (m)	[ẽ'saju]
répertoire (m)	repertório (m)	[heper'tɔrju]
représentation (f)	apresentação (f)	[aprezẽta'sãw]
spectacle (m)	espetáculo (m)	[ispe'takulu]
pièce (f) de théâtre	peça (f)	['pɛsa]
billet (m)	entrada (m)	[ẽ'trada]
billetterie (f pl)	bilheteira (f)	[biʎe'tejra]
hall (m)	hall (m)	[hɔw]
vestiaire (m)	vestiário (m)	[ves'tʃarju]
jeton (m) de vestiaire	senha (f) numerada	['seɲa nume'rada]
jumelles (f pl)	binóculo (m)	[bi'nɔkulu]
placeur (m)	lanterninha (m, f)	[lãter'niɲa]
parterre (m)	plateia (f)	[pla'tɛja]
balcon (m)	balcão (m)	[baw'kãw]
premier (m) balcon	primeiro balcão (m)	[pri'mejru baw'kãw]
loge (f)	camarote (m)	[kama'rɔtʃi]
rang (m)	fila (f)	['fila]
place (f)	assento (m)	[a'sẽtu]
public (m)	público (m)	['publiku]
spectateur (m)	espectador (m)	[ispekta'dor]
applaudir (vi)	aplaudir (vt)	[aplaw'ʤir]
applaudissements (m pl)	aplauso (m)	[a'plawzu]
ovation (f)	ovação (f)	[ova'sãw]
scène (f) (monter sur ~)	palco (m)	['pawku]
rideau (m)	cortina (f)	[kor'tʃina]
décor (m)	cenário (m)	[se'narju]
coulisses (f pl)	bastidores (m pl)	[bastʃi'doris]
scène (f) (la dernière ~)	cena (f)	['sɛna]
acte (m)	ato (m)	['atu]
entracte (m)	intervalo (m)	[ĩter'valu]

150. Le cinéma

acteur (m)	ator (m)	[a'tor]
actrice (f)	atriz (f)	[a'triz]
cinéma (m) (industrie)	cinema (m)	[si'nɛma]
film (m)	filme (m)	['fiwmi]
épisode (m)	episódio (m)	[epi'zɔdʒu]
film (m) policier	filme (m) policial	['fiwmi poli'sjaw]
film (m) d'action	filme (m) de ação	['fiwmi de a'sãw]
film (m) d'aventures	filme (m) de aventuras	['fiwmi de avẽ'turas]
film (m) de science-fiction	filme (m) de ficção científica	['fiwmi de fik'sãw sjẽ'tʃifika]
film (m) d'horreur	filme (m) de horror	['fiwmi de o'hor]
comédie (f)	comédia (f)	[ko'mɛdʒja]
mélodrame (m)	melodrama (m)	[melo'drama]
drame (m)	drama (m)	['drama]
film (m) de fiction	filme (m) de ficção	['fiwmi de fik'sãw]
documentaire (m)	documentário (m)	[dokumẽ'tarju]
dessin (m) animé	desenho (m) animado	[de'zɐɲu ani'madu]
cinéma (m) muet	cinema (m) mudo	[si'nɛma 'mudu]
rôle (m)	papel (m)	[pa'pɛw]
rôle (m) principal	papel (m) principal	[pa'pɛw prĩsi'paw]
jouer (vt)	representar (vt)	[heprezẽ'tar]
vedette (f)	estrela (f) de cinema	[is'trela de si'nɛma]
connu (adj)	conhecido	[koɲe'sidu]
célèbre (adj)	famoso	[fa'mozu]
populaire (adj)	popular	[popu'lar]
scénario (m)	roteiro (m)	[ho'tejru]
scénariste (m)	roteirista (m)	[hotej'rista]
metteur (m) en scène	diretor (m) de cinema	[dʒire'tor de si'nɛma]
producteur (m)	produtor (m)	[produ'tor]
assistant (m)	assistente (m)	[asis'tẽtʃi]
opérateur (m)	diretor (m) de fotografia	[dʒire'tor de fotogra'fia]
cascadeur (m)	dublê (m)	[du'ble]
doublure (f)	dublê (m) de corpo	[du'ble de korpu]
tourner un film	filmar (vt)	[fiw'mar]
audition (f)	audição (f)	[awdʒi'sãw]
tournage (m)	filmagem (f)	[fiw'maʒẽ]
équipe (f) de tournage	equipe (f) de filmagem	[e'kipi de fiw'maʒẽ]
plateau (m) de tournage	set (m) de filmagem	['sɛtʃi de fiw'maʒẽ]
caméra (f)	câmera (f)	['kamera]
cinéma (m)	cinema (m)	[si'nɛma]
écran (m)	tela (f)	['tɛla]
donner un film	exibir um filme	[ezi'bir ũ 'fiwmi]
piste (f) sonore	trilha (f) sonora	['triʎa so'nɔra]
effets (m pl) spéciaux	efeitos (m pl) especiais	[e'fejtus ispe'sjajs]

sous-titres (m pl)	legendas (f pl)	[le'ʒẽdas]
générique (m)	crédito (m)	['krɛdʒitu]
traduction (f)	tradução (f)	[tradu'sãw]

151. La peinture

art (m)	arte (f)	['artʃi]
beaux-arts (m pl)	belas-artes (f pl)	[bɛlaz 'artʃis]
galerie (f) d'art	galeria (f) de arte	[gale'ria de 'artʃi]
exposition (f) d'art	exibição (f) de arte	[ezibi'sãw de 'artʃi]

peinture (f)	pintura (f)	[pĩ'tura]
graphique (f)	arte (f) gráfica	['artʃis 'grafikas]
art (m) abstrait	arte (f) abstrata	['artʃi abs'trata]
impressionnisme (m)	impressionismo (m)	[ĩpresjo'nizmu]

tableau (m)	pintura (f), quadro (m)	[pĩ'tura], ['kwadru]
dessin (m)	desenho (m)	[de'zɛɲu]
poster (m)	pôster (m)	['poster]

illustration (f)	ilustração (f)	[ilustra'sãw]
miniature (f)	miniatura (f)	[minja'tura]
copie (f)	cópia (f)	['kɔpja]
reproduction (f)	reprodução (f)	[heprodu'sãw]

mosaïque (f)	mosaico (m)	[mo'zajku]
vitrail (m)	vitral (m)	[vi'traw]
fresque (f)	afresco (m)	[a'fresku]
gravure (f)	gravura (f)	[gra'vura]

buste (m)	busto (m)	['bustu]
sculpture (f)	escultura (f)	[iskuw'tura]
statue (f)	estátua (f)	[is'tatwa]
plâtre (m)	gesso (m)	['ʒesu]
en plâtre	em gesso	[ẽ 'ʒesu]

portrait (m)	retrato (m)	[he'tratu]
autoportrait (m)	autorretrato (m)	[awtohe'tratu]
paysage (m)	paisagem (f)	[paj'zaʒẽ]
nature (f) morte	natureza (f) morta	[natu'reza 'mɔrta]
caricature (f)	caricatura (f)	[karika'tura]
croquis (m)	esboço (m)	[iz'bosu]

peinture (f)	tinta (f)	[tʃĩta]
aquarelle (f)	aquarela (f)	[akwa'rɛla]
huile (f)	tinta (f) a óleo	[tʃĩta a 'ɔlju]
crayon (m)	lápis (m)	['lapis]
encre (f) de Chine	tinta (f) nanquim	[tʃĩta nã'kĩ]
fusain (m)	carvão (m)	[kar'vãw]

dessiner (vi, vt)	desenhar (vt)	[deze'ɲar]
peindre (vi, vt)	pintar (vt)	[pĩ'tar]
poser (vi)	posar (vi)	[po'zar]
modèle (m)	modelo (m)	[mo'delu]

modèle (f)	modelo (f)	[mo'delu]
peintre (m)	pintor (m)	[pĩ'tor]
œuvre (f) d'art	obra (f)	['ɔbra]
chef (m) d'œuvre	obra-prima (f)	['ɔbra 'prima]
atelier (m) d'artiste	estúdio (m)	[is'tudʒu]

toile (f)	tela (f)	['tɛla]
chevalet (m)	cavalete (m)	[kava'letʃi]
palette (f)	paleta (f)	[pa'leta]

encadrement (m)	moldura (f)	[mow'dura]
restauration (f)	restauração (f)	[hestawra'sãw]
restaurer (vt)	restaurar (vt)	[hestaw'rar]

152. La littérature et la poésie

littérature (f)	literatura (f)	[litera'tura]
auteur (m) (écrivain)	autor (m)	[aw'tor]
pseudonyme (m)	pseudônimo (m)	[psew'donimu]

livre (m)	livro (m)	['livru]
volume (m)	volume (m)	[vo'lumi]
table (f) des matières	índice (m)	['indʒisi]
page (f)	página (f)	['paʒina]
protagoniste (m)	protagonista (m)	[protago'nista]
autographe (m)	autógrafo (m)	[aw'tografu]

récit (m)	conto (m)	['kõtu]
nouvelle (f)	novela (f)	[no'vɛla]
roman (m)	romance (m)	[ho'mãsi]
œuvre (f) littéraire	obra (f)	['ɔbra]
fable (f)	fábula (f)	['fabula]
roman (m) policier	romance (m) policial	[ho'mãsi poli'sjaw]

vers (m)	verso (m)	['vɛrsu]
poésie (f)	poesia (f)	[poe'zia]
poème (m)	poema (m)	['pwema]
poète (m)	poeta (m)	['pwɛta]

belles-lettres (f pl)	ficção (f)	[fik'sãw]
science-fiction (f)	ficção (f) científica	[fik'sãw sjẽ'tʃifika]
aventures (f pl)	aventuras (f pl)	[avẽ'turas]
littérature (f) didactique	literatura (f) didática	[litera'tura dʒi'datʃika]
littérature (f) pour enfants	literatura (f) infantil	[litera'tura ĩfã'tʃiw]

153. Le cirque

cirque (m)	circo (m)	['sirku]
chapiteau (m)	circo (m) ambulante	['sirku ãbu'lãtʃi]
programme (m)	programa (m)	[pro'grama]
représentation (f)	apresentação (f)	[aprezẽta'sãw]
numéro (m)	número (m)	['numeru]

arène (f)	picadeiro (f)	[pika'dejru]
pantomime (f)	pantomima (f)	[păto'mima]
clown (m)	palhaço (m)	[pa'ʎasu]

acrobate (m)	acrobata (m)	[akro'bata]
acrobatie (f)	acrobacia (f)	[akroba'sia]
gymnaste (m)	ginasta (m)	[ʒi'nasta]
gymnastique (f)	ginástica (f)	[ʒi'nastʃika]
salto (m)	salto (m) mortal	['sawtu mor'taw]

hercule (m)	homem (m) forte	['omẽ 'fortʃi]
dompteur (m)	domador (m)	[doma'dor]
écuyer (m)	cavaleiro (m) equilibrista	[kava'lejru ekili'brista]
assistant (m)	assistente (m)	[asis'tẽtʃi]

truc (m)	truque (m)	['truki]
tour (m) de passe-passe	truque (m) de mágica	['truki de 'maʒika]
magicien (m)	ilusionista (m)	[iluzjo'nista]

jongleur (m)	malabarista (m)	[malaba'rista]
jongler (vi)	fazer malabarismos	[fa'zer malaba'rizmus]
dresseur (m)	adestrador (m)	[adestra'dor]
dressage (m)	adestramento (m)	[adestra'mẽtu]
dresser (vt)	adestrar (vt)	[ades'trar]

154. La musique

musique (f)	música (f)	['muzika]
musicien (m)	músico (m)	['muziku]
instrument (m) de musique	instrumento (m) musical	[ĩstru'mẽtu muzi'kaw]
jouer de ...	tocar ...	[to'kar]

guitare (f)	guitarra (f)	[gi'taha]
violon (m)	violino (m)	[vjo'linu]
violoncelle (m)	violoncelo (m)	[vjolõ'sɛlu]
contrebasse (f)	contrabaixo (m)	[kõtra'baɪʃu]
harpe (f)	harpa (f)	['arpa]

piano (m)	piano (m)	['pjanu]
piano (m) à queue	piano (m) de cauda	['pjanu de 'kawda]
orgue (m)	órgão (m)	['ɔrgãw]

instruments (m pl) à vent	instrumentos (m pl) de sopro	[ĩstru'mẽtus de 'sopru]
hautbois (m)	oboé (m)	[o'bwɛ]
saxophone (m)	saxofone (m)	[sakso'foni]
clarinette (f)	clarinete (m)	[klari'netʃi]
flûte (f)	flauta (f)	['flawta]
trompette (f)	trompete (m)	[trõ'pɛte]

accordéon (m)	acordeão (m)	[akor'dʒjãw]
tambour (m)	tambor (m)	[tã'bor]

duo (m)	dueto (m)	['dwetu]
trio (m)	trio (m)	['triu]

quartette (m)	quarteto (m)	[kwar'tetu]
chœur (m)	coro (m)	['koru]
orchestre (m)	orquestra (f)	[or'kɛstra]
musique (f) pop	música (f) pop	['muzika 'pɔpi]
musique (f) rock	música (f) rock	['muzika 'hɔki]
groupe (m) de rock	grupo (m) de rock	['grupu de 'hɔki]
jazz (m)	jazz (m)	[dʒɛz]
idole (f)	ídolo (m)	['idolu]
admirateur (m)	fã, admirador (m)	[fã], [adʒimira'dor]
conocrt (m)	concerto (m)	[kõ'sertu]
symphonie (f)	sinfonia (f)	[sĩfo'nia]
œuvre (f) musicale	composição (f)	[kõpozi'sãw]
composer (vt)	compor (vt)	[kõ'por]
chant (m) (~ d'oiseau)	canto (m)	['kãtu]
chanson (f)	canção (f)	[kã'sãw]
mélodie (f)	melodia (f)	[melo'dʒia]
rythme (m)	ritmo (m)	['hitʃmu]
blues (m)	blues (m)	[bluz]
notes (f pl)	notas (f pl)	['nɔtas]
baguette (f)	batuta (f)	[ba'tuta]
archet (m)	arco (m)	['arku]
corde (f)	corda (f)	['kɔrda]
étui (m)	estojo (m)	[is'toʒu]

Les loisirs. Les voyages

155. Les voyages. Les excursions

tourisme (m)	turismo (m)	[tu'rizmu]
touriste (m)	turista (m)	[tu'rista]
voyage (m) (à l'étranger)	viagem (f)	['vjaʒẽ]
aventure (f)	aventura (f)	[avẽ'tura]
voyage (m)	viagem (f)	['vjaʒẽ]
vacances (f pl)	férias (f pl)	['fɛrjas]
être en vacances	estar de férias	[is'tar de 'fɛrjas]
repos (m) (jours de ~)	descanso (m)	[dʒis'kãsu]
train (m)	trem (m)	[trẽj]
en train	de trem	[de trẽj]
avion (m)	avião (m)	[a'vjãw]
en avion	de avião	[de a'vjãw]
en voiture	de carro	[de 'kaho]
en bateau	de navio	[de na'viu]
bagage (m)	bagagem (f)	[ba'gaʒẽ]
malle (f)	mala (f)	['mala]
chariot (m)	carrinho (m)	[ka'hiɲu]
passeport (m)	passaporte (m)	[pasa'pɔrtʃi]
visa (m)	visto (m)	['vistu]
ticket (m)	passagem (f)	[pa'saʒẽ]
billet (m) d'avion	passagem (f) aérea	[pa'saʒẽ a'ɛrja]
guide (m) (livre)	guia (m) de viagem	['gia de vi'aʒẽ]
carte (f)	mapa (m)	['mapa]
région (f) (~ rurale)	área (f)	['arja]
endroit (m)	lugar (m)	[lu'gar]
exotisme (m)	exotismo (m)	[ezo'tʃizmu]
exotique (adj)	exótico	[e'zɔtʃiku]
étonnant (adj)	surpreendente	[surprjẽ'dẽtʃi]
groupe (m)	grupo (m)	['grupu]
excursion (f)	excursão (f)	[iskur'sãw]
guide (m) (personne)	guia (m)	['gia]

156. L'hôtel

hôtel (m)	hotel (m)	[o'tɛw]
motel (m)	motel (m)	[mo'tɛw]
3 étoiles	três estrelas	['tres is'trelas]

| 5 étoiles | cinco estrelas | ['sĩku is'trelas] |
| descendre (à l'hôtel) | ficar (vi, vt) | [fi'kar] |

chambre (f)	quarto (m)	['kwartu]
chambre (f) simple	quarto (m) individual	['kwartu ĩdʒivi'dwaw]
chambre (f) double	quarto (m) duplo	['kwartu 'duplu]
réserver une chambre	reservar um quarto	[hezer'var ũ 'kwartu]

| demi-pension (f) | meia pensão (f) | ['meja pẽ'sãw] |
| pension (f) complète | pensão (f) completa | [pẽ'sãw kõ'plɛta] |

avec une salle de bain	com banheira	[kõ ba'ɲejra]
avec une douche	com chuveiro	[kõ ʃu'vejru]
télévision (f) par satellite	televisão (m) por satélite	[televi'zãw por sa'tɛlitʃi]
climatiseur (m)	ar (m) condicionado	[ar kõdʒisjo'nadu]
serviette (f)	toalha (f)	[to'aʎa]
clé (f)	chave (f)	['ʃavi]

administrateur (m)	administrador (m)	[adʒiministra'dor]
femme (f) de chambre	camareira (f)	[kama'rejra]
porteur (m)	bagageiro (m)	[baga'ʒejru]
portier (m)	porteiro (m)	[por'tejru]

restaurant (m)	restaurante (m)	[hestaw'rãtʃi]
bar (m)	bar (m)	[bar]
petit déjeuner (m)	café (m) da manhã	[ka'fɛ da ma'ɲã]
dîner (m)	jantar (m)	[ʒã'tar]
buffet (m)	bufê (m)	[bu'fe]

| hall (m) | saguão (m) | [sa'gwãw] |
| ascenseur (m) | elevador (m) | [eleva'dor] |

| PRIÈRE DE NE PAS DÉRANGER | NÃO PERTURBE | ['nãw per'turbi] |
| DÉFENSE DE FUMER | PROIBIDO FUMAR! | [proi'bidu fu'mar] |

157. Le livre. La lecture

livre (m)	livro (m)	['livru]
auteur (m)	autor (m)	[aw'tor]
écrivain (m)	escritor (m)	[iskri'tor]
écrire (~ un livre)	escrever (vt)	[iskre'ver]

lecteur (m)	leitor (m)	[lej'tor]
lire (vi, vt)	ler (vt)	[ler]
lecture (f)	leitura (f)	[lej'tura]

| à part soi | para si | ['para si] |
| à haute voix | em voz alta | [ẽ vɔz 'awta] |

éditer (vt)	publicar (vt)	[publi'kar]
édition (f) (~ des livres)	publicação (f)	[publika'sãw]
éditeur (m)	editor (m)	[edʒi'tor]
maison (f) d'édition	editora (f)	[edʒi'tora]

paraître (livre)	sair (vi)	[sa'ir]
sortie (f) (~ d'un livre)	lançamento (m)	[lãsa'mẽtu]
tirage (m)	tiragem (f)	[tʃi'raʒẽ]
librairie (f)	livraria (f)	[livra'ria]
bibliothèque (f)	biblioteca (f)	[bibljo'tɛka]
nouvelle (f)	novela (f)	[no'vɛla]
récit (m)	conto (m)	['kõtu]
roman (m)	romance (m)	[ho'mãsi]
roman (m) policier	romance (m) policial	[ho'mãsi poli'sjaw]
mémoires (m pl)	memórias (f pl)	[me'mɔrias]
légende (f)	lenda (f)	['lẽda]
mythe (m)	mito (m)	['mitu]
vers (m pl)	poesia (f)	[poe'zia]
autobiographie (f)	autobiografia (f)	[awtobjogra'fia]
les œuvres choisies	obras (f pl) escolhidas	['ɔbraʃ isko'ʎidas]
science-fiction (f)	ficção (f) científica	[fik'sãw sjẽ'tʃifika]
titre (m)	título (m)	['tʃitulu]
introduction (f)	introdução (f)	[ĩtrodu'sãw]
page (f) de titre	folha (f) de rosto	['foʎa de 'hostu]
chapitre (m)	capítulo (m)	[ka'pitulu]
extrait (m)	excerto (m)	[e'sɛrtu]
épisode (m)	episódio (m)	[epi'zɔdʒu]
sujet (m)	enredo (m)	[ẽ'hedu]
sommaire (m)	conteúdo (m)	[kõte'udu]
table (f) des matières	índice (m)	['indʒisi]
protagoniste (m)	protagonista (m)	[protago'nista]
volume (m)	volume (m)	[vo'lumi]
couverture (f)	capa (f)	['kapa]
reliure (f)	encadernação (f)	[ẽkaderna'sãw]
marque-page (m)	marcador (m) de página	[marka'dor de 'paʒina]
page (f)	página (f)	['paʒina]
feuilleter (vt)	folhear (vt)	[fo'ʎar]
marges (f pl)	margem (f)	['marʒẽ]
annotation (f)	anotação (f)	[anota'sãw]
note (f) de bas de page	nota (f) de rodapé	['nɔta de hoda'pɛ]
texte (m)	texto (m)	['testu]
police (f)	fonte (f)	['fõtʃi]
faute (f) d'impression	falha (f) de impressão	['faʎa de impre'sãw]
traduction (f)	tradução (f)	[tradu'sãw]
traduire (vt)	traduzir (vt)	[tradu'zir]
original (m)	original (m)	[oriʒi'naw]
célèbre (adj)	famoso	[fa'mozu]
inconnu (adj)	desconhecido	[dʒiskoɲe'sidu]
intéressant (adj)	interessante	[ĩtere'sãtʃi]

best-seller (m)	best-seller (m)	[bɛst'sɛler]
dictionnaire (m)	dicionário (m)	[dʒisjo'narju]
manuel (m)	livro (m) didático	['livru dʒi'datʃiku]
encyclopédie (f)	enciclopédia (f)	[ẽsiklo'pɛdʒa]

158. La chasse. La pêche

chasse (f)	caça (f)	['kasa]
chasser (vi, vt)	caçar (vi)	[ka'sar]
chasseur (m)	caçador (m)	[kasa'dor]

tirer (vi)	disparar, atirar (vi)	[dʒispa'rar], [atʃi'rar]
fusil (m)	rifle (m)	['hifli]
cartouche (f)	cartucho (m)	[kar'tuʃu]
grains (m pl) de plomb	chumbo (m) de caça	['ʃũbu de 'kasa]

piège (m) à mâchoires	armadilha (f)	arma'dʒiʎa]
piège (m)	armadilha (f)	arma'dʒiʎa]
être pris dans un piège	cair na armadilha	[ka'ir na arma'dʒiʎa]
mettre un piège	pôr a armadilha	['por a arma'dʒiʎa]

braconnier (m)	caçador (m) furtivo	[kasa'dor fur'tʃivu]
gibier (m)	caça (f)	['kasa]
chien (m) de chasse	cão (m) de caça	['kãw de 'kasa]
safari (m)	safári (m)	[sa'fari]
animal (m) empaillé	animal (m) empalhado	[ani'maw ẽpa'ʎadu]

pêcheur (m)	pescador (m)	[peska'dor]
pêche (f)	pesca (f)	['pɛska]
pêcher (vi)	pescar (vt)	[pes'kar]

canne (f) à pêche	vara (f) de pesca	['vara de 'pɛska]
ligne (f) de pêche	linha (f) de pesca	['liɲa de 'pɛska]
hameçon (m)	anzol (m)	[ã'zɔw]
flotteur (m)	boia (f), flutuador (m)	['bɔja], [flutwa'dor]
amorce (f)	isca (f)	['iska]

| lancer la ligne | lançar a linha | [lã'sar a 'liɲa] |
| mordre (vt) | morder (vt) | [mor'der] |

| pêche (f) (poisson capturé) | pesca (f) | ['pɛska] |
| trou (m) dans la glace | buraco (m) no gelo | [bu'raku nu 'ʒelu] |

| filet (m) | rede (f) | ['hedʒi] |
| barque (f) | barco (m) | ['barku] |

pêcher au filet	pescar com rede	[pes'kar kõ 'hedʒi]
jeter un filet	lançar a rede	[lã'sar a 'hedʒi]
retirer le filet	puxar a rede	[pu'ʃar a 'hedʒi]
tomber dans le filet	cair na rede	[ka'ir na 'hedʒi]

baleinier (m)	baleeiro (m)	[bale'ejro]
baleinière (f)	baleeira (f)	[bale'ejra]
harpon (m)	arpão (m)	[ar'pãw]

159. Les jeux. Le billard

billard (m)	bilhar (m)	[bi'ʎar]
salle (f) de billard	sala (f) de bilhar	['sala de bi'ʎar]
bille (f) de billard	bola (f) de bilhar	['bola de bi'ʎar]
empocher une bille	embolsar uma bola	[ẽbow'sar 'uma 'bola]
queue (f)	taco (m)	['taku]
poche (f)	caçapa (f)	[ka'sapa]

160. Les jeux de cartes

carreau (m)	ouros (m pl)	['orus]
pique (m)	espadas (f pl)	[is'padas]
cœur (m)	copas (f pl)	['kɔpas]
trèfle (m)	paus (m pl)	['paws]
as (m)	ás (m)	[ajs]
roi (m)	rei (m)	[hej]
dame (f)	dama (f), rainha (f)	['dama], [ha'iɲa]
valet (m)	valete (m)	[va'lɛtʃi]
carte (f)	carta (f) de jogar	['karta de ʒo'gar]
jeu (m) de cartes	cartas (f pl)	['kartas]
atout (m)	trunfo (m)	['trũfu]
paquet (m) de cartes	baralho (m)	[ba'raʎu]
point (m)	ponto (m)	['põtu]
distribuer (les cartes)	dar, distribuir (vt)	[dar], [dʒistri'bwir]
battre les cartes	embaralhar (vt)	[ẽbara'ʎar]
tour (m) de jouer	vez, jogada (f)	[vez], [ʒo'gada]
tricheur (m)	trapaceiro (m)	[trapa'sejru]

161. Le casino. La roulette

casino (m)	cassino (m)	[ka'sinu]
roulette (f)	roleta (f)	[ho'leta]
mise (f)	aposta (f)	[a'pɔsta]
miser (vt)	apostar (vt)	[apos'tar]
rouge (m)	vermelho (m)	[ver'meʎu]
noir (m)	preto (m)	['pretu]
miser sur le rouge	apostar no vermelho	[apos'tar nu ver'meʎu]
miser sur le noir	apostar no preto	[apos'tar nu 'pretu]
croupier (m)	croupier (m, f)	[kru'pje]
règles (f pl) du jeu	regras (f pl) do jogo	['hɛgras du 'ʒogu]
fiche (f)	ficha (f)	['fiʃa]
gagner (vi, vt)	ganhar (vi, vt)	[ga'ɲar]
gain (m)	ganho (m)	['gaɲu]

| perdre (vi) | perder (vt) | [per'der] |
| perte (f) | perda (f) | ['perda] |

joueur (m)	jogador (m)	[ʒoga'dor]
black-jack (m)	blackjack, vinte-e-um (m)	[blɛk'ʒɛk], ['vĩtʃi-ɛ-ũ]
jeu (m) de dés	jogo (m) de dados	['ʒogu de 'dadus]
dés (m pl)	dados (m pl)	['dadus]
machine (f) à sous	caça-níqueis (m)	['kasa 'nikews]

162. Les loisirs. Les jeux

se promener (vp)	passear (vi)	[pa'sjar]
promenade (f)	passeio (m)	[pa'seju]
promenade (f) (en voiture)	viagem (f) de carro	['vjaʒẽ de 'kaho]
aventure (f)	aventura (f)	[avẽ'tura]
pique-nique (m)	piquenique (m)	[piki'niki]

jeu (m)	jogo (m)	['ʒogu]
joueur (m)	jogador (m)	[ʒoga'dor]
partie (f) (~ de cartes, etc.)	partida (f)	[par'tʃida]

collectionneur (m)	colecionador (m)	[kolesjona'dor]
collectionner (vt)	colecionar (vt)	[kolesjo'nar]
collection (f)	coleção (f)	[kole'sãw]

mots (m pl) croisés	palavras (f pl) cruzadas	[pa'lavras kru'zadas]
hippodrome (m)	hipódromo (m)	[i'pɔdromu]
discothèque (f)	discoteca (f)	[dʒisko'tɛka]

| sauna (m) | sauna (f) | ['sawna] |
| loterie (f) | loteria (f) | [lote'ria] |

trekking (m)	campismo (m)	[kã'pizmu]
camp (m)	acampamento (m)	[akãpa'mẽtu]
tente (f)	barraca (f)	[ba'haka]
boussole (f)	bússola (f)	['busola]
campeur (m)	campista (m)	[kã'pista]

regarder (la télé)	ver (vt), assistir à ...	[ver], [asis'tʃir a]
téléspectateur (m)	telespectador (m)	[telespekta'dor]
émission (f) de télé	programa (m) de TV	[pro'grama de te've]

163. La photographie

| appareil (m) photo | máquina (f) fotográfica | ['makina foto'grafika] |
| photo (f) | foto, fotografia (f) | ['fɔtu], [fotogra'fia] |

photographe (m)	fotógrafo (m)	[fo'tɔgrafu]
studio (m) de photo	estúdio (m) fotográfico	[is'tudʒu foto'grafiku]
album (m) de photos	álbum (m) de fotografias	['awbũ de fotogra'fias]
objectif (m)	lente (f) fotográfica	['lẽtʃi foto'grafika]
téléobjectif (m)	lente (f) teleobjetiva	['lẽtʃi teleobʒe'tʃiva]

| filtre (m) | filtro (m) | ['fiwtru] |
| lentille (f) | lente (f) | ['lẽtʃi] |

optique (f)	ótica (f)	['ɔtʃika]
diaphragme (m)	abertura (f)	[aber'tura]
temps (m) de pose	exposição (f)	[ispozi'sãw]
viseur (m)	visor (m)	[vi'zor]

appareil (m) photo numérique	câmera (f) digital	['kamera dʒiʒi'taw]
trépied (m)	tripé (m)	[tri'pɛ]
flash (m)	flash (m)	[flaʃ]

photographier (vt)	fotografar (vt)	[fotogra'far]
prendre en photo	tirar fotos	[tʃi'rar 'fotus]
se faire prendre en photo	fotografar-se (vr)	[fotogra'farse]

mise (f) au point	foco (m)	['fɔku]
mettre au point	focar (vt)	[fo'kar]
net (adj)	nítido	['nitʃidu]
netteté (f)	nitidez (f)	[nitʃi'dez]

| contraste (m) | contraste (m) | [kõ'trastʃi] |
| contrasté (adj) | contrastante | [kõtras'tãtʃi] |

épreuve (f)	retrato (m)	[he'tratu]
négatif (m)	negativo (m)	[nega'tʃivu]
pellicule (f)	filme (m)	['fiwmi]
image (f)	fotograma (m)	[foto'grama]
tirer (des photos)	imprimir (vt)	[ĩpri'mir]

164. La plage. La baignade

plage (f)	praia (f)	['praja]
sable (m)	areia (f)	[a'reja]
désert (plage ~e)	deserto	[de'zɛrtu]

bronzage (m)	bronzeado (m)	[brõ'zjadu]
se bronzer (vp)	bronzear-se (vr)	[brõ'zjarsi]
bronzé (adj)	bronzeado	[brõ'zjadu]
crème (f) solaire	protetor (m) solar	[prute'tor so'lar]

bikini (m)	biquíni (m)	[bi'kini]
maillot (m) de bain	maiô (m)	[ma'jo]
slip (m) de bain	calção (m) de banho	[kaw'sãw de 'baɲu]

piscine (f)	piscina (f)	[pi'sina]
nager (vi)	nadar (vi)	[na'dar]
douche (f)	chuveiro (m), ducha (f)	[ʃu'vejru], ['duʃa]
se changer (vp)	mudar, trocar (vt)	[mu'dar], [tro'kar]
serviette (f)	toalha (f)	[to'aʎa]

barque (f)	barco (m)	['barku]
canot (m) à moteur	lancha (f)	['lãʃa]
ski (m) nautique	esqui (m) aquático	[is'ki a'kwatʃiku]

pédalo (m)	barco (m) de pedais	['barku de pe'dajs]
surf (m)	surfe (m)	['surfi]
surfeur (m)	surfista (m)	[sur'fista]

scaphandre (m) autonome	equipamento (m) de mergulho	[ekipa'mẽtu de mer'guʎu]
palmes (f pl)	pé (m pl) de pato	[pɛ de 'patu]
masque (m)	máscara (f)	['maskara]
plongeur (m)	mergulhador (m)	[merguʎa'dor]
plonger (vi)	mergulhar (vi)	[mergu'ʎar]
sous l'eau (adv)	debaixo d'água	[de'baɪʃu 'dagwa]

parasol (m)	guarda-sol (m)	['gwarda 'sɔw]
chaise (f) longue	espreguiçadeira (f)	[ispregisa'dejra]
lunettes (f pl) de soleil	óculos (m pl) de sol	['ɔkulus de 'sɔw]
matelas (m) pneumatique	colchão (m) de ar	[kow'ʃãw de 'ar]

jouer (s'amuser)	brincar (vi)	[brĩ'kar]
se baigner (vp)	ir nadar	[ir na'dar]

ballon (m) de plage	bola (f) de praia	['bola de 'praja]
gonfler (vt)	encher (vt)	[ẽ'ʃer]
gonflable (adj)	inflável	[ĩ'flavew]

vague (f)	onda (f)	['õda]
bouée (f)	boia (f)	['boja]
se noyer (vp)	afogar-se (vr)	[afo'garse]

sauver (vt)	salvar (vt)	[saw'var]
gilet (m) de sauvetage	colete (m) salva-vidas	[ko'letʃi 'sawva 'vidas]
observer (vt)	observar (vt)	[obser'var]
maître nageur (m)	salva-vidas (m)	[sawva-'vidas]

LE MATÉRIEL TECHNIQUE. LES TRANSPORTS

Le matériel technique

165. L'informatique

ordinateur (m)	computador (m)	[kõputa'dor]
PC (m) portable	computador (m) portátil	[kõputa'dor por'tatʃiw]
allumer (vt)	ligar (vt)	[li'gar]
éteindre (vt)	desligar (vt)	[dʒizli'gar]
clavier (m)	teclado (m)	[tɛk'ladu]
touche (f)	tecla (f)	['tɛkla]
souris (f)	mouse (m)	['mawz]
tapis (m) de souris	tapete (m) para mouse	[ta'petʃi 'para 'mawz]
bouton (m)	botão (m)	[bo'tãw]
curseur (m)	cursor (m)	[kur'sor]
moniteur (m)	monitor (m)	[moni'tor]
écran (m)	tela (f)	['tɛla]
disque (m) dur	disco (m) rígido	['dʒisku 'hiʒidu]
capacité (f) du disque dur	capacidade (f) do disco rígido	[kapasi'dadʒi du 'dʒisku 'hiʒidu]
mémoire (f)	memória (f)	[me'mɔrja]
mémoire (f) vive	memória RAM (f)	[me'mɔrja ram]
fichier (m)	arquivo (m)	[ar'kivu]
dossier (m)	pasta (f)	['pasta]
ouvrir (vt)	abrir (vt)	[a'brir]
fermer (vt)	fechar (vt)	[fe'ʃar]
sauvegarder (vt)	salvar (vt)	[saw'var]
supprimer (vt)	deletar (vt)	[dele'tar]
copier (vt)	copiar (vt)	[ko'pjar]
trier (vt)	ordenar (vt)	[orde'nar]
copier (vt)	copiar (vt)	[ko'pjar]
programme (m)	programa (m)	[pro'grama]
logiciel (m)	software (m)	[sof'twer]
programmeur (m)	programador (m)	[programa'dor]
programmer (vt)	programar (vt)	[progra'mar]
hacker (m)	hacker (m)	['haker]
mot (m) de passe	senha (f)	['sɛɲa]
virus (m)	vírus (m)	['virus]
découvrir (détecter)	detectar (vt)	[detek'tar]

| bit (m) | byte (m) | ['bajtʃi] |
| mégabit (m) | megabyte (m) | [mega'bajtʃi] |

| données (f pl) | dados (m pl) | ['dadus] |
| base (f) de données | base (f) de dados | ['bazi de 'dadus] |

câble (m)	cabo (m)	['kabu]
déconnecter (vt)	desconectar (vt)	[dezkonek'tar]
connecter (vt)	conectar (vt)	[konek'tar]

166. L'Internet. Le courrier électronique

Internet (m)	internet (f)	[ĩter'nɛtʃi]
navigateur (m)	browser (m)	['brawzer]
moteur (m) de recherche	motor (m) de busca	[mo'tor de 'buska]
fournisseur (m) d'accès	provedor (m)	[prove'dor]

administrateur (m) de site	webmaster (m)	[web'master]
site (m) web	website (m)	[websajt]
page (f) web	página web (f)	['paʒina webi]

| adresse (f) | endereço (m) | [ẽde'resu] |
| carnet (m) d'adresses | livro (m) de endereços | ['livru de ẽde'resus] |

boîte (f) de réception	caixa (f) de correio	['kaɪʃa de ko'heju]
courrier (m)	correio (m)	[ko'heju]
pleine (adj)	cheia	['ʃeja]

message (m)	mensagem (f)	[mẽ'saʒẽ]
messages (pl) entrants	mensagens (f pl) recebidas	[mẽ'saʒẽs hese'bidas]
messages (pl) sortants	mensagens (f pl) enviadas	[mẽ'saʒẽs ẽ'vjadas]
expéditeur (m)	remetente (m)	[heme'tẽtʃi]
envoyer (vt)	enviar (vt)	[ẽ'vjar]
envoi (m)	envio (m)	[ẽ'viu]

| destinataire (m) | destinatário (m) | [destʃina'tarju] |
| recevoir (vt) | receber (vt) | [hese'ber] |

| correspondance (f) | correspondência (f) | [kohespõ'dẽsja] |
| être en correspondance | corresponder-se (vr) | [kohespõ'dersi] |

fichier (m)	arquivo (m)	[ar'kivu]
télécharger (vt)	fazer o download, baixar (vt)	[fa'zer u dawn'load], [baj'ʃar]
créer (vt)	criar (vt)	[krjar]
supprimer (vt)	deletar (vt)	[dele'tar]
supprimé (adj)	deletado	[dele'tadu]

connexion (f) (ADSL, etc.)	conexão (f)	[konek'sãw]
vitesse (f)	velocidade (f)	[velosi'dadʒi]
modem (m)	modem (m)	['modẽ]
accès (m)	acesso (m)	[a'sɛsu]
port (m)	porta (f)	['pɔrta]
connexion (f) (établir la ~)	conexão (f)	[konek'sãw]
se connecter à ...	conectar (vi)	[konek'tar]

| sélectionner (vt) | escolher (vt) | [isko'ʎer] |
| rechercher (vt) | buscar (vt) | [bus'kar] |

167. L'électricité

électricité (f)	eletricidade (f)	[eletrisi'dadʒi]
électrique (adj)	elétrico	[e'lɛtriku]
centrale (f) électrique	planta (f) elétrica	['plãta e'lɛtrika]
énergie (f)	energia (f)	[ener'ʒia]
énergie (f) électrique	energia (f) elétrica	[ener'ʒia e'lɛtrika]

ampoule (f)	lâmpada (f)	['lãpada]
torche (f)	lanterna (f)	[lã'tɛrna]
réverbère (m)	poste (m) de iluminação	['pɔstʃi de ilumina'sãw]

lumière (f)	luz (f)	[luz]
allumer (vt)	ligar (vt)	[li'gar]
éteindre (vt)	desligar (vt)	[dʒizli'gar]
éteindre la lumière	apagar a luz	[apa'gar a luz]

être grillé	queimar (vi)	[kej'mar]
court-circuit (m)	curto-circuito (m)	['kurtu sir'kwitu]
rupture (f)	ruptura (f)	[hup'tura]
contact (m)	contato (m)	[kõ'tatu]

interrupteur (m)	interruptor (m)	[ĩtehup'tor]
prise (f)	tomada (f)	[to'mada]
fiche (f)	plugue (m)	['plugi]
rallonge (f)	extensão (f)	[istẽ'sãw]

fusible (m)	fusível (m)	[fu'zivew]
fil (m)	fio, cabo (m)	['fiu], ['kabu]
installation (f) électrique	instalação (f) elétrica	[ĩstala'sãw e'lɛtrika]

ampère (m)	ampère (m)	[ã'pɛri]
intensité (f) du courant	amperagem (f)	[ãpe'raʒẽ]
volt (m)	volt (m)	['vɔwtʃi]
tension (f)	voltagem (f)	[vow'taʒẽ]

| appareil (m) électrique | aparelho (m) elétrico | [apa'reʎu e'lɛtriku] |
| indicateur (m) | indicador (m) | [ĩdʒika'dor] |

électricien (m)	eletricista (m)	[eletri'sista]
souder (vt)	soldar (vt)	[sow'dar]
fer (m) à souder	soldador (m)	[sowda'dor]
courant (m)	corrente (f) elétrica	[ko'hẽtʃi e'lɛtrika]

168. Les outils

outil (m)	ferramenta (f)	[feha'mẽta]
outils (m pl)	ferramentas (f pl)	[feha'mẽtas]
équipement (m)	equipamento (m)	[ekipa'mẽtu]

marteau (m)	martelo (m)	[mar'tɛlu]
tournevis (m)	chave (f) de fenda	['ʃavi de 'fẽda]
hache (f)	machado (m)	[ma'ʃadu]

scie (f)	serra (f)	['sɛha]
scier (vt)	serrar (vt)	[se'har]
rabot (m)	plaina (f)	['plajna]
raboter (vt)	aplainar (vt)	[aplaj'nar]
fer (m) à souder	soldador (m)	[sɔwda'dor]
souder (vt)	soldar (vt)	[sow'dar]

lime (f)	lima (f)	['lima]
tenailles (f pl)	tenaz (f)	[te'najz]
pince (f) plate	alicate (m)	[ali'katʃi]
ciseau (m)	formão (m)	[for'mãw]

foret (m)	broca (f)	['brɔka]
perceuse (f)	furadeira (f) elétrica	[fura'dejra e'lɛtrika]
percer (vt)	furar (vt)	[fu'rar]

couteau (m)	faca (f)	['faka]
lame (f)	lâmina (f)	['lamina]

bien affilé (adj)	afiado	[a'fjadu]
émoussé (adj)	cego	['sɛgu]
s'émousser (vp)	embotar-se (vr)	[ẽbo'tarsi]
affiler (vt)	afiar, amolar (vt)	[a'fjar], [amo'lar]

boulon (m)	parafuso (m)	[para'fuzu]
écrou (m)	porca (f)	['pɔrka]
filetage (m)	rosca (f)	['hoska]
vis (f) à bois	parafuso (m)	[para'fuzu]

clou (m)	prego (m)	['prɛgu]
tête (f) de clou	cabeça (f) do prego	[ka'besa du 'prɛgu]

règle (f)	régua (f)	['hɛgwa]
mètre (m) à ruban	fita (f) métrica	['fita 'mɛtrika]
niveau (m) à bulle	nível (m)	['nivew]
loupe (f)	lupa (f)	['lupa]

appareil (m) de mesure	medidor (m)	[medʒi'dor]
mesurer (vt)	medir (vt)	[me'dʒir]
échelle (f) (~ métrique)	escala (f)	[is'kala]
relevé (m)	indicação (f), registro (m)	[indʒika'sãw], [he'ʒistru]

compresseur (m)	compressor (m)	[kõpre'sor]
microscope (m)	microscópio (m)	[mikro'skɔpju]

pompe (f)	bomba (f)	['bõba]
robot (m)	robô (m)	[ho'bo]
laser (m)	laser (m)	['lɛjzer]

clé (f) de serrage	chave (f) de boca	['ʃavi de 'boka]
ruban (m) adhésif	fita (f) adesiva	['fita ade'ziva]
colle (f)	cola (f)	['kɔla]

papier (m) d'émeri	lixa (f)	['liʃa]
ressort (m)	mola (f)	['mɔla]
aimant (m)	ímã (m)	['imã]
gants (m pl)	luva (f)	['luva]

corde (f)	corda (f)	['kɔrda]
cordon (m)	corda (f)	['kɔrda]
fil (m) (~ électrique)	fio (m)	['fiu]
câble (m)	cabo (m)	['kabu]

masse (f)	marreta (f)	[ma'hɛta]
pic (m)	pé de cabra (m)	[pɛ de 'kabra]
escabeau (m)	escada (f) de mão	[is'kada de 'mãw]
échelle (f) double	escada (m)	[is'kada]

visser (vt)	enroscar (vt)	[ẽhos'kar]
dévisser (vt)	desenroscar (vt)	[dezẽhos'kar]
serrer (vt)	apertar (vt)	[aper'tar]
coller (vt)	colar (vt)	[ko'lar]
couper (vt)	cortar (vt)	[kor'tar]

défaut (m)	falha (f)	['faʎa]
réparation (f)	conserto (m)	[kõ'sɛrtu]
réparer (vt)	consertar, reparar (vt)	[kõser'tar], [hepa'rar]
régler (vt)	regular, ajustar (vt)	[hegu'lar], [aʒus'tar]

vérifier (vt)	verificar (vt)	[verifi'kar]
vérification (f)	verificação (f)	[verifika'sãw]
relevé (m)	indicação (f), registro (m)	[indʒika'sãw], [he'ʒistru]

fiable (machine ~)	seguro	[se'guru]
complexe (adj)	complicado	[kõpli'kadu]

rouiller (vi)	enferrujar (vi)	[ẽfehu'ʒar]
rouillé (adj)	enferrujado	[ẽfehu'ʒadu]
rouille (f)	ferrugem (f)	[fe'huʒẽ]

Les transports

169. L'avion

avion (m)	avião (m)	[a'vjãw]
billet (m) d'avion	passagem (f) aérea	[pa'saʒẽ a'erja]
compagnie (f) aérienne	companhia (f) aérea	[kõpa'ɲia a'erja]
aéroport (m)	aeroporto (m)	[aero'portu]
supersonique (adj)	supersônico	[super'soniku]
commandant (m) de bord	comandante (m) do avião	[komã'dãtʃi du a'vjãw]
équipage (m)	tripulação (f)	[tripula'sãw]
pilote (m)	piloto (m)	[pi'lotu]
hôtesse (f) de l'air	aeromoça (f)	[aero'mosa]
navigateur (m)	copiloto (m)	[kopi'lotu]
ailes (f pl)	asas (f pl)	['azas]
queue (f)	cauda (f)	['kawda]
cabine (f)	cabine (f)	[ka'bini]
moteur (m)	motor (m)	[mo'tor]
train (m) d'atterrissage	trem (m) de pouso	[trẽj de 'pozu]
turbine (f)	turbina (f)	[tur'bina]
hélice (f)	hélice (f)	['ɛlisi]
boîte (f) noire	caixa-preta (f)	['kaɪʃa 'preta]
gouvernail (m)	coluna (f) de controle	[ko'luna de kõ'troli]
carburant (m)	combustível (m)	[kõbus'tʃivew]
consigne (f) de sécurité	instruções (f pl) de segurança	[ĩstru'sõjs de segu'rãsa]
masque (m) à oxygène	máscara (f) de oxigênio	['maskara de oksi'ʒenju]
uniforme (m)	uniforme (m)	[uni'fɔrmi]
gilet (m) de sauvetage	colete (m) salva-vidas	[ko'letʃi 'sawva 'vidas]
parachute (m)	paraquedas (m)	[para'kɛdas]
décollage (m)	decolagem (f)	[deko'laʒẽ]
décoller (vi)	descolar (vi)	[dʒisko'lar]
piste (f) de décollage	pista (f) de decolagem	['pista de deko'laʒẽ]
visibilité (f)	visibilidade (f)	[vizibili'dadʒi]
vol (m) (~ d'oiseau)	voo (m)	['vou]
altitude (f)	altura (f)	[aw'tura]
trou (m) d'air	poço (m) de ar	['posu de 'ar]
place (f)	assento (m)	[a'sẽtu]
écouteurs (m pl)	fone (m) de ouvido	['foni de o'vidu]
tablette (f)	mesa (f) retrátil	['meza he'tratʃiw]
hublot (m)	janela (f)	[ʒa'nɛla]
couloir (m)	corredor (m)	[kohe'dor]

151

170. Le train

train (m)	trem (m)	[trẽj]
train (m) de banlieue	trem (m) elétrico	[trẽj e'lɛtriku]
TGV (m)	trem (m)	[trẽj]
locomotive (f) diesel	locomotiva (f) diesel	[lokomo'tʃiva 'dʒizew]
locomotive (f) à vapeur	locomotiva (f) a vapor	[lokomo'tʃiva a va'por]
wagon (m)	vagão (f) de passageiros	[va'gãw de pasa'ʒejrus]
wagon-restaurant (m)	vagão-restaurante (m)	[va'gãw-hestaw'rãtʃi]
rails (m pl)	carris (m pl)	[ka'his]
chemin (m) de fer	estrada (f) de ferro	[is'trada de 'fɛhu]
traverse (f)	travessa (f)	[tra'vɛsa]
quai (m)	plataforma (f)	[plata'fɔrma]
voie (f)	linha (f)	['liɲa]
sémaphore (m)	semáforo (m)	[se'maforu]
station (f)	estação (f)	[ista'sãw]
conducteur (m) de train	maquinista (m)	[maki'nista]
porteur (m)	bagageiro (m)	[baga'ʒejru]
steward (m)	hospedeiro, -a (m, f)	[ospe'dejru, -a]
passager (m)	passageiro (m)	[pasa'ʒejru]
contrôleur (m) de billets	revisor (m)	[hevi'zor]
couloir (m)	corredor (m)	[kohe'dor]
frein (m) d'urgence	freio (m) de emergência	['freju de imer'ʒẽsja]
compartiment (m)	compartimento (m)	[kõpartʃi'mẽtu]
couchette (f)	cama (f)	['kama]
couchette (f) d'en haut	cama (f) de cima	['kama de 'sima]
couchette (f) d'en bas	cama (f) de baixo	['kama de 'baɪʃu]
linge (m) de lit	roupa (f) de cama	['hopa de 'kama]
ticket (m)	passagem (f)	[pa'saʒẽ]
horaire (m)	horário (m)	[o'rarju]
tableau (m) d'informations	painel (m) de informação	[paj'nɛw de ĩforma'sãw]
partir (vi)	partir (vt)	[par'tʃir]
départ (m) (du train)	partida (f)	[par'tʃida]
arriver (le train)	chegar (vi)	[ʃe'gar]
arrivée (f)	chegada (f)	[ʃe'gada]
arriver en train	chegar de trem	[ʃe'gar de trẽj]
prendre le train	pegar o trem	[pe'gar u trẽj]
descendre du train	descer de trem	[de'ser de trẽj]
accident (m) ferroviaire	acidente (m) ferroviário	[asi'dẽtʃi feho'vjarju]
dérailler (vi)	descarrilar (vi)	[dʒiskahi'ʎar]
locomotive (f) à vapeur	locomotiva (f) a vapor	[lokomo'tʃiva a va'por]
chauffeur (m)	foguista (m)	[fo'gista]
chauffe (f)	fornalha (f)	[for'naʎa]
charbon (m)	carvão (m)	[kar'vãw]

171. Le bateau

bateau (m)	navio (m)	[na'viu]
navire (m)	embarcação (f)	[ēbarka'sãw]
bateau (m) à vapeur	barco (m) a vapor	['barku a va'por]
paquebot (m)	barco (m) fluvial	['barku flu'vjaw]
bateau (m) de croisière	transatlântico (m)	[trãzat'lãtʃiku]
croiseur (m)	cruzeiro (m)	[kru'zejru]
yacht (m)	iate (m)	['jatʃi]
remorqueur (m)	rebocador (m)	[ɾ ebuka'dor]
péniche (f)	barcaça (f)	[bar'kasa]
ferry (m)	ferry (m), balsa (f)	['fɛʀi], ['balsa]
voilier (m)	veleiro (m)	[ve'lejru]
brigantin (m)	bergantim (m)	[behgã'tʃĩ]
brise-glace (m)	quebra-gelo (m)	['kɛbra 'ʒelu]
sous-marin (m)	submarino (m)	[subma'rinu]
canot (m) à rames	bote, barco (m)	['botʃi], ['barku]
dinghy (m)	baleeira (f)	[bale'ejra]
canot (m) de sauvetage	bote (m) salva-vidas	['botʃi 'sawva 'vidas]
canot (m) à moteur	lancha (f)	['lãʃa]
capitaine (m)	capitão (m)	[kapi'tãw]
matelot (m)	marinheiro (m)	[mari'ɲejru]
marin (m)	marujo (m)	[ma'ruʒu]
équipage (m)	tripulação (f)	[tripula'sãw]
maître (m) d'équipage	contramestre (m)	[kõtra'mɛstri]
mousse (m)	grumete (m)	[gru'mɛtʃi]
cuisinier (m) du bord	cozinheiro (m) de bordo	[kozi'ɲejru de 'bordu]
médecin (m) de bord	médico (m) de bordo	['mɛdʒiku de 'bordu]
pont (m)	convés (m)	[kõ'vɛs]
mât (m)	mastro (m)	['mastru]
voile (f)	vela (f)	['vɛla]
cale (f)	porão (m)	[po'rãw]
proue (f)	proa (f)	['proa]
poupe (f)	popa (f)	['popa]
rame (f)	remo (m)	['hɛmu]
hélice (f)	hélice (f)	['ɛlisi]
cabine (f)	cabine (m)	[ka'bini]
carré (m) des officiers	sala (f) dos oficiais	['sala dus ofi'sjajs]
salle (f) des machines	sala (f) das máquinas	['sala das 'makinas]
passerelle (f)	ponte (f) de comando	['põtʃi de ko'mãdu]
cabine (f) de T.S.F.	sala (f) de comunicações	['sala de komunika'sõjs]
onde (f)	onda (f)	['õda]
journal (m) de bord	diário (m) de bordo	['dʒjarju de 'bordu]
longue-vue (f)	luneta (f)	[lu'neta]
cloche (f)	sino (m)	['sinu]

pavillon (m)	bandeira (f)	[bã'dejra]
grosse corde (f) tressée	cabo (m)	['kabu]
nœud (m) marin	nó (m)	[nɔ]

rampe (f)	corrimão (m)	[kohi'mãw]
passerelle (f)	prancha (f) de embarque	['prãʃa de ẽ'barki]

ancre (f)	âncora (f)	['ãkora]
lever l'ancre	recolher a âncora	[heko'ʎer a 'ãkora]
jeter l'ancre	jogar a âncora	[ʒo'gar a 'ãkora]
chaîne (f) d'ancrage	amarra (f)	[a'maha]

port (m)	porto (m)	['portu]
embarcadère (m)	cais, amarradouro (m)	[kajs], [amaha'doru]
accoster (vi)	atracar (vi)	[atra'kar]
larguer les amarres	desatracar (vi)	[dʒizatra'kar]

voyage (m) (à l'étranger)	viagem (f)	['vjaʒẽ]
croisière (f)	cruzeiro (m)	[kru'zejru]
cap (m) (suivre un ~)	rumo (m)	['humu]
itinéraire (m)	itinerário (m)	[itʃine'rarju]

chenal (m)	canal (m) de navegação	[ka'naw de navega'sãw]
bas-fond (m)	banco (m) de areia	['bãku de a'reja]
échouer sur un bas-fond	encalhar (vt)	[ẽka'ʎar]

tempête (f)	tempestade (f)	[tẽpes'tadʒi]
signal (m)	sinal (m)	[si'naw]
sombrer (vi)	afundar-se (vr)	[afũ'darse]
Un homme à la mer!	Homem ao mar!	['ɔmẽ aw mah]
SOS (m)	SOS	[ɛseo'ɛsi]
bouée (f) de sauvetage	boia (f) salva-vidas	['bɔja 'sawva 'vidas]

172. L'aéroport

aéroport (m)	aeroporto (m)	[aero'portu]
avion (m)	avião (m)	[a'vjãw]
compagnie (f) aérienne	companhia (f) aérea	[kõpa'ɲia a'erja]
contrôleur (m) aérien	controlador (m) de tráfego aéreo	[kõtrola'dor de 'trafegu a'erju]

départ (m)	partida (f)	[par'tʃida]
arrivée (f)	chegada (f)	[ʃe'gada]
arriver (par avion)	chegar (vi)	[ʃe'gar]

temps (m) de départ	hora (f) de partida	['ɔra de par'tʃida]
temps (m) d'arrivée	hora (f) de chegada	['ɔra de ʃe'gada]

être retardé	estar atrasado	[is'tar atra'zadu]
retard (m) de l'avion	atraso (m) de voo	[a'trazu de 'vou]

tableau (m) d'informations	painel (m) de informação	[paj'nɛw de ĩforma'sãw]
information (f)	informação (f)	[ĩforma'sãw]
annoncer (vt)	anunciar (vt)	[anũ'sjar]

vol (m)	voo (m)	['vou]
douane (f)	alfândega (f)	[aw'fãdʒiga]
douanier (m)	funcionário (m) da alfândega	[fũsjo'narju da aw'fãdʒiga]

déclaration (f) de douane	declaração (f) alfandegária	[deklara'sãw awfãde'garja]
remplir (vt)	preencher (vt)	[preẽ'ʃer]
remplir la déclaration	preencher a declaração	[preẽ'ʃer a deklara'sãw]
contrôle (m) de passeport	controle (m) de passaporte	[kõ'troli de pasa'pɔrtʃi]

bagage (m)	bagagem (f)	[ba'gaʒẽ]
bagage (m) à main	bagagem (f) de mão	[ba'gaʒẽ de 'mãw]
chariot (m)	carrinho (m)	[ka'hiɲu]

atterrissage (m)	pouso (m)	['pozu]
piste (f) d'atterrissage	pista (f) de pouso	['pista de 'pozu]
atterrir (vi)	aterrissar (vi)	[atehi'sar]
escalier (m) d'avion	escada (f) de avião	[is'kada de a'vjãw]

enregistrement (m)	check-in (m)	[ʃɛ'kin]
comptoir (m) d'enregistrement	balcão (m) do check-in	[baw'kãw du ʃɛ'kin]
s'enregistrer (vp)	fazer o check-in	[fa'zer u ʃɛ'kin]
carte (f) d'embarquement	cartão (m) de embarque	[kar'tãw de ẽ'barki]
porte (f) d'embarquement	portão (m) de embarque	[por'tãw de ẽ'barki]

transit (m)	trânsito (m)	['trãzitu]
attendre (vt)	esperar (vt)	[ispe'rar]
salle (f) d'attente	sala (f) de espera	['sala de is'pɛra]
raccompagner (à l'aéroport, etc.)	despedir-se de ...	[dʒispe'dʒirsi de]
dire au revoir	despedir-se (vr)	[dʒispe'dʒirsi]

173. Le vélo. La moto

vélo (m)	bicicleta (f)	[bisi'klɛta]
scooter (m)	lambreta (f)	[lã'breta]
moto (f)	moto (f)	['mɔtu]

faire du vélo	ir de bicicleta	[ir de bisi'klɛta]
guidon (m)	guidão (m)	[gi'dãw]
pédale (f)	pedal (m)	[pe'daw]
freins (m pl)	freios (m pl)	['frejus]
selle (f)	banco, selim (m)	['bãku], [se'lĩ]

pompe (f)	bomba (f)	['bõba]
porte-bagages (m)	bagageiro (m) de teto	[baga'ʒejru de tɛtu]
phare (m)	lanterna (f)	[lã'tɛrna]
casque (m)	capacete (m)	[kapa'setʃi]

roue (f)	roda (f)	['hɔda]
garde-boue (m)	para-choque (m)	[para'ʃɔki]
jante (f)	aro (m)	['aru]
rayon (m)	raio (m)	['haju]

La voiture

174. Les différents types de voiture

automobile (f)	carro, automóvel (m)	['kaho], [awto'movew]
voiture (f) de sport	carro (m) esportivo	['kaho ispor'tʃivu]
limousine (f)	limusine (f)	[limu'zini]
tout-terrain (m)	todo o terreno (m)	['todu u te'hɛnu]
cabriolet (m)	conversível (m)	[kõver'sivew]
minibus (m)	minibus (m)	['minibus]
ambulance (f)	ambulância (f)	[ãbu'lãsja]
chasse-neige (m)	limpa-neve (m)	['lĩpa 'nɛvi]
camion (m)	caminhão (m)	[kami'ɲãw]
camion-citerne (m)	caminhão-tanque (m)	[kami'ɲãw-'tãki]
fourgon (m)	perua, van (f)	[pe'rua], [van]
tracteur (m) routier	caminhão-trator (m)	[kami'ɲãw-tra'tor]
remorque (f)	reboque (m)	[he'bɔki]
confortable (adj)	confortável	[kõfor'tavew]
d'occasion (adj)	usado	[u'zadu]

175. La voiture. La carrosserie

capot (m)	capô (m)	[ka'po]
aile (f)	para-choque (m)	[para'ʃɔki]
toit (m)	teto (m)	['tɛtu]
pare-brise (m)	para-brisa (m)	[para'briza]
rétroviseur (m)	retrovisor (m)	[hetrovi'zor]
lave-glace (m)	esguicho (m)	[iʃ'giʃu]
essuie-glace (m)	limpadores (m) de para-brisas	[lĩpa'dores de para'brizas]
fenêtre (f) latéral	vidro (m) lateral	['vidru late'raw]
lève-glace (m)	elevador (m) do vidro	[eleva'dor du 'vidru]
antenne (f)	antena (f)	[ã'tɛna]
toit (m) ouvrant	teto (m) solar	['tɛtu so'lar]
pare-chocs (m)	para-choque (m)	[para'ʃɔki]
coffre (m)	porta-malas (f)	[pɔrta-'malas]
galerie (f) de toit	bagageira (f)	[baga'ʒejra]
portière (f)	porta (f)	['pɔrta]
poignée (f)	maçaneta (f)	[masa'neta]
serrure (f)	fechadura (f)	[feʃa'dura]
plaque (f) d'immatriculation	placa (f)	['plaka]

silencieux (m)	silenciador (m)	[silẽsja'dor]
réservoir (m) d'essence	tanque (m) de gasolina	['tãki de gazo'lina]
pot (m) d'échappement	tubo (m) de exaustão	['tubu de ezaw'stãw]

accélérateur (m)	acelerador (m)	[aselera'dor]
pédale (f)	pedal (m)	[pe'daw]
pédale (f) d'accélérateur	pedal (m) do acelerador	[pe'daw du aselera'dor]

frein (m)	freio (m)	['freju]
pédale (f) de frein	pedal (m) do freio	[pe'daw du 'freju]
freiner (vi)	frear (vt)	[fre'ar]
frein (m) à main	freio (m) de mão	['freju de mãw]

embrayage (m)	embreagem (f)	[ẽb'rjaʒẽ]
pédale (f) d'embrayage	pedal (m) da embreagem	[pe'daw da ẽb'rjaʒẽ]
disque (m) d'embrayage	disco (m) de embreagem	['dʒisku de ẽb'rjaʒẽ]
amortisseur (m)	amortecedor (m)	[amortese'dor]

roue (f)	roda (f)	['hɔda]
roue (f) de rechange	pneu (m) estepe	['pnew is'tɛpi]
pneu (m)	pneu (m)	['pnew]
enjoliveur (m)	calota (f)	[ka'lɔta]

roues (f pl) motrices	rodas (f pl) motrizes	['hɔdas muo'trizis]
à traction avant	de tração dianteira	[de tra'sãw dʒjä'tejra]
à traction arrière	de tração traseira	[de tra'sãw tra'zejra]
à traction intégrale	de tração às 4 rodas	[de tra'sãw as 'kwatru 'hɔdas]

boîte (f) de vitesses	caixa (f) de mudanças	['kaɪʃa de mu'dãsas]
automatique (adj)	automático	[awto'matʃiku]
mécanique (adj)	mecânico	[me'kaniku]
levier (m) de vitesse	alavanca (f) de câmbio	[ala'väka de 'kãbju]

| phare (m) | farol (m) | [fa'rɔw] |
| feux (m pl) | faróis (m pl) | [fa'rɔis] |

feux (m pl) de croisement	farol (m) baixo	[fa'rɔw 'baɪʃu]
feux (m pl) de route	farol (m) alto	[fa'rɔw 'altu]
feux (m pl) stop	luzes (f pl) de parada	['luzes de pa'rada]

feux (m pl) de position	luzes (f pl) de posição	['luzes de pozi'sãw]
feux (m pl) de détresse	luzes (f pl) de emergência	['luzes de emer'ʒẽsia]
feux (m pl) de brouillard	faróis (m pl) de neblina	[fa'rɔis de ne'blina]
clignotant (m)	pisca-pisca (m)	[piska-'piska]
feux (m pl) de recul	luz (f) de marcha ré	[luz de 'marʃa hɛ]

176. La voiture. L'habitacle

habitacle (m)	interior (m) do carro	[ĩte'rjor du 'kaho]
en cuir (adj)	de couro	[de 'koru]
en velours (adj)	de veludo	[de ve'ludu]
revêtement (m)	estofamento (m)	[istofa'mẽtu]
instrument (m)	indicador (m)	[ĩdʒika'dor]
tableau (m) de bord	painel (m)	[paj'nɛw]

indicateur (m) de vitesse	velocímetro (m)	[velo'simetru]
aiguille (f)	ponteiro (m)	[põ'tejru]

compteur (m) de kilomètres	hodômetro, odômetro (m)	[o'dometru]
indicateur (m)	indicador (m)	[ĩdʒika'dor]
niveau (m)	nível (m)	['nivew]
témoin (m)	luz (f) de aviso	[luz de a'vizu]

volant (m)	volante (m)	[vo'lãtʃi]
klaxon (m)	buzina (f)	[bu'zina]
bouton (m)	botão (m)	[bo'tãw]
interrupteur (m)	interruptor (m)	[ĩtehup'tor]

siège (m)	assento (m)	[a'sẽtu]
dossier (m)	costas (f pl) do assento	['kɔstas du a'sẽtu]
appui-tête (m)	cabeceira (f)	[kabe'sejra]
ceinture (f) de sécurité	cinto (m) de segurança	['sĩtu de segu'rãsa]
mettre la ceinture	apertar o cinto	[aper'tar u 'sĩtu]
réglage (m)	ajuste (m)	[a'ʒustʃi]

airbag (m)	airbag (m)	[ɛr'bɛgi]
climatiseur (m)	ar (m) condicionado	[ar kõdʒisjo'nadu]

radio (f)	rádio (m)	['hadʒju]
lecteur (m) de CD	leitor (m) de CD	[lej'tor de 'sede]
allumer (vt)	ligar (vt)	[li'gar]
antenne (f)	antena (f)	[ã'tɛna]
boîte (f) à gants	porta-luvas (m)	['pɔrta-'luvas]
cendrier (m)	cinzeiro (m)	[sĩ'zejru]

177. La voiture. Le moteur

moteur (m)	motor (m)	[mo'tor]
diesel (adj)	a diesel	[a 'dʒizew]
à essence (adj)	a gasolina	[a gazo'lina]

capacité (f) du moteur	cilindrada (f)	[silĩ'drada]
puissance (f)	potência (f)	[po'tẽsja]
cheval-vapeur (m)	cavalo (m) de potência	[ka'valu de po'tẽsja]
piston (m)	pistão (m)	[pis'tãw]
cylindre (m)	cilindro (m)	[si'lĩdru]
soupape (f)	válvula (f)	['vawvula]

injecteur (m)	injetor (m)	[ĩʒɛ'tor]
générateur (m)	gerador (m)	[ʒera'dor]
carburateur (m)	carburador (m)	[karbura'dor]
huile (f) moteur	óleo (m) de motor	['ɔlju de mo'tor]

radiateur (m)	radiador (m)	[hadʒja'dor]
liquide (m) de refroidissement	líquido (m) de arrefecimento	['likidu de ahefesi'mẽtu]
ventilateur (m)	ventilador (m)	[vẽtʃila'dor]

batterie (f)	bateria (f)	[bate'ria]
starter (m)	dispositivo (m) de arranque	[dʒispozi'tʃivu de a'hãki]

allumage (m)	ignição (f)	[igni'sãw]
bougie (f) d'allumage	vela (f) de ignição	['vɛla de igni'sãw]
borne (f)	terminal (m)	[termi'naw]
borne (f) positive	terminal (m) positivo	[termi'naw pozi'tʃivu]
borne (f) négative	terminal (m) negativo	[termi'naw nega'tʃivu]
fusible (m)	fusível (m)	[fu'zivew]
filtre (m) à air	filtro (m) de ar	['fiwtru de ar]
filtre (m) à huile	filtro (m) de óleo	['fiwtru de 'ɔlju]
filtre (m) à essence	filtro (m) de combustível	['fiwtru de kõbus'tʃivew]

178. La voiture. La réparation

accident (m) de voiture	acidente (m) de carro	[asi'dẽtʃi de 'kaho]
accident (m) de route	acidente (m) rodoviário	[asi'dẽtʃi hodo'vjarju]
percuter contre ...	bater ...	[ba'ter]
s'écraser (vp)	sofrer um acidente	[so'frer ũ asi'dẽtʃi]
dégât (m)	dano (m)	['danu]
intact (adj)	intato	[ĩ'tatu]
panne (f)	pane (f)	['pani]
tomber en panne	avariar (vi)	[ava'rjar]
corde (f) de remorquage	cabo (m) de reboque	['kabu de he'bɔki]
crevaison (f)	furo (m)	['furu]
crever (vi) (pneu)	estar furado	[is'tar fu'radu]
gonfler (vt)	encher (vt)	[ẽ'ʃer]
pression (f)	pressão (f)	[pre'sãw]
vérifier (vt)	verificar (vt)	[verifi'kar]
réparation (f)	reparo (m)	[he'paru]
garage (m) (atelier)	oficina (f) automotiva	[ɔfi'sina awtɔmo'tʃiva]
pièce (f) détachée	peça (f) de reposição	['pɛsa de hepozi'sãw]
pièce (f)	peça (f)	['pɛsa]
boulon (m)	parafuso (m)	[para'fuzu]
vis (f)	parafuso (m)	[para'fuzu]
écrou (m)	porca (f)	['pɔrka]
rondelle (f)	arruela (f)	[a'hwɛla]
palier (m)	rolamento (m)	[hola'mẽtu]
tuyau (m)	tubo (m)	['tubu]
joint (m)	junta, gaxeta (f)	['ʒũta], [ga'ʃɛta]
fil (m)	fio, cabo (m)	['fiu], ['kabu]
cric (m)	macaco (m)	[ma'kaku]
clé (f) de serrage	chave (f) de boca	['ʃavi de 'boka]
marteau (m)	martelo (m)	[mar'tɛlu]
pompe (f)	bomba (f)	['bõba]
tournevis (m)	chave (f) de fenda	['ʃavi de 'fẽda]
extincteur (m)	extintor (m)	[istʃĩ'tor]
triangle (m) de signalisation	triângulo (m) de emergência	['trjãgulu de imer'ʒẽsja]

caler (vi)	morrer (vi)	[mo'her]
calage (m)	paragem (f)	[pa'raʒë]
être en panne	estar quebrado	[is'tar ke'bradu]

surchauffer (vi)	superaquecer-se (vr)	[superake'sersi]
se boucher (vp)	entupir-se (vr)	[ëtu'pirsi]
geler (vi)	congelar-se (vr)	[kõʒe'larsi]
éclater (tuyau, etc.)	rebentar (vi)	[hebë'tar]

pression (f)	pressão (f)	[pre'sãw]
niveau (m)	nível (m)	['nivew]
lâche (courroie ~)	frouxo	['froʃu]

fosse (f)	batida (f)	[ba'tʃida]
bruit (m) anormal	ruído (m)	['hwidu]
fissure (f)	fissura (f)	[fi'sura]
égratignure (f)	arranhão (m)	[aha'ɲãw]

179. La voiture. La route

route (f)	estrada (f)	[is'trada]
grande route (autoroute)	autoestrada (f)	[awtois'trada]
autoroute (f)	rodovia (f)	[hodo'via]
direction (f)	direção (f)	[dʒire'sãw]
distance (f)	distância (f)	[dʒis'tãsja]

pont (m)	ponte (f)	['põtʃi]
parking (m)	parque (m) de estacionamento	['parki de istasjona'mëtu]
place (f)	praça (f)	['prasa]
échangeur (m)	nó (m) rodoviário	[no hodo'vjarju]
tunnel (m)	túnel (m)	['tunew]

station-service (f)	posto (m) de gasolina	['postu de gazo'lina]
parking (m)	parque (m) de estacionamento	['parki de istasjona'mëtu]
poste (m) d'essence	bomba (f) de gasolina	['bõba de gazo'lina]
garage (m) (atelier)	oficina (f) automotiva	[ofi'sina awtɔmo'tʃiva]
se ravitailler (vp)	abastecer (vt)	[abaste'ser]
carburant (m)	combustível (m)	[kõbus'tʃivew]
jerrycan (m)	galão (m) de gasolina	[ga'lãw de gazo'lina]

asphalte (m)	asfalto (m)	[as'fawtu]
marquage (m)	marcação (f) de estradas	[marka'sãw de is'tradas]
bordure (f)	meio-fio (m)	['meju-'fiu]
barrière (f) de sécurité	guard-rail (m)	[gward-'hejl]
fossé (m)	valeta (f)	[va'leta]
bas-côté (m)	acostamento (m)	[akosta'mëtu]
réverbère (m)	poste (m) de luz	['postʃi de luz]

conduire (une voiture)	dirigir (vt)	[dʒiri'ʒir]
tourner (~ à gauche)	virar (vi)	[vi'rar]
faire un demi-tour	dar retorno	[dar he'tornu]
marche (f) arrière	ré (f)	[hɛ]

klaxonner (vi)	buzinar (vi)	[buzi'nar]
coup (m) de klaxon	buzina (f)	[bu'zina]
s'embourber (vp)	atolar-se (vr)	[ato'larsi]
déraper (vi)	patinar (vi)	[patʃi'nar]
couper (le moteur)	desligar (vt)	[dʒizli'gar]
vitesse (f)	velocidade (f)	[velosi'dadʒi]
dépasser la vitesse	exceder a velocidade	[ese'der a velosi'dadʒi]
mettre une amende	multar (vt)	[muw'tar]
feux (m pl) de circulation	semáforo (m)	[se'maforu]
permis (m) de conduire	carteira (f) de motorista	[kar'tejra de moto'rista]
passage (m) à niveau	passagem (f) de nível	[pa'saʒè de 'nivew]
carrefour (m)	cruzamento (m)	[kruza'mẽtu]
passage (m) piéton	faixa (f)	['fajʃa]
virage (m)	curva (f)	['kurva]
zone (f) piétonne	zona (f) de pedestres	['zɔna de pe'dɛstris]

180. Les panneaux de signalisation

code (m) de la route	código (m) de trânsito	['kɔdʒigu de 'trãzitu]
signe (m)	sinal (m) de trânsito	[si'naw de 'trãzitu]
dépassement (m)	ultrapassagem (f)	[uwtrapa'saʒẽ]
virage (m)	curva (f)	['kurva]
demi-tour (m)	retorno (m)	[he'tornu]
sens (m) giratoire	rotatória (f)	['hota'tɔrja]
sens interdit	sentido proibido	[sẽ'tʃidu proi'bidu]
circulation interdite	trânsito proibido	['trãzitu proi'bidu]
interdiction de dépasser	proibido de ultrapassar	[proi'bidu de uwtrapa'sar]
stationnement interdit	estacionamento proibido	[istasjona'mẽtu proi'bidu]
arrêt interdit	paragem proibida	[pa'raʒẽ proi'bida]
virage dangereux	curva (f) perigosa	['kurva peri'gɔza]
descente dangereuse	descida (f) perigosa	[de'sida peri'gɔza]
sens unique	trânsito de sentido único	['trãzitu de sẽ'tʃidu 'uniku]
passage (m) piéton	faixa (f)	['fajʃa]
chaussée glissante	pavimento (m) escorregadio	[pavi'mẽtu iskohega'dʒiu]
cédez le passage	conceder passagem	[kõse'der pa'saʒẽ]

LES GENS. LES ÉVÉNEMENTS

Les grands événements de la vie

181. Les fêtes et les événements

fête (f)	festa (f)	['fɛsta]
fête (f) nationale	feriado (m) nacional	[fe'rjadu nasjo'naw]
jour (m) férié	feriado (m)	[fe'rjadu]
fêter (vt)	festejar (vt)	[feste'ʒar]
événement (m) (~ du jour)	evento (m)	[e'vẽtu]
événement (m) (soirée, etc.)	evento (m)	[e'vẽtu]
banquet (m)	banquete (m)	[bã'ketʃi]
réception (f)	recepção (f)	[hesep'sãw]
festin (m)	festim (m)	[fes'tʃĩ]
anniversaire (m)	aniversário (m)	[aniver'sarju]
jubilé (m)	jubileu (m)	[ʒubi'lew]
célébrer (vt)	celebrar (vt)	[sele'brar]
Nouvel An (m)	Ano (m) Novo	['anu 'novu]
Bonne année!	Feliz Ano Novo!	[fe'liz 'anu 'novu]
Père Noël (m)	Papai Noel (m)	[pa'paj nɔ'ɛl]
Noël (m)	Natal (m)	[na'taw]
Joyeux Noël!	Feliz Natal!	[fe'liz na'taw]
arbre (m) de Noël	árvore (f) de Natal	['arvori de na'taw]
feux (m pl) d'artifice	fogos (m pl) de artifício	['fogus de artʃi'fisju]
mariage (m)	casamento (m)	[kaza'mẽtu]
fiancé (m)	noivo (m)	['nojvu]
fiancée (f)	noiva (f)	['nojva]
inviter (vt)	convidar (vt)	[kõvi'dar]
lettre (f) d'invitation	convite (m)	[kõ'vitʃi]
invité (m)	convidado (m)	[kõvi'dadu]
visiter (~ les amis)	visitar (vt)	[vizi'tar]
accueillir les invités	receber os convidados	[hese'ber us kõvi'dadus]
cadeau (m)	presente (m)	[pre'zẽtʃi]
offrir (un cadeau)	oferecer, dar (vt)	[ofere'ser], [dar]
recevoir des cadeaux	receber presentes	[hese'ber pre'zẽtʃis]
bouquet (m)	buquê (m) de flores	[bu'ke de 'floris]
félicitations (f pl)	felicitações (f pl)	[felisita'sõjs]
féliciter (vt)	felicitar (vt)	[felisi'tar]
carte (f) de veux	cartão (m) de parabéns	[kar'tãw de para'bẽjs]

envoyer une carte	enviar um cartão postal	[ẽ'vjar ũ kart'ãw pos'taw]
recevoir une carte	receber um cartão postal	[hese'ber ũ kart'ãw pos'taw]

toast (m)	brinde (m)	['brĩdʒi]
offrir (un verre, etc.)	oferecer (vt)	[ofere'ser]
champagne (m)	champanhe (m)	[ʃã'paɲi]

s'amuser (vp)	divertir-se (vr)	[dʒiver'tʃirsi]
gaieté (f)	diversão (f)	[dʒiver'sãw]
joie (f) (émotion)	alegria (f)	[ale'gria]

danse (f)	dança (f)	['dãsa]
danser (vi, vt)	dançar (vi)	[dã'sar]

valse (f)	valsa (f)	['vawsa]
tango (m)	tango (m)	['tãgu]

182. L'enterrement. Le deuil

cimetière (m)	cemitério (m)	[semi'tɛrju]
tombe (f)	sepultura (f), túmulo (m)	[sepuw'tura], ['tumulu]
croix (f)	cruz (f)	[kruz]
pierre (f) tombale	lápide (f)	['lapidʒi]
clôture (f)	cerca (f)	['serka]
chapelle (f)	capela (f)	[ka'pɛla]

mort (f)	morte (f)	['mɔrtʃi]
mourir (vi)	morrer (vi)	[mo'her]
défunt (m)	defunto (m)	[de'fũtu]
deuil (m)	luto (m)	['lutu]

enterrer (vt)	enterrar, sepultar (vt)	[ẽte'har], [sepuw'tar]
maison (f) funéraire	casa (f) funerária	['kaza fune'raria]
enterrement (m)	funeral (m)	[fune'raw]

couronne (f)	coroa (f) de flores	[ko'roa de 'flɔris]
cercueil (m)	caixão (m)	[kaɪ'ʃãw]
corbillard (m)	carro (m) funerário	['kaho fune'rarju]
linceul (m)	mortalha (f)	[mor'taʎa]

cortège (m) funèbre	procissão (f) funerária	[prosi'sãw fune'rarja]
urne (f) funéraire	urna (f) funerária	['urna fune'rarja]
crématoire (m)	crematório (m)	[krema'tɔrju]

nécrologue (m)	obituário (m), necrologia (f)	[obi'twarju], [nekrolo'ʒia]
pleurer (vi)	chorar (vi)	[ʃo'rar]
sangloter (vi)	soluçar (vi)	[solu'sar]

183. La guerre. Les soldats

section (f)	pelotão (m)	[pelo'tãw]
compagnie (f)	companhia (f)	[kõpa'ɲia]

régiment (m)	regimento (m)	[heʒi'mẽtu]
armée (f)	exército (m)	[e'zɛrsitu]
division (f)	divisão (f)	[dʒivi'zãw]
détachement (m)	esquadrão (m)	[iskwa'drãw]
armée (f) (Moyen Âge)	hoste (f)	['ɔste]
soldat (m) (un militaire)	soldado (m)	[sow'dadu]
officier (m)	oficial (m)	[ofi'sjaw]
soldat (m) (grade)	soldado (m) raso	[sow'dadu 'hazu]
sergent (m)	sargento (m)	[sar'ʒẽtu]
lieutenant (m)	tenente (m)	[te'nẽtʃi]
capitaine (m)	capitão (m)	[kapi'tãw]
commandant (m)	major (m)	[ma'ʒɔr]
colonel (m)	coronel (m)	[koro'nɛw]
général (m)	general (m)	[ʒene'raw]
marin (m)	marujo (m)	[ma'ruʒu]
capitaine (m)	capitão (m)	[kapi'tãw]
maître (m) d'équipage	contramestre (m)	[kõtra'mɛstri]
artilleur (m)	artilheiro (m)	[artʃi'ʎejru]
parachutiste (m)	soldado (m) paraquedista	[sow'dadu parake'dʒista]
pilote (m)	piloto (m)	[pi'lotu]
navigateur (m)	navegador (m)	[navega'dor]
mécanicien (m)	mecânico (m)	[me'kaniku]
démineur (m)	sapador-mineiro (m)	[sapa'dor-mi'nejru]
parachutiste (m)	paraquedista (m)	[parake'dʒista]
éclaireur (m)	explorador (m)	[isplora'dor]
tireur (m) d'élite	atirador (m) de tocaia	[atʃira'dor de to'kaja]
patrouille (f)	patrulha (f)	[pa'truʎa]
patrouiller (vi)	patrulhar (vt)	[patru'ʎar]
sentinelle (f)	sentinela (f)	[sẽtʃi'nɛla]
guerrier (m)	guerreiro (m)	[ge'hejru]
patriote (m)	patriota (m)	[pa'trjɔta]
héros (m)	herói (m)	[e'rɔj]
héroïne (f)	heroína (f)	[ero'ina]
traître (m)	traidor (m)	[traj'dor]
trahir (vt)	trair (vt)	[tra'ir]
déserteur (m)	desertor (m)	[dezer'tor]
déserter (vt)	desertar (vt)	[deser'tar]
mercenaire (m)	mercenário (m)	[merse'narju]
recrue (f)	recruta (m)	[he'kruta]
volontaire (m)	voluntário (m)	[volũ'tarju]
mort (m)	morto (m)	['mortu]
blessé (m)	ferido (m)	[fe'ridu]
prisonnier (m) de guerre	prisioneiro (m) de guerra	[prizjo'nejru de 'gɛha]

184. La guerre. Partie 1

guerre (f)	guerra (f)	['gɛha]
faire la guerre	guerrear (vt)	[ge'hjar]
guerre (f) civile	guerra (f) civil	['gɛha si'viw]
perfidement (adv)	perfidamente	[perfida'mẽtʃi]
déclaration (f) de guerre	declaração (f) de guerra	[deklara'sãw de 'gɛha]
déclarer (la guerre)	declarar guerra	[dekla'rar 'gɛha]
agression (f)	agressão (f)	[agre'sãw]
attaquer (~ un pays)	atacar (vt)	[ata'kar]
envahir (vt)	invadir (vt)	[ĩva'dʒir]
envahisseur (m)	invasor (m)	[ĩva'zor]
conquérant (m)	conquistador (m)	[kõkista'dor]
défense (f)	defesa (f)	[de'feza]
défendre (vt)	defender (vt)	[defẽ'der]
se défendre (vp)	defender-se (vr)	[defẽ'dersi]
ennemi (m)	inimigo (m)	[ini'migu]
adversaire (m)	adversário (m)	[adʒiver'sarju]
ennemi (adj) (territoire ~)	inimigo	[ini'migu]
stratégie (f)	estratégia (f)	[istra'tɛʒa]
tactique (f)	tática (f)	['tatʃika]
ordre (m)	ordem (f)	['ordẽ]
commande (f)	comando (m)	[ko'mãdu]
ordonner (vt)	ordenar (vt)	[orde'nar]
mission (f)	missão (f)	[mi'sãw]
secret (adj)	secreto	[se'krɛtu]
bataille (f)	batalha (f)	[ba'taʎa]
combat (m)	combate (m)	[kõ'batʃi]
attaque (f)	ataque (m)	[a'taki]
assaut (m)	assalto (m)	[a'sawtu]
prendre d'assaut	assaltar (vt)	[asaw'tar]
siège (m)	assédio, sítio (m)	[a'sɛdʒu], ['sitʃju]
offensive (f)	ofensiva (f)	[ɔfẽ'siva]
passer à l'offensive	tomar à ofensiva	[to'mar a ofẽ'siva]
retraite (f)	retirada (f)	[hetʃi'rada]
faire retraite	retirar-se (vr)	[hetʃi'rarse]
encerclement (m)	cerco (m)	['serku]
encercler (vt)	cercar (vt)	[ser'kar]
bombardement (m)	bombardeio (m)	[bõbar'deju]
lancer une bombe	lançar uma bomba	[lã'sar 'uma 'bõba]
bombarder (vt)	bombardear (vt)	[bõbar'dʒjar]
explosion (f)	explosão (f)	[isplo'zãw]
coup (m) de feu	tiro (m)	['tʃiru]

tirer un coup de feu	dar um tiro	[dar ũ 'tʃiru]
fusillade (f)	tiroteio (m)	[tʃiro'teju]
viser … (cible)	apontar para …	[apõ'tar 'para]
pointer (sur …)	apontar (vt)	[apõ'tar]
atteindre (cible)	acertar (vt)	[aser'tar]
faire sombrer	afundar (vt)	[afũ'dar]
trou (m) (dans un bateau)	brecha (f)	['brɛʃa]
sombrer (navire)	afundar-se (vr)	[afũ'darse]
front (m)	frente (m)	['frẽtʃi]
évacuation (f)	evacuação (f)	[evakwa'sãw]
évacuer (vt)	evacuar (vt)	[eva'kwar]
tranchée (f)	trincheira (f)	[trĩ'ʃejra]
barbelés (m pl)	arame (m) enfarpado	[a'rami ẽfar'padu]
barrage (m) (~ antichar)	barreira (f) anti-tanque	[ba'hejra ãtʃi-'tãki]
tour (f) de guet	torre (f) de vigia	['tohi de vi'ʒia]
hôpital (m)	hospital (m) militar	[ospi'taw mili'tar]
blesser (vt)	ferir (vt)	[fe'rir]
blessure (f)	ferida (f)	[fe'rida]
blessé (m)	ferido (m)	[fe'ridu]
être blessé	ficar ferido	[fi'kar fe'ridu]
grave (blessure)	grave	['gravi]

185. La guerre. Partie 2

captivité (f)	cativeiro (m)	[katʃi'vejru]
captiver (vt)	capturar (vt)	[kaptu'rar]
être prisonnier	estar em cativeiro	[is'tar ẽ katʃi'vejru]
être fait prisonnier	ser aprisionado	[ser aprizjo'nadu]
camp (m) de concentration	campo (m) de concentração	['kãpu de kõsẽtra'sãw]
prisonnier (m) de guerre	prisioneiro (m) de guerra	[prizjo'nejru de 'gɛha]
s'enfuir (vp)	escapar (vi)	[iska'par]
trahir (vt)	trair (vt)	[tra'ir]
traître (m)	traidor (m)	[traj'dor]
trahison (f)	traição (f)	[traj'sãw]
fusiller (vt)	fuzilar, executar (vt)	[fuzi'lar], [ezeku'tar]
fusillade (f) (exécution)	fuzilamento (m)	[fuzila'mẽtu]
équipement (m) (uniforme, etc.)	equipamento (m)	[ekipa'mẽtu]
épaulette (f)	insígnia (f) de ombro	[ĩ'signia de 'õbru]
masque (m) à gaz	máscara (f) de gás	['maskara de gajs]
émetteur (m) radio	rádio (m)	['hadʒju]
chiffre (m) (code)	cifra (f), código (m)	['sifra], ['kɔdʒigu]
conspiration (f)	conspiração (f)	[kõspira'sãw]
mot (m) de passe	senha (f)	['sɛɲa]

mine (f) terrestre	mina (f)	['mina]
miner (poser des mines)	minar (vt)	[mi'nar]
champ (m) de mines	campo (m) minado	['kãpu mi'nadu]

alerte (f) aérienne	alarme (m) aéreo	[a'larmi a'erju]
signal (m) d'alarme	alarme (m)	[a'larmi]
signal (m)	sinal (m)	[si'naw]
fusée signal (f)	sinalizador (m)	[sinaliza'dor]

état-major (m)	quartel-general (m)	[kwar'tɛw ʒene'raw]
reconnaissance (f)	reconhecimento (m)	[hekoɲesi'mẽtu]
situation (f)	situação (f)	[sitwa'sãw]
rapport (m)	rolatório (m)	[hela'tɔrⱼu]
embuscade (f)	emboscada (f)	[ẽbos'kada]
renfort (m)	reforço (m)	[he'forsu]

cible (f)	alvo (m)	['awvu]
polygone (m)	campo (m) de tiro	['kãpu de 'tʃiru]
manœuvres (f pl)	manobras (f pl)	[ma'nɔbras]

panique (f)	pânico (m)	['paniku]
dévastation (f)	devastação (f)	[devasta'sãw]
destructions (f pl) (ruines)	ruínas (f pl)	['hwinas]
détruire (vt)	destruir (vt)	[dʒis'trwir]

survivre (vi)	sobreviver (vi)	[sobrivi'ver]
désarmer (vt)	desarmar (vt)	[dʒizar'mar]
manier (une arme)	manusear (vt)	[manu'zjar]

Garde-à-vous! Fixe!	Sentido!	[sẽ'tʃidu]
Repos!	Descansar!	[dʒiskã'sar]

exploit (m)	façanha (f)	[fa'saɲa]
serment (m)	juramento (m)	[ʒura'mẽtu]
jurer (de faire qch)	jurar (vi)	[ʒu'rar]

décoration (f)	condecoração (f)	[kõdekora'sãw]
décorer (de la médaille)	condecorar (vt)	[kõdeko'rar]
médaille (f)	medalha (f)	[me'daʎa]
ordre (m) (~ du Mérite)	ordem (f)	['ordẽ]

victoire (f)	vitória (f)	[vi'tɔrja]
défaite (f)	derrota (f)	[de'hota]
armistice (m)	armistício (m)	[armis'tʃisju]

drapeau (m)	bandeira (f)	[bã'dejra]
gloire (f)	glória (f)	['glɔrja]
défilé (m)	parada (f)	[pa'rada]
marcher (défiler)	marchar (vi)	[mar'ʃar]

186. Les armes

arme (f)	arma (f)	['arma]
armes (f pl) à feu	arma (f) de fogo	['arma de 'fogu]

armes (f pl) blanches	arma (f) branca	['arma 'brãka]
arme (f) chimique	arma (f) química	['arma 'kimika]
nucléaire (adj)	nuclear	[nu'kljar]
arme (f) nucléaire	arma (f) nuclear	['arma nu'kljar]
bombe (f)	bomba (f)	['bõba]
bombe (f) atomique	bomba (f) atômica	['bõba a'tomika]
pistolet (m)	pistola (f)	[pis'tɔla]
fusil (m)	rifle (m)	['hifli]
mitraillette (f)	semi-automática (f)	[semi-awto'matʃika]
mitrailleuse (f)	metralhadora (f)	[metraʎa'dora]
bouche (f)	boca (f)	['boka]
canon (m)	cano (m)	['kanu]
calibre (m)	calibre (m)	[ka'libri]
gâchette (f)	gatilho (m)	[ga'tʃiʎu]
mire (f)	mira (f)	['mira]
magasin (m)	carregador (m)	[kahega'dor]
crosse (f)	coronha (f)	[ko'rɔɲa]
grenade (f) à main	granada (f) de mão	[gra'nada de mãw]
explosif (m)	explosivo (m)	[isplo'zivu]
balle (f)	bala (f)	['bala]
cartouche (f)	cartucho (m)	[kar'tuʃu]
charge (f)	carga (f)	['karga]
munitions (f pl)	munições (f pl)	[muni'sõjs]
bombardier (m)	bombardeiro (m)	[bõbar'dejru]
avion (m) de chasse	avião (m) de caça	[a'vjãw de 'kasa]
hélicoptère (m)	helicóptero (m)	[eli'kɔpteru]
pièce (f) de D.C.A.	canhão (m) antiaéreo	[ka'ɲãw ãtʃja'ɛrju]
char (m)	tanque (m)	['tãki]
canon (m) d'un char	canhão (m)	[ka'ɲãw]
artillerie (f)	artilharia (f)	[artʃiʎa'ria]
canon (m)	canhão (m)	[ka'ɲãw]
pointer (~ l'arme)	fazer a pontaria	[fa'zer a põta'ria]
obus (m)	projétil (m)	[pro'ʒɛtʃiw]
obus (m) de mortier	granada (f) de morteiro	[gra'nada de mor'tejru]
mortier (m)	morteiro (m)	[mor'tejru]
éclat (m) d'obus	estilhaço (m)	[istʃi'ʎasu]
sous-marin (m)	submarino (m)	[subma'rinu]
torpille (f)	torpedo (m)	[tor'pedu]
missile (m)	míssil (m)	['misiw]
charger (arme)	carregar (vt)	[kahe'gar]
tirer (vi)	disparar, atirar (vi)	[dʒispa'rar], [atʃi'rar]
viser ... (cible)	apontar para ...	[apõ'tar 'para]
baïonnette (f)	baioneta (f)	[bajo'neta]
épée (f)	espada (f)	[is'pada]

sabre (m)	sabre (m)	['sabri]
lance (f)	lança (f)	['lãsa]
arc (m)	arco (m)	['arku]
flèche (f)	flecha (f)	['flɛʃa]
mousquet (m)	mosquete (m)	[mos'ketʃi]
arbalète (f)	besta (f)	['besta]

187. Les hommes préhistoriques

primitif (adj)	primitivo	[primi'tʃivu]
préhistorique (adj)	pré-histórico	[prɛ-is'tɔriku]
ancien (adj)	antigo	[ã'tʃigu]

Âge (m) de pierre	Idade (f) da Pedra	[i'dadʒi da 'pɛdra]
Âge (m) de bronze	Idade (f) do Bronze	[i'dadʒi du 'brõzi]
période (f) glaciaire	Era (f) do Gelo	['ɛra du 'ʒelu]

tribu (f)	tribo (f)	['tribu]
cannibale (m)	canibal (m)	[kani'baw]
chasseur (m)	caçador (m)	[kasa'dor]
chasser (vi, vt)	caçar (vi)	[ka'sar]
mammouth (m)	mamute (m)	[ma'mutʃi]

caverne (f)	caverna (f)	[ka'vɛrna]
feu (m)	fogo (m)	['fogu]
feu (m) de bois	fogueira (f)	[fo'gejra]
dessin (m) rupestre	pintura (f) rupestre	[pĩ'tura hu'pɛstri]

outil (m)	ferramenta (f)	[feha'mẽta]
lance (f)	lança (f)	['lãsa]
hache (f) en pierre	machado (m) de pedra	[ma'ʃadu de 'pɛdra]
faire la guerre	guerrear (vt)	[ge'hjar]
domestiquer (vt)	domesticar (vt)	[domestʃi'kar]

| idole (f) | ídolo (m) | ['idolu] |
| adorer, vénérer (vt) | adorar, venerar (vt) | [ado'rar], [vene'rar] |

| superstition (f) | superstição (f) | [superstʃi'sãw] |
| rite (m) | ritual (m) | [hi'twaw] |

| évolution (f) | evolução (f) | [evolu'sãw] |
| développement (m) | desenvolvimento (m) | [dʒizẽvowvi'mẽtu] |

| disparition (f) | extinção (f) | [istʃi'sãw] |
| s'adapter (vp) | adaptar-se (vr) | [adap'tarse] |

archéologie (f)	arqueologia (f)	[arkjolo'ʒia]
archéologue (m)	arqueólogo (m)	[ar'kjɔlogu]
archéologique (adj)	arqueológico	[arkjo'lɔʒiku]

site (m) d'excavation	escavação (f)	[iskava'sãw]
fouilles (f pl)	escavações (f pl)	[iskava'sõjs]
trouvaille (f)	achado (m)	[a'ʃadu]
fragment (m)	fragmento (m)	[frag'mẽtu]

188. Le Moyen Âge

peuple (m)	povo (m)	['povu]
peuples (m pl)	povos (m pl)	['povus]
tribu (f)	tribo (f)	['tribu]
tribus (f pl)	tribos (f pl)	['tribus]
Barbares (m pl)	bárbaros (pl)	['barbarus]
Gaulois (m pl)	gauleses (pl)	[gaw'lezes]
Goths (m pl)	godos (pl)	['godus]
Slaves (m pl)	eslavos (pl)	[iʃ'lavus]
Vikings (m pl)	viquingues (pl)	['vikĩgis]
Romains (m pl)	romanos (pl)	[ho'manus]
romain (adj)	romano	[ho'manu]
byzantins (m pl)	bizantinos (pl)	[bizã'tʃinus]
Byzance (f)	Bizâncio	[bi'zãsju]
byzantin (adj)	bizantino	[bizã'tʃinu]
empereur (m)	imperador (m)	[ĩpera'dor]
chef (m)	líder (m)	['lider]
puissant (adj)	poderoso	[pode'rozu]
roi (m)	rei (m)	[hej]
gouverneur (m)	governante (m)	[gover'nãtʃi]
chevalier (m)	cavaleiro (m)	[kava'lejru]
féodal (m)	senhor feudal (m)	[se'ɲor few'daw]
féodal (adj)	feudal	[few'daw]
vassal (m)	vassalo (m)	[va'salu]
duc (m)	duque (m)	['duki]
comte (m)	conde (m)	['kõdʒi]
baron (m)	barão (m)	[ba'rãw]
évêque (m)	bispo (m)	['bispu]
armure (f)	armadura (f)	[arma'dura]
bouclier (m)	escudo (m)	[is'kudu]
glaive (m)	espada (f)	[is'pada]
visière (f)	viseira (f)	[vi'zejra]
cotte (f) de mailles	cota (f) de malha	['kɔta de 'maʎa]
croisade (f)	cruzada (f)	[kru'zada]
croisé (m)	cruzado (m)	[kru'zadu]
territoire (m)	território (m)	[tehi'tɔrju]
attaquer (~ un pays)	atacar (vt)	[ata'kar]
conquérir (vt)	conquistar (vt)	[kõkis'tar]
occuper (envahir)	ocupar, invadir (vt)	[oku'parsi], [ĩva'dʒir]
siège (m)	assédio, sítio (m)	[a'sɛdʒu], ['sitʃju]
assiégé (adj)	sitiado	[si'tʃjadu]
assiéger (vt)	assediar, sitiar (vt)	[ase'dʒjar], [si'tʃjar]
inquisition (f)	inquisição (f)	[ĩkizi'sãw]
inquisiteur (m)	inquisidor (m)	[ĩkizi'dor]

torture (f)	tortura (f)	[tor'tura]
cruel (adj)	cruel	[kru'ɛw]
hérétique (m)	herege (m)	[e'reʒi]
hérésie (f)	heresia (f)	[ere'zia]

navigation (f) en mer	navegação (f) marítima	[navega'sãu ma'ritʃima]
pirate (m)	pirata (m)	[pi'rata]
piraterie (f)	pirataria (f)	[pirata'ria]
abordage (m)	abordagem (f)	[abor'daʒẽ]
butin (m)	presa (f), butim (m)	['preza], [bu'tĩ]
trésor (m)	tesouros (m pl)	[te'zorus]

découverte (f)	descobrimento (m)	[dʒlskobri'mẽlu]
découvrir (vt)	descobrir (vt)	[dʒisko'brir]
expédition (f)	expedição (f)	[ispedʒi'sãw]

mousquetaire (m)	mosqueteiro (m)	[moske'tejru]
cardinal (m)	cardeal (m)	[kar'dʒjaw]
héraldique (f)	heráldica (f)	[e'rawdʒika]
héraldique (adj)	heráldico	[e'rawdʒiku]

189. Les dirigeants. Les responsables. Les autorités

roi (m)	rei (m)	[hej]
reine (f)	rainha (f)	[ha'iɲa]
royal (adj)	real	[he'aw]
royaume (m)	reino (m)	['hejnu]

prince (m)	príncipe (m)	['prĩsipi]
princesse (f)	princesa (f)	[prĩ'seza]

président (m)	presidente (m)	[prezi'dẽtʃi]
vice-président (m)	vice-presidente (m)	['visi-prezi'dẽtʃi]
sénateur (m)	senador (m)	[sena'dor]

monarque (m)	monarca (m)	[mo'narka]
gouverneur (m)	governante (m)	[gover'nãtʃi]
dictateur (m)	ditador (m)	[dʒita'dor]
tyran (m)	tirano (m)	[tʃi'ranu]
magnat (m)	magnata (m)	[mag'nata]

directeur (m)	diretor (m)	[dʒire'tor]
chef (m)	chefe (m)	['ʃɛfi]
gérant (m)	gerente (m)	[ʒe'rẽtʃi]
boss (m)	patrão (m)	[pa'trãw]
patron (m)	dono (m)	['donu]

chef (m) (~ d'une délégation)	chefe (m)	['ʃɛfi]
autorités (f pl)	autoridades (f pl)	[awtori'dadʒis]
supérieurs (m pl)	superiores (m pl)	[supe'rjores]

gouverneur (m)	governador (m)	[governa'dor]
consul (m)	cônsul (m)	['kõsuw]
diplomate (m)	diplomata (m)	[dʒiplo'mata]

maire (m)	**Presidente** (m) **da Câmara**	[prezi'dẽtʃi da 'kamara]
shérif (m)	**xerife** (m)	[ʃe'rifi]

empereur (m)	**imperador** (m)	[ĩpera'dor]
tsar (m)	**czar** (m)	['kzar]
pharaon (m)	**faraó** (m)	[fara'ɔ]
khan (m)	**cã, khan** (m)	[kã]

190. L'itinéraire. La direction. Le chemin

route (f)	**estrada** (f)	[is'trada]
voie (f)	**via** (f)	['via]

autoroute (f)	**rodovia** (f)	[hodo'via]
grande route (autoroute)	**autoestrada** (f)	[awtois'trada]
route (f) nationale	**estrada** (f) **nacional**	[is'trada nasjo'naw]

route (f) principale	**estrada** (f) **principal**	[is'trada prĩsi'paw]
route (f) de campagne	**estrada** (f) **de terra**	[is'trada de 'tɛha]

chemin (m) (sentier)	**trilha** (f)	['triʎa]
sentier (m)	**vereda** (f)	[ve'reda]

Où?	**Onde?**	['õdʒi]
Où? (~ vas-tu?)	**Para onde?**	['para 'õdʒi]
D'où?	**De onde?**	[de 'õdʒi]

direction (f)	**direção** (f)	[dʒire'sãw]
indiquer (le chemin)	**indicar** (vt)	[ĩdʒi'kar]

à gauche (tournez ~)	**para a esquerda**	['para a is'kerda]
à droite (tournez ~)	**para a direita**	['para a dʒi'rejta]
tout droit (adv)	**em frente**	[ẽ 'frẽtʃi]
en arrière (adv)	**para trás**	['para trajs]

virage (m)	**curva** (f)	['kurva]
tourner (~ à gauche)	**virar** (vi)	[vi'rar]
faire un demi-tour	**dar retorno**	[dar he'tornu]

se dessiner (vp)	**estar visível**	[is'tar vi'zivew]
apparaître (vi)	**aparecer** (vi)	[apare'ser]

halte (f)	**paragem** (f)	[pa'raʒẽ]
se reposer (vp)	**descansar** (vi)	[dʒiskã'sar]
repos (m)	**descanso, repouso** (m)	[dʒis'kãsu], [he'pozu]

s'égarer (vp)	**perder-se** (vr)	[per'dersi]
mener à … (le chemin)	**conduzir a …**	[kõdu'zir a]
arriver à …	**chegar a …**	[ʃe'gar a]
tronçon (m) (de chemin)	**trecho** (m)	['treʃu]

asphalte (m)	**asfalto** (m)	[as'fawtu]
bordure (f)	**meio-fio** (m)	['meju-'fiu]
fossé (m)	**valeta** (f)	[va'leta]

bouche (f) d'égout	**tampa** (f) **de esgoto**	['tãpa de iz'gotu]
bas-côté (m)	**acostamento** (m)	[akosta'mẽtu]
nid-de-poule (m)	**buraco** (m)	[bu'raku]

aller (à pied)	**ir** (vi)	[ir]
dépasser (vt)	**ultrapassar** (vt)	[uwtrapa'sar]

pas (m)	**passo** (m)	['pasu]
à pied	**a pé**	[a pɛ]

barrer (vt)	**bloquear** (vt)	[blo'kjar]
barrière (f)	**cancela** (f)	[kã'sɛla]
impasse (f)	**beco** (m) **sem saida**	['beku sẽ sa'ida]

191. Les crimes. Les criminels. Partie 1

bandit (m)	**bandido** (m)	[bã'dʒidu]
crime (m)	**crime** (m)	['krimi]
criminel (m)	**criminoso** (m)	[krimi'nozu]

voleur (m)	**ladrão** (m)	[la'drãw]
voler (qch à qn)	**roubar** (vt)	[ho'bar]
vol (m) (activité)	**furto** (m)	['furtu]
vol (m) (~ à la tire)	**furto** (m)	['furtu]

kidnapper (vt)	**raptar, sequestrar** (vt)	[hap'tar], [sekwes'trar]
kidnapping (m)	**sequestro** (m)	[se'kwɛstru]
kidnappeur (m)	**sequestrador** (m)	[sekwestra'dor]

rançon (f)	**resgate** (m)	[hez'gatʃi]
exiger une rançon	**pedir resgate**	[pe'dʒir hez'gatʃi]

cambrioler (vt)	**roubar** (vt)	[ho'bar]
cambriolage (m)	**assalto, roubo** (m)	[a'sawtu], ['hobu]
cambrioleur (m)	**assaltante** (m)	[asaw'tãtʃi]

extorquer (vt)	**extorquir** (vt)	[istor'kir]
extorqueur (m)	**extorsionário** (m)	[istorsjo'narju]
extorsion (f)	**extorsão** (f)	[istor'sãw]

tuer (vt)	**matar, assassinar** (vt)	[ma'tar], [asasi'nar]
meurtre (m)	**homicídio** (m)	[omi'sidʒju]
meurtrier (m)	**homicida, assassino** (m)	[ɔmi'sida], [asa'sinu]

coup (m) de feu	**tiro** (m)	['tʃiru]
tirer un coup de feu	**dar um tiro**	[dar ũ 'tʃiru]
abattre (par balle)	**matar a tiro**	[ma'tar a 'tʃiru]
tirer (vi)	**disparar, atirar** (vi)	[dʒispa'rar], [atʃi'rar]
coups (m pl) de feu	**tiroteio** (m)	[tʃiro'teju]

incident (m)	**incidente** (m)	[ĩsi'dẽtʃi]
bagarre (f)	**briga** (f)	['briga]
Au secours!	**Socorro!**	[so'kohu]
victime (f)	**vítima** (f)	['vitʃima]

endommager (vt)	danificar (vt)	[danifi'kar]
dommage (m)	dano (m)	['danu]
cadavre (m)	cadáver (m)	[ka'daver]
grave (~ crime)	grave	['gravi]

attaquer (vt)	atacar (vt)	[ata'kar]
battre (frapper)	bater (vt)	[ba'ter]
passer à tabac	espancar (vt)	[ispã'kar]
prendre (voler)	tirar (vt)	[tʃi'rar]
poignarder (vt)	esfaquear (vt)	[isfaki'ar]
mutiler (vt)	mutilar (vt)	[mutʃi'lar]
blesser (vt)	ferir (vt)	[fe'rir]

chantage (m)	chantagem (f)	[ʃã'taʒẽ]
faire chanter	chantagear (vt)	[ʃãta'ʒjar]
maître (m) chanteur	chantagista (m)	[ʃãta'ʒista]

racket (m) de protection	extorsão (f)	[istor'sãw]
racketteur (m)	extorsionário (m)	[istorsjo'narju]
gangster (m)	gângster (m)	['gãŋster]
mafia (f)	máfia (f)	['mafja]

pickpocket (m)	punguista (m)	[pũ'gista]
cambrioleur (m)	assaltante, ladrão (m)	[asaw'tãtʃi], [la'drãw]
contrebande (f) (trafic)	contrabando (m)	[kõtra'bãdu]
contrebandier (m)	contrabandista (m)	[kõtrabã'dʒista]

contrefaçon (f)	falsificação (f)	[fawsifika'sãw]
falsifier (vt)	falsificar (vt)	[fawsifi'kar]
faux (falsifié)	falsificado	[fawsifi'kadu]

192. Les crimes. Les criminels. Partie 2

viol (m)	estupro (m)	[is'tupru]
violer (vt)	estuprar (vt)	[istu'prar]
violeur (m)	estuprador (m)	[istupra'dor]
maniaque (m)	maníaco (m)	[ma'niaku]

prostituée (f)	prostituta (f)	[prostʃi'tuta]
prostitution (f)	prostituição (f)	[prostʃitwi'sãw]
souteneur (m)	cafetão (m)	[kafe'tãw]

drogué (m)	drogado (m)	[dro'gadu]
trafiquant (m) de drogue	traficante (m)	[trafi'kãtʃi]

faire exploser	explodir (vt)	[isplo'dʒir]
explosion (f)	explosão (f)	[isplo'zãw]
mettre feu	incendiar (vt)	[ĩsẽ'dʒjar]
incendiaire (m)	incendiário (m)	[ĩsẽ'dʒjarju]

terrorisme (m)	terrorismo (m)	[teho'rizmu]
terroriste (m)	terrorista (m)	[teho'rista]
otage (m)	refém (m)	[he'fẽ]
escroquer (vt)	enganar (vt)	[ẽga'nar]

escroquerie (f)	engano (m)	[ẽ'gãnu]
escroc (m)	vigarista (m)	[viga'rista]
soudoyer (vt)	subornar (vt)	[subor'nar]
corruption (f)	suborno (m)	[su'bornu]
pot-de-vin (m)	suborno (m)	[su'bornu]
poison (m)	veneno (m)	[ve'nɛnu]
empoisonner (vt)	envenenar (vt)	[ẽvene'nar]
s'empoisonner (vp)	envenenar-se (vr)	[ẽvene'narsi]
suicide (m)	suicídio (m)	[swi'sidʒju]
suicidé (m)	suicida (m)	[swi'sida]
menacer (vt)	ameaçar (vt)	[amea'sar]
menace (f)	ameaça (f)	[ame'asa]
attenter (vt)	atentar contra a vida de ...	[atẽ'tar 'kõtra a 'vida de]
attentat (m)	atentado (m)	[atẽ'tadu]
voler (un auto)	roubar (vt)	[ho'bar]
détourner (un avion)	sequestrar (vt)	[sekwes'trar]
vengeance (f)	vingança (f)	[vĩ'gãsa]
se venger (vp)	vingar (vt)	[vĩ'gar]
torturer (vt)	torturar (vt)	[tortu'rar]
torture (f)	tortura (f)	[tor'tura]
tourmenter (vt)	atormentar (vt)	[atormẽ'tar]
pirate (m)	pirata (m)	[pi'rata]
voyou (m)	desordeiro (m)	[dʒizor'dejru]
armé (adj)	armado	[ar'madu]
violence (f)	violência (f)	[vjo'lẽsja]
illégal (adj)	ilegal	[ile'gaw]
espionnage (m)	espionagem (f)	[ispio'naʒẽ]
espionner (vt)	espionar (vi)	[ispjo'nar]

193. La police. La justice. Partie 1

justice (f)	justiça (f)	[ʒus'tʃisa]
tribunal (m)	tribunal (m)	[tribu'naw]
juge (m)	juiz (m)	[ʒwiz]
jury (m)	jurados (m pl)	[ʒu'radus]
cour (f) d'assises	tribunal (m) do júri	[tribu'naw du 'ʒuri]
juger (vt)	julgar (vt)	[ʒuw'gar]
avocat (m)	advogado (m)	[adʒivo'gadu]
accusé (m)	réu (m)	['hɛw]
banc (m) des accusés	banco (m) dos réus	['bãku dus hɛws]
inculpation (f)	acusação (f)	[akuza'sãw]
inculpé (m)	acusado (m)	[aku'zadu]

condamnation (f)	sentença (f)	[sẽ'tẽsa]
condamner (vt)	sentenciar (vt)	[sẽtẽ'sjar]
coupable (m)	culpado (m)	[kuw'padu]
punir (vt)	punir (vt)	[pu'nir]
punition (f)	punição (f)	[puni'sãw]
amende (f)	multa (f)	['muwta]
détention (f) à vie	prisão (f) perpétua	[pri'zãw per'pɛtwa]
peine (f) de mort	pena (f) de morte	['pena de 'mɔrtʃi]
chaise (f) électrique	cadeira (f) elétrica	[ka'dejra e'lɛtrika]
potence (f)	forca (f)	['forka]
exécuter (vt)	executar (vt)	[ezeku'tar]
exécution (f)	execução (f)	[ezeku'sãw]
prison (f)	prisão (f)	[pri'zãw]
cellule (f)	cela (f) de prisão	['sɛla de pri'zãw]
escorte (f)	escolta (f)	[is'kɔwta]
gardien (m) de prison	guarda (m) prisional	['gwarda prizjo'naw]
prisonnier (m)	preso (m)	['prezu]
menottes (f pl)	algemas (f pl)	[aw'ʒɛmas]
mettre les menottes	algemar (vt)	[awʒe'mar]
évasion (f)	fuga, evasão (f)	['fuga], [eva'zãw]
s'évader (vp)	fugir (vi)	[fu'ʒir]
disparaître (vi)	desaparecer (vi)	[dʒizapare'ser]
libérer (vt)	soltar, libertar (vt)	[sow'tar], [liber'tar]
amnistie (f)	anistia (f)	[anis'tʃia]
police (f)	polícia (f)	[po'lisja]
policier (m)	polícia (m)	[po'lisja]
commissariat (m) de police	delegacia (f) de polícia	[delega'sia de po'lisja]
matraque (f)	cassetete (m)	[kase'tɛtʃi]
haut parleur (m)	megafone (m)	[mega'foni]
voiture (f) de patrouille	carro (m) de patrulha	['kaho de pa'truʎa]
sirène (f)	sirene (f)	[si'rɛni]
enclencher la sirène	ligar a sirene	[li'gar a si'rɛni]
hurlement (m) de la sirène	toque (m) da sirene	['tɔki da si'rɛni]
lieu (m) du crime	cena (f) do crime	['sɛna du 'krimi]
témoin (m)	testemunha (f)	[teste'muɲa]
liberté (f)	liberdade (f)	[liber'dadʒi]
complice (m)	cúmplice (m)	['kũplisi]
s'enfuir (vp)	escapar (vi)	[iska'par]
trace (f)	traço (m)	['trasu]

194. La police. La justice. Partie 2

recherche (f)	procura (f)	[pro'kura]
rechercher (vt)	procurar (vt)	[proku'rar]

suspicion (f)	suspeita (f)	[sus'pejta]
suspect (adj)	suspeito	[sus'pejtu]
arrêter (dans la rue)	parar (vt)	[pa'rar]
détenir (vt)	deter (vt)	[de'ter]

affaire (f) (~ pénale)	caso (m)	['kazu]
enquête (f)	investigação (f)	[ĩvestʃiga'sãw]
détective (m)	detetive (m)	[dete'tʃivi]
enquêteur (m)	investigador (m)	[ĩvestʃiga'dor]
hypothèse (f)	versão (f)	[ver'sãw]

motif (m)	motivo (m)	[mo'tʃivu]
interrogatoire (m)	interrogatório (m)	[ĩtehoga'tɔrju]
interroger (vt)	interrogar (vt)	[ĩteho'gar]
interroger (~ les voisins)	questionar (vt)	[kestʃjo'nar]
inspection (f)	verificação (f)	[verifika'sãw]

rafle (f)	batida (f) policial	[ba'tʃida poli'sjaw]
perquisition (f)	busca (f)	['buska]
poursuite (f)	perseguição (f)	[persegi'sãw]
poursuivre (vt)	perseguir (vt)	[perse'gir]
dépister (vt)	seguir, rastrear (vt)	[se'gir], [has'trjar]

arrestation (f)	prisão (f)	[pri'zãw]
arrêter (vt)	prender (vt)	[prë'der]
attraper (~ un criminel)	pegar, capturar (vt)	[pe'gar], [kaptu'rar]
capture (f)	captura (f)	[kap'tura]

document (m)	documento (m)	[doku'mëtu]
preuve (f)	prova (f)	['prɔva]
prouver (vt)	provar (vt)	[pro'var]
empreinte (f) de pied	pegada (f)	[pe'gada]
empreintes (f pl) digitales	impressões (f pl) digitais	[impre'sõjs dʒiʒi'tajs]
élément (m) de preuve	prova (f)	['prɔva]

alibi (m)	álibi (m)	['alibi]
innocent (non coupable)	inocente	[ino'sëtʃi]
injustice (f)	injustiça (f)	[ĩʒus'tʃisa]
injuste (adj)	injusto	[ĩ'ʒustu]

criminel (adj)	criminal	[krimi'naw]
confisquer (vt)	confiscar (vt)	[kõfis'kar]
drogue (f)	droga (f)	['drɔga]
arme (f)	arma (f)	['arma]
désarmer (vt)	desarmar (vt)	[dʒizar'mar]
ordonner (vt)	ordenar (vt)	[orde'nar]
disparaître (vi)	desaparecer (vi)	[dʒizapare'ser]

loi (f)	lei (f)	[lej]
légal (adj)	legal	[le'gaw]
illégal (adj)	ilegal	[ile'gaw]

responsabilité (f)	responsabilidade (f)	[hespõsabili'dadʒi]
responsable (adj)	responsável	[hespõ'savew]

LA NATURE

La Terre. Partie 1

195. L'espace cosmique

cosmos (m)	espaço, cosmo (m)	[is'pasu], ['kɔzmu]
cosmique (adj)	espacial, cósmico	[ispa'sjaw], ['kɔzmiku]
espace (m) cosmique	espaço (m) cósmico	[is'pasu 'kɔzmiku]
monde (m)	mundo (m)	['mũdu]
univers (m)	universo (m)	[uni'vɛrsu]
galaxie (f)	galáxia (f)	[ga'laksja]
étoile (f)	estrela (f)	[is'trela]
constellation (f)	constelação (f)	[kõstela'sãw]
planète (f)	planeta (m)	[pla'neta]
satellite (m)	satélite (m)	[sa'tɛlitʃi]
météorite (m)	meteorito (m)	[meteo'ritu]
comète (f)	cometa (m)	[ko'meta]
astéroïde (m)	asteroide (m)	[aste'rɔjdʒi]
orbite (f)	órbita (f)	['ɔrbita]
tourner (vi)	girar (vi)	[ʒi'rar]
atmosphère (f)	atmosfera (f)	[atmos'fɛra]
Soleil (m)	Sol (m)	[sɔw]
système (m) solaire	Sistema (m) Solar	[sis'tɛma so'lar]
éclipse (f) de soleil	eclipse (m) solar	[e'klipsi so'lar]
Terre (f)	Terra (f)	['tɛha]
Lune (f)	Lua (f)	['lua]
Mars (m)	Marte (m)	['martʃi]
Vénus (f)	Vênus (f)	['venus]
Jupiter (m)	Júpiter (m)	['ʒupiter]
Saturne (m)	Saturno (m)	[sa'turnu]
Mercure (m)	Mercúrio (m)	[mer'kurju]
Uranus (m)	Urano (m)	[u'ranu]
Neptune	Netuno (m)	[ne'tunu]
Pluton (m)	Plutão (m)	[plu'tãw]
la Voie Lactée	Via Láctea (f)	['via 'laktja]
la Grande Ours	Ursa Maior (f)	[ursa ma'jɔr]
la Polaire	Estrela Polar (f)	[is'trela po'lar]
martien (m)	marciano (m)	[mar'sjanu]
extraterrestre (m)	extraterrestre (m)	[estrate'hɛstri]

alien (m)	alienígena (m)	[alje'niʒena]
soucoupe (f) volante	disco (m) voador	['dʒisku vwa'dor]
vaisseau (m) spatial	nave (f) espacial	['navi ispa'sjaw]
station (f) orbitale	estação (f) orbital	[eʃta'sãw orbi'taw]
lancement (m)	lançamento (m)	[lãsa'mẽtu]
moteur (m)	motor (m)	[mo'tor]
tuyère (f)	bocal (m)	[bo'kaw]
carburant (m)	combustível (m)	[kõbus'tʃivew]
cabine (f)	cabine (f)	[ka'bini]
antenne (f)	antena (f)	[ã'tɛna]
hublot (m)	vigia (f)	[vi'ʒia]
batterie (f) solaire	bateria (f) solar	[bate'ria so'lar]
scaphandre (m)	traje (m) espacial	['traʒi ispa'sjaw]
apesanteur (f)	imponderabilidade (f)	[ĩpõderabili'dadʒi]
oxygène (m)	oxigênio (m)	[oksi'ʒenju]
arrimage (m)	acoplagem (f)	[ako'plaʒẽ]
s'arrimer à ...	fazer uma acoplagem	[fa'zer 'uma ako'plaʒẽ]
observatoire (m)	observatório (m)	[observa'tɔrju]
télescope (m)	telescópio (m)	[tele'skɔpju]
observer (vt)	observar (vt)	[obser'var]
explorer (un cosmos)	explorar (vt)	[isplo'rar]

196. La Terre

Terre (f)	Terra (f)	['tɛha]
globe (m) terrestre	globo (m) terrestre	['globu te'hɛstri]
planète (f)	planeta (m)	[pla'neta]
atmosphère (f)	atmosfera (f)	[atmos'fɛra]
géographie (f)	geografia (f)	[ʒeogra'fia]
nature (f)	natureza (f)	[natu'reza]
globe (m) de table	globo (m)	['globu]
carte (f)	mapa (m)	['mapa]
atlas (m)	atlas (m)	['atlas]
Europe (f)	Europa (f)	[ew'rɔpa]
Asie (f)	Ásia (f)	['azja]
Afrique (f)	África (f)	['afrika]
Australie (f)	Austrália (f)	[aws'tralja]
Amérique (f)	América (f)	[a'mɛrika]
Amérique (f) du Nord	América (f) do Norte	[a'mɛrika du 'nɔrtʃi]
Amérique (f) du Sud	América (f) do Sul	[a'mɛrika du suw]
l'Antarctique (m)	Antártida (f)	[ã'tartʃida]
l'Arctique (m)	Ártico (m)	['artʃiku]

197. Les quatre parties du monde

nord (m)	norte (m)	['nɔrtʃi]
vers le nord	para norte	['para 'nɔrtʃi]
au nord	no norte	[nu 'nɔrtʃi]
du nord (adj)	do norte	[du 'nɔrtʃi]
sud (m)	sul (m)	[suw]
vers le sud	para sul	['para suw]
au sud	no sul	[nu suw]
du sud (adj)	do sul	[du suw]
ouest (m)	oeste, ocidente (m)	['wɛstʃi], [osi'dẽtʃi]
vers l'occident	para oeste	['para 'wɛstʃi]
à l'occident	no oeste	[nu 'wɛstʃi]
occidental (adj)	ocidental	[osidẽ'taw]
est (m)	leste, oriente (m)	['lɛstʃi], [o'rjẽtʃi]
vers l'orient	para leste	['para 'lɛstʃi]
à l'orient	no leste	[nu 'lɛstʃi]
oriental (adj)	oriental	[orjẽ'taw]

198. Les océans et les mers

mer (f)	mar (m)	[mah]
océan (m)	oceano (m)	[o'sjanu]
golfe (m)	golfo (m)	['gowfu]
détroit (m)	estreito (m)	[is'trejtu]
terre (f) ferme	terra (f) firme	['tɛha 'firmi]
continent (m)	continente (m)	[kõtʃi'nẽtʃi]
île (f)	ilha (f)	['iʎa]
presqu'île (f)	península (f)	[pe'nĩsula]
archipel (m)	arquipélago (m)	[arki'pɛlagu]
baie (f)	baía (f)	[ba'ia]
port (m)	porto (m)	['portu]
lagune (f)	lagoa (f)	[la'goa]
cap (m)	cabo (m)	['kabu]
atoll (m)	atol (m)	[a'tɔw]
récif (m)	recife (m)	[he'sifi]
corail (m)	coral (m)	[ko'raw]
récif (m) de corail	recife (m) de coral	[he'sifi de ko'raw]
profond (adj)	profundo	[pro'fũdu]
profondeur (f)	profundidade (f)	[profũdʒi'dadʒi]
abîme (m)	abismo (m)	[a'bizmu]
fosse (f) océanique	fossa (f) oceânica	['fɔsa o'sjanika]
courant (m)	corrente (f)	[ko'hẽtʃi]
baigner (vt) (mer)	banhar (vt)	[ba'ɲar]
littoral (m)	litoral (m)	[lito'raw]

côte (f)	costa (f)	['kɔsta]
marée (f) haute	maré (f) alta	[ma'rɛ 'awta]
marée (f) basse	refluxo (m)	[he'fluksu]
banc (m) de sable	restinga (f)	[hes'tʃĩga]
fond (m)	fundo (m)	['fũdu]
vague (f)	onda (f)	['õda]
crête (f) de la vague	crista (f) da onda	['krista da 'õda]
mousse (f)	espuma (f)	[is'puma]
tempête (f) en mer	tempestade (f)	[tẽpes'tadʒi]
ouragan (m)	furacão (m)	[fura'kãw]
tsunami (m)	tsunami (m)	[tsu'nami]
calme (m)	calmaria (f)	[kawma'ria]
calme (tranquille)	calmo	['kawmu]
pôle (m)	polo (m)	['pɔlu]
polaire (adj)	polar	[po'lar]
latitude (f)	latitude (f)	[latʃi'tudʒi]
longitude (f)	longitude (f)	[lõʒi'tudʒi]
parallèle (f)	paralela (f)	[para'lɛla]
équateur (m)	equador (m)	[ekwa'dor]
ciel (m)	céu (m)	[sɛw]
horizon (m)	horizonte (m)	[ori'zõtʃi]
air (m)	ar (m)	[ar]
phare (m)	farol (m)	[fa'rɔw]
plonger (vi)	mergulhar (vi)	[mergu'ʎar]
sombrer (vi)	afundar-se (vr)	[afũ'darse]
trésor (m)	tesouros (m pl)	[te'zorus]

199. Les noms des mers et des océans

océan (m) Atlantique	Oceano (m) Atlântico	[o'sjanu at'lãtʃiku]
océan (m) Indien	Oceano (m) Índico	[o'sjanu 'ĩdiku]
océan (m) Pacifique	Oceano (m) Pacífico	[o'sjanu pa'sifiku]
océan (m) Glacial	Oceano (m) Ártico	[o'sjanu 'artʃiku]
mer (f) Noire	Mar (m) Negro	[mah 'negru]
mer (f) Rouge	Mar (m) Vermelho	[mah ver'meʎu]
mer (f) Jaune	Mar (m) Amarelo	[mah ama'rɛlu]
mer (f) Blanche	Mar (m) Branco	[mah 'brãku]
mer (f) Caspienne	Mar (m) Cáspio	[mah 'kaspju]
mer (f) Morte	Mar (m) Morto	[mah 'mortu]
mer (f) Méditerranée	Mar (m) Mediterrâneo	[mah medʒite'hanju]
mer (f) Égée	Mar (m) Egeu	[mah e'ʒew]
mer (f) Adriatique	Mar (m) Adriático	[mah a'drjatʃiku]
mer (f) Arabique	Mar (m) Arábico	[mah a'rabiku]
mer (f) du Japon	Mar (m) do Japão	[mah du ʒa'pãw]

mer (f) de Béring	**Mar** (m) **de Bering**	[mah de berĩgi]
mer (f) de Chine Méridionale	**Mar** (m) **da China Meridional**	[mah da 'ʃina meridʒjo'naw]

mer (f) de Corail	**Mar** (m) **de Coral**	[mah de ko'raw]
mer (f) de Tasman	**Mar** (m) **de Tasman**	[mah de tazman]
mer (f) Caraïbe	**Mar** (m) **do Caribe**	[mah du ka'ribi]

mer (f) de Barents	**Mar** (m) **de Barents**	[mah de barẽts]
mer (f) de Kara	**Mar** (m) **de Kara**	[mah de 'kara]

mer (f) du Nord	**Mar** (m) **do Norte**	[mah du 'nɔrtʃi]
mer (f) Baltique	**Mar** (m) **Báltico**	[mah 'bawtʃiku]
mer (f) de Norvège	**Mar** (m) **da Noruega**	[mah da nor'wɛga]

200. Les montagnes

montagne (f)	**montanha** (f)	[mõ'taɲa]
chaîne (f) de montagnes	**cordilheira** (f)	[kordʒi'ʎejra]
crête (f)	**serra** (f)	['sɛha]

sommet (m)	**cume** (m)	['kumi]
pic (m)	**pico** (m)	['piku]
pied (m)	**pé** (m)	[pɛ]
pente (f)	**declive** (m)	[de'klivi]

volcan (m)	**vulcão** (m)	[vuw'kãw]
volcan (m) actif	**vulcão** (m) **ativo**	[vuw'kãw a'tʃivu]
volcan (m) éteint	**vulcão** (m) **extinto**	[vuw'kãw is'tʃĩtu]

éruption (f)	**erupção** (f)	[erup'sãw]
cratère (m)	**cratera** (f)	[kra'tɛra]
magma (m)	**magma** (m)	['magma]
lave (f)	**lava** (f)	['lava]
en fusion (lave ~)	**fundido**	[fũ'dʒidu]

canyon (m)	**cânion, desfiladeiro** (m)	['kanjon], [dʒisfila'dejru]
défilé (m) (gorge)	**garganta** (f)	[gar'gãta]
crevasse (f)	**fenda** (f)	['fẽda]
précipice (m)	**precipício** (m)	[presi'pisju]

col (m) de montagne	**passo, colo** (m)	['pasu], ['kɔlu]
plateau (m)	**planalto** (m)	[pla'nawtu]
rocher (m)	**falésia** (f)	[fa'lɛzja]
colline (f)	**colina** (f)	[ko'lina]

glacier (m)	**geleira** (f)	[ʒe'lejra]
chute (f) d'eau	**cachoeira** (f)	[kaʃ'wejra]
geyser (m)	**gêiser** (m)	['ʒɛjzer]
lac (m)	**lago** (m)	['lagu]

plaine (f)	**planície** (f)	[pla'nisi]
paysage (m)	**paisagem** (f)	[paj'zaʒẽ]
écho (m)	**eco** (m)	['ɛku]
alpiniste (m)	**alpinista** (m)	[awpi'nista]

varappeur (m)	escalador (m)	[iskala'dor]
conquérir (vt)	conquistar (vt)	[kõkis'tar]
ascension (f)	subida, escalada (f)	[su'bida], [iska'lada]

201. Les noms des chaînes de montagne

Alpes (f pl)	Alpes (m pl)	['awpis]
Mont Blanc (m)	Monte Branco (m)	['mõtʃi 'brãku]
Pyrénées (f pl)	Pirineus (m pl)	[piri'news]

Carpates (f pl)	Cárpatos (m pl)	['karpatus]
Monts Oural (m pl)	Urais (m pl)	[u'rajs]
Caucase (m)	Cáucaso (m)	['kawkazu]
Elbrous (m)	Elbrus (m)	[el'brus]

Altaï (m)	Altai (m)	[al'taj]
Tian Chan (m)	Tian Shan (m)	[tjan ʃan]
Pamir (m)	Pamir (m)	[pa'mir]
Himalaya (m)	Himalaia (m)	[ima'laja]
Everest (m)	monte Everest (m)	['mõtʃi eve'rest]

| Andes (f pl) | Cordilheira (f) dos Andes | [kordʒi'ʎejra dus 'ãdʒis] |
| Kilimandjaro (m) | Kilimanjaro (m) | [kilimã'ʒaru] |

202. Les fleuves

rivière (f), fleuve (m)	rio (m)	['hiu]
source (f)	fonte, nascente (f)	['fõtʃi], [na'sẽtʃi]
lit (m) (d'une rivière)	leito (m) de rio	['lejtu de 'hiu]
bassin (m)	bacia (f)	[ba'sia]
se jeter dans ...	desaguar no ...	[dʒiza'gwar nu]

| affluent (m) | afluente (m) | [a'flwẽtʃi] |
| rive (f) | margem (f) | ['marʒẽ] |

courant (m)	corrente (f)	[ko'hẽtʃi]
en aval	rio abaixo	['hiu a'baɪʃu]
en amont	rio acima	['hiu a'sima]

inondation (f)	inundação (f)	[ĩtrodu'sãw]
les grandes crues	cheia (f)	['ʃeja]
déborder (vt)	transbordar (vi)	[trãzbor'dar]
inonder (vt)	inundar (vt)	[inũ'dar]

| bas-fond (m) | banco (m) de areia | ['bãku de a'reja] |
| rapide (m) | corredeira (f) | [kohe'dejra] |

barrage (m)	barragem (f)	[ba'haʒẽ]
canal (m)	canal (m)	[ka'naw]
lac (m) de barrage	reservatório (m) de água	[hezerva'tɔrju de 'agwa]
écluse (f)	eclusa (f)	[e'kluza]
plan (m) d'eau	corpo (m) de água	['korpu de 'agwa]

marais (m)	pântano (m)	['pãtanu]
fondrière (f)	lamaçal (m)	[lama'saw]
tourbillon (m)	rodamoinho (m)	[hodamo'iɲu]

ruisseau (m)	riacho (m)	['hjaʃu]
potable (adj)	potável	[po'tavew]
douce (l'eau ~)	doce	['dosi]

| glace (f) | gelo (m) | ['ʒelu] |
| être gelé | congelar-se (vr) | [kõʒe'larsi] |

203. Les noms des fleuves

| Seine (f) | rio Sena (m) | ['hiu 'sɛna] |
| Loire (f) | rio Loire (m) | ['hiu lu'ar] |

Tamise (f)	rio Tâmisa (m)	['hiu 'tamiza]
Rhin (m)	rio Reno (m)	['hiu 'henu]
Danube (m)	rio Danúbio (m)	['hiu da'nubju]

Volga (f)	rio Volga (m)	['hiu 'vɔlga]
Don (m)	rio Don (m)	['hiu dɔn]
Lena (f)	rio Lena (m)	['hiu 'lena]

Huang He (m)	rio Amarelo (m)	['hiu ama'rɛlu]
Yangzi Jiang (m)	rio Yangtzé (m)	['hiu jã'gtzɛ]
Mékong (m)	rio Mekong (m)	['hiu mi'kõg]
Gange (m)	rio Ganges (m)	['hiu 'gænʤi:z]

Nil (m)	rio Nilo (m)	['hiu 'nilu]
Congo (m)	rio Congo (m)	['hiu 'kõgu]
Okavango (m)	rio Cubango (m)	['hiu ku'bãgu]
Zambèze (m)	rio Zambeze (m)	['hiu zã'bezi]
Limpopo (m)	rio Limpopo (m)	['hiu lĩ'popu]
Mississippi (m)	rio Mississippi (m)	['hiu misi'sipi]

204. La forêt

| forêt (f) | floresta (f), bosque (m) | [flo'rɛsta], ['bɔski] |
| forestier (adj) | florestal | [flores'taw] |

fourré (m)	mata (f) fechada	['mata fe'ʃada]
bosquet (m)	arvoredo (m)	[arvo'redu]
clairière (f)	clareira (f)	[kla'rejra]

| broussailles (f pl) | matagal (m) | [mata'gaw] |
| taillis (m) | mato (m), caatinga (f) | ['matu], [ka'tʃĩga] |

sentier (m)	trilha, vereda (f)	['triʎa], [ve'reda]
ravin (m)	ravina (f)	[ha'vina]
arbre (m)	árvore (f)	['arvori]
feuille (f)	folha (f)	['foʎa]

feuillage (m)	folhagem (f)	[fo'ʎaʒẽ]
chute (f) de feuilles	queda (f) das folhas	['kɛda das 'foʎas]
tomber (feuilles)	cair (vi)	[ka'ir]
sommet (m)	topo (m)	['topu]

rameau (m)	ramo (m)	['hamu]
branche (f)	galho (m)	['gaʎu]
bourgeon (m)	botão (m)	[bo'tãw]
aiguille (f)	agulha (f)	[a'guʎa]
pomme (f) de pin	pinha (f)	['piɲa]

creux (m)	buraco (m) de árvore	[bu'raku de 'arvori]
nid (m)	ninho (m)	['nĩɲu]
terrier (m) (~ d'un renard)	toca (f)	['tɔka]

tronc (m)	tronco (m)	['trõku]
racine (f)	raiz (f)	[ha'iz]
écorce (f)	casca (f) de árvore	['kaska de 'arvori]
mousse (f)	musgo (m)	['muzgu]

déraciner (vt)	arrancar pela raiz	[ahã'kar 'pɛla ha'iz]
abattre (un arbre)	cortar (vt)	[kor'tar]
déboiser (vt)	desflorestar (vt)	[dʒisflores'tar]
souche (f)	toco, cepo (m)	['toku], ['sepu]

feu (m) de bois	fogueira (f)	[fo'gejra]
incendie (m)	incêndio (m) florestal	[ĩ'sẽdʒu flores'taw]
éteindre (feu)	apagar (vt)	[apa'gar]

garde (m) forestier	guarda-parque (m)	['gwarda 'parki]
protection (f)	proteção (f)	[prote'sãw]
protéger (vt)	proteger (vt)	[prote'ʒer]
braconnier (m)	caçador (m) furtivo	[kasa'dor fur'tʃivu]
piège (m) à mâchoires	armadilha (f)	[arma'dʒiʎa]

cueillir (vt)	colher (vt)	[ko'ʎer]
s'égarer (vp)	perder-se (vr)	[per'dersi]

205. Les ressources naturelles

ressources (f pl) naturelles	recursos (m pl) naturais	[he'kursus natu'rajs]
minéraux (m pl)	minerais (m pl)	[mine'rajs]
gisement (m)	depósitos (m pl)	[de'pɔzitus]
champ (m) (~ pétrolifère)	jazida (f)	[ʒa'zida]

extraire (vt)	extrair (vt)	[istra'jir]
extraction (f)	extração (f)	[istra'sãw]
minerai (m)	minério (m)	[mi'nɛrju]
mine (f) (site)	mina (f)	['mina]
puits (m) de mine	poço (m) de mina	['posu de 'mina]
mineur (m)	mineiro (m)	[mi'nejru]

gaz (m)	gás (m)	[gajs]
gazoduc (m)	gasoduto (m)	[gazo'dutu]

pétrole (m)	petróleo (m)	[pe'trɔlju]
pipeline (m)	oleoduto (m)	[oljo'dutu]
tour (f) de forage	poço (m) de petróleo	['posu de pe'trɔlju]
derrick (m)	torre (f) petrolífera	['tohi petro'lifera]
pétrolier (m)	petroleiro (m)	[petro'lejru]
sable (m)	areia (f)	[a'reja]
calcaire (m)	calcário (m)	[kaw'karju]
gravier (m)	cascalho (m)	[kas'kaʎu]
tourbe (f)	turfa (f)	['turfa]
argile (f)	argila (f)	[ar'ʒila]
charbon (m)	carvão (m)	[kar'vãw]
fer (m)	ferro (m)	['fɛhu]
or (m)	ouro (m)	['oru]
argent (m)	prata (f)	['prata]
nickel (m)	níquel (m)	['nikew]
cuivre (m)	cobre (m)	['kɔbri]
zinc (m)	zinco (m)	['zĩku]
manganèse (m)	manganês (m)	[mãga'nes]
mercure (m)	mercúrio (m)	[mer'kurju]
plomb (m)	chumbo (m)	['ʃũbu]
minéral (m)	mineral (m)	[mine'raw]
cristal (m)	cristal (m)	[kris'taw]
marbre (m)	mármore (m)	['marmori]
uranium (m)	urânio (m)	[u'ranju]

La Terre. Partie 2

206. Le temps

temps (m)	tempo (m)	['tẽpu]
météo (f)	previsão (f) do tempo	[previ'zãw du 'tẽpu]
température (f)	temperatura (f)	[tẽpera'tura]
thermomètre (m)	termômetro (m)	[ter'mometru]
baromètre (m)	barômetro (m)	[ba'rometru]
humide (adj)	úmido	['umidu]
humidité (f)	umidade (f)	[umi'dadʒi]
chaleur (f) (canicule)	calor (m)	[ka'lor]
torride (adj)	tórrido	['tɔhidu]
il fait très chaud	está muito calor	[is'ta 'mwĩtu ka'lor]
il fait chaud	está calor	[is'ta ka'lor]
chaud (modérément)	quente	['kẽtʃi]
il fait froid	está frio	[is'ta 'friu]
froid (adj)	frio	['friu]
soleil (m)	sol (m)	[sɔw]
briller (soleil)	brilhar (vi)	[bri'ʎar]
ensoleillé (jour ~)	de sol, ensolarado	[de sɔw], [ẽsola'radu]
se lever (vp)	nascer (vi)	[na'ser]
se coucher (vp)	pôr-se (vr)	['porsi]
nuage (m)	nuvem (f)	['nuvẽj]
nuageux (adj)	nublado	[nu'bladu]
nuée (f)	nuvem (f) preta	['nuvẽj 'preta]
sombre (adj)	escuro	[is'kuru]
pluie (f)	chuva (f)	['ʃuva]
il pleut	está a chover	[is'ta a ʃo'ver]
pluvieux (adj)	chuvoso	[ʃu'vozu]
bruiner (v imp)	chuviscar (vi)	[ʃuvis'kar]
pluie (f) torrentielle	chuva (f) torrencial	['ʃuva tohẽ'sjaw]
averse (f)	aguaceiro (m)	[agwa'sejru]
forte (la pluie ~)	forte	['fɔrtʃi]
flaque (f)	poça (f)	['posa]
se faire mouiller	molhar-se (vr)	[mo'ʎarsi]
brouillard (m)	nevoeiro (m)	[nevo'ejru]
brumeux (adj)	de nevoeiro	[de nevu'ejru]
neige (f)	neve (f)	['nɛvi]
il neige	está nevando	[is'ta ne'vãdu]

207. Les intempéries. Les catastrophes naturelles

orage (m)	trovoada (f)	[tro'vwada]
éclair (m)	relâmpago (m)	[he'lãpagu]
éclater (foudre)	relampejar (vi)	[helãpe'ʒar]
tonnerre (m)	trovão (m)	[tro'vãw]
gronder (tonnerre)	trovejar (vi)	[trove'ʒar]
le tonnerre gronde	está trovejando	[is'ta trove'ʒãdu]
grêle (f)	granizo (m)	[gra'nizu]
il grêle	está caindo granizo	[is'ta ka'ĩdu gra'nizu]
inonder (vt)	inundar (vt)	[inũ'dar]
inondation (f)	inundação (f)	[ĩtrodu'sãw]
tremblement (m) de terre	terremoto (m)	[tehe'mɔtu]
secousse (f)	abalo, tremor (m)	[a'balu], [tre'mor]
épicentre (m)	epicentro (m)	[epi'sẽtru]
éruption (f)	erupção (f)	[erup'sãw]
lave (f)	lava (f)	['lava]
tourbillon (m)	tornado (m)	[tor'nadu]
tornade (f)	tornado (m)	[tor'nadu]
typhon (m)	tufão (m)	[tu'fãw]
ouragan (m)	furacão (m)	[fura'kãw]
tempête (f)	tempestade (f)	[tẽpes'tadʒi]
tsunami (m)	tsunami (m)	[tsu'nami]
cyclone (m)	ciclone (m)	[si'klɔni]
intempéries (f pl)	mau tempo (m)	[maw 'tẽpu]
incendie (m)	incêndio (m)	[ĩ'sẽdʒju]
catastrophe (f)	catástrofe (f)	[ka'tastrofi]
météorite (m)	meteorito (m)	[meteo'ritu]
avalanche (f)	avalanche (f)	[ava'lãʃi]
éboulement (m)	deslizamento (m) de neve	[dʒizliza'mẽtu de 'nɛvi]
blizzard (m)	nevasca (f)	[ne'vaska]
tempête (f) de neige	tempestade (f) de neve	[tẽpes'tadʒi de 'nɛvi]

208. Les bruits. Les sons

silence (m)	silêncio (m)	[si'lẽsju]
son (m)	som (m)	[sõ]
bruit (m)	ruído, barulho (m)	['hwidu], [ba'ruʎu]
faire du bruit	fazer barulho	[fa'zer ba'ruʎu]
bruyant (adj)	ruidoso, barulhento	[hwi'dozu], [baru'ʎẽtu]
fort (adv)	alto	['awtu]
fort (voix ~e)	alto	['awtu]
constant (bruit, etc.)	constante	[kõs'tãtʃi]

cri (m)	grito (m)	['gritu]
crier (vi)	gritar (vi)	[gri'tar]
chuchotement (m)	sussurro (m)	[su'suhu]
chuchoter (vi, vt)	sussurrar (vi, vt)	[susu'har]

aboiement (m)	latido (m)	[la'tʃidu]
aboyer (vi)	latir (vi)	[la'tʃir]

gémissement (m)	gemido (m)	[ʒe'midu]
gémir (vi)	gemer (vi)	[ʒe'mer]
toux (f)	tosse (f)	['tɔsi]
tousser (vi)	tossir (vi)	[to'sir]

sifflement (m)	assobio (m)	[aso'biu]
siffler (vi)	assobiar (vi)	[aso'bjar]
coups (m pl) à la porte	batida (f)	[ba'tʃida]
frapper (~ à la porte)	bater (vi)	[ba'ter]

craquer (vi)	estalar (vi)	[ista'lar]
craquement (m)	estalido, estalo (m)	[ista'lidu], [is'talu]

sirène (f)	sirene (f)	[si'rɛni]
sifflement (m) (de train)	apito (m)	[a'pitu]
siffler (train, etc.)	apitar (vi)	[api'tar]
coup (m) de klaxon	buzina (f)	[bu'zina]
klaxonner (vi)	buzinar (vi)	[buzi'nar]

209. L'hiver

hiver (m)	inverno (m)	[ĩ'vɛrnu]
d'hiver (adj)	de inverno	[de ĩ'vɛrnu]
en hiver	no inverno	[nu ĩ'vɛrnu]

neige (f)	neve (f)	['nɛvi]
il neige	está nevando	[is'ta ne'vãdu]
chute (f) de neige	queda (f) de neve	['kɛda de 'nɛvi]
congère (f)	amontoado (m) de neve	[amõ'twadu de 'nɛvi]

flocon (m) de neige	floco (m) de neve	['flɔku de 'nɛvi]
boule (f) de neige	bola (f) de neve	['bɔla de 'nɛvi]
bonhomme (m) de neige	boneco (m) de neve	[bo'neku de 'nɛvi]
glaçon (m)	sincelo (m)	[sĩ'sɛlu]

décembre (m)	dezembro (m)	[de'zẽbru]
janvier (m)	janeiro (m)	[ʒa'nejru]
février (m)	fevereiro (m)	[feve'rejru]

gel (m)	gelo (m)	['ʒelu]
glacial (nuit ~)	gelado	[ʒe'ladu]

au-dessous de zéro	abaixo de zero	[a'baiʃu de 'zɛru]
premières gelées (f pl)	primeira geada (f)	[pri'mejra 'ʒjada]
givre (m)	geada (f) branca	['ʒjada 'brãka]
froid (m)	frio (m)	['friu]

il fait froid	está frio	[is'ta 'friu]
manteau (m) de fourrure	casaco (m) de pele	[kaz'aku de 'pɛli]
moufles (f pl)	mitenes (f pl)	[mi'tɛnes]

tomber malade	adoecer (vi)	[adoe'ser]
refroidissement (m)	resfriado (m)	[hes'frjadu]
prendre froid	ficar resfriado	[fi'kar hes'frjadu]

glace (f)	gelo (m)	['ʒelu]
verglas (m)	gelo (m) na estrada	['ʒelu na is'trada]
être gelé	congelar-se (vr)	[kõʒe'larsi]
bloc (m) de glace	bloco (m) de gelo	['blɔku de 'ʒelu]

skis (m pl)	esqui (m)	[is'ki]
skieur (m)	esquiador (m)	[iskja'dor]
faire du ski	esquiar (vi)	[is'kjar]
patiner (vi)	patinar (vi)	[patʃi'nar]

La faune

210. Les mammifères. Les prédateurs

prédateur (m)	**predador** (m)	[preda'dor]
tigre (m)	**tigre** (m)	['tʃigri]
lion (m)	**leao** (m)	[le'aw]
loup (m)	**lobo** (m)	['lobu]
renard (m)	**raposa** (f)	[ha'pozu]
jaguar (m)	**jaguar** (m)	[ʒa'gwar]
léopard (m)	**leopardo** (m)	[ljo'pardu]
guépard (m)	**chita** (f)	['ʃita]
panthère (f)	**pantera** (f)	[pã'tɛra]
puma (m)	**puma** (m)	['puma]
léopard (m) de neiges	**leopardo-das-neves** (m)	[ljo'pardu das 'nɛvis]
lynx (m)	**lince** (m)	['lĩsi]
coyote (m)	**coiote** (m)	[ko'jotʃi]
chacal (m)	**chacal** (m)	[ʃa'kaw]
hyène (f)	**hiena** (f)	['jena]

211. Les animaux sauvages

animal (m)	**animal** (m)	[ani'maw]
bête (f)	**besta** (f)	['besta]
écureuil (m)	**esquilo** (m)	[is'kilu]
hérisson (m)	**ouriço** (m)	[o'risu]
lièvre (m)	**lebre** (f)	['lɛbri]
lapin (m)	**coelho** (m)	[ko'eʎu]
blaireau (m)	**texugo** (m)	[te'ʃugu]
raton (m)	**guaxinim** (m)	[gwaʃi'nĩ]
hamster (m)	**hamster** (m)	['amster]
marmotte (f)	**marmota** (f)	[mah'mota]
taupe (f)	**toupeira** (f)	[to'pejra]
souris (f)	**rato** (m)	['hatu]
rat (m)	**ratazana** (f)	[hata'zana]
chauve-souris (f)	**morcego** (m)	[mor'segu]
hermine (f)	**arminho** (m)	[ar'miɲu]
zibeline (f)	**zibelina** (f)	[zibe'lina]
martre (f)	**marta** (f)	['mahta]
belette (f)	**doninha** (f)	[do'niɲa]
vison (m)	**visom** (m)	[vi'zõ]

| castor (m) | castor (m) | [kas'tor] |
| loutre (f) | lontra (f) | ['lõtra] |

cheval (m)	cavalo (m)	[ka'valu]
élan (m)	alce (m)	['awsi]
cerf (m)	veado (m)	['vjadu]
chameau (m)	camelo (m)	[ka'melu]

bison (m)	bisão (m)	[bi'zãw]
aurochs (m)	auroque (m)	[aw'rɔki]
buffle (m)	búfalo (m)	['bufalu]

zèbre (m)	zebra (f)	['zebra]
antilope (f)	antílope (m)	[ã'tʃilopi]
chevreuil (m)	corça (f)	['korsa]
biche (f)	gamo (m)	['gamu]
chamois (m)	camurça (f)	[ka'mursa]
sanglier (m)	javali (m)	[ʒava'li]

baleine (f)	baleia (f)	[ba'leja]
phoque (m)	foca (f)	['fɔka]
morse (m)	morsa (f)	['mɔhsa]
ours (m) de mer	urso-marinho (m)	['ursu ma'riɲu]
dauphin (m)	golfinho (m)	[gow'fiɲu]

ours (m)	urso (m)	['ursu]
ours (m) blanc	urso (m) polar	['ursu po'lar]
panda (m)	panda (m)	['pãda]

singe (m)	macaco (m)	[ma'kaku]
chimpanzé (m)	chimpanzé (m)	[ʃĩpã'zɛ]
orang-outang (m)	orangotango (m)	[orãgu'tãgu]
gorille (m)	gorila (m)	[go'rila]
macaque (m)	macaco (m)	[ma'kaku]
gibbon (m)	gibão (m)	[ʒi'bãw]

éléphant (m)	elefante (m)	[ele'fãtʃi]
rhinocéros (m)	rinoceronte (m)	[hinose'rõtʃi]
girafe (f)	girafa (f)	[ʒi'rafa]
hippopotame (m)	hipopótamo (m)	[ipo'pɔtamu]

| kangourou (m) | canguru (m) | [kãgu'ru] |
| koala (m) | coala (m) | ['kwala] |

mangouste (f)	mangusto (m)	[mã'gustu]
chinchilla (m)	chinchila (f)	[ʃĩ'ʃila]
mouffette (f)	cangambá (f)	[kã'gãba]
porc-épic (m)	porco-espinho (m)	['pɔrku is'piɲu]

212. Les animaux domestiques

chat (m) (femelle)	gata (f)	['gata]
chat (m) (mâle)	gato (m) macho	['gatu 'maʃu]
chien (m)	cão (m)	['kãw]

cheval (m)	cavalo (m)	[ka'valu]
étalon (m)	garanhão (m)	[gara'ɲãw]
jument (f)	égua (f)	['ɛgwa]

vache (f)	vaca (f)	['vaka]
taureau (m)	touro (m)	['toru]
bœuf (m)	boi (m)	[boj]

brebis (f)	ovelha (f)	[o've ʎa]
mouton (m)	carneiro (m)	[kar'nejru]
chèvre (f)	cabra (f)	['kabra]
bouc (m)	bode (m)	['bɔdʒi]

âne (m)	burro (m)	['buhu]
mulet (m)	mula (f)	['mula]

cochon (m)	porco (m)	['porku]
pourceau (m)	leitão (m)	[lej'tãw]
lapin (m)	coelho (m)	[ko'eʎu]

poule (f)	galinha (f)	[ga'liɲa]
coq (m)	galo (m)	['galu]

canard (m)	pata (f)	['pata]
canard (m) mâle	pato (m)	['patu]
oie (f)	ganso (m)	['gãsu]

dindon (m)	peru (m)	[pe'ru]
dinde (f)	perua (f)	[pe'rua]

animaux (m pl) domestiques	animais (m pl) domésticos	[ani'majs do'mɛstʃikus]
apprivoisé (adj)	domesticado	[domestʃi'kadu]
apprivoiser (vt)	domesticar (vt)	[domestʃi'kar]
élever (vt)	criar (vt)	[krjar]

ferme (f)	fazenda (f)	[fa'zẽda]
volaille (f)	aves (f pl) domésticas	['avis do'mɛstʃikas]
bétail (m)	gado (m)	['gadu]
troupeau (m)	rebanho (m), manada (f)	[he'baɲu], [ma'nada]

écurie (f)	estábulo (m)	[is'tabulu]
porcherie (f)	chiqueiro (m)	[ʃi'kejru]
vacherie (f)	estábulo (m)	[is'tabulu]
cabane (f) à lapins	coelheira (f)	[kue'ʎejra]
poulailler (m)	galinheiro (m)	[gali'ɲejru]

213. Le chien. Les races

chien (m)	cão (m)	['kãw]
berger (m)	cão pastor (m)	['kãw pas'tor]
berger (m) allemand	pastor-alemão (m)	[pas'tor ale'mãw]
caniche (f)	poodle (m)	['pudw]
teckel (m)	linguicinha (m)	[lĩgwi'siɲa]
bouledogue (m)	buldogue (m)	[buw'dɔgi]

boxer (m)	boxer (m)	['bɔkser]
mastiff (m)	mastim (m)	[mas'tʃĩ]
rottweiler (m)	rottweiler (m)	[hɔt'vejler]
doberman (m)	dóberman (m)	['dɔberman]

basset (m)	basset (m)	[ba'sɛt]
bobtail (m)	pastor inglês (m)	[pas'tor ĩ'gles]
dalmatien (m)	dálmata (m)	['dalmata]
cocker (m)	cocker spaniel (m)	['kɔker spa'njel]

terre-neuve (m)	terra-nova (m)	['tɛha-'nɔva]
saint-bernard (m)	são-bernardo (m)	[sãw-ber'nardu]

husky (m)	husky (m) siberiano	['aski sibe'rjanu]
chow-chow (m)	Chow-chow (m)	[ʃɔu'ʃɔu]
spitz (m)	spitz alemão (m)	['spits ale'mãw]
carlin (m)	pug (m)	[pug]

214. Les cris des animaux

aboiement (m)	latido (m)	[la'tʃidu]
aboyer (vi)	latir (vi)	[la'tʃir]
miauler (vi)	miar (vi)	[mjar]
ronronner (vi)	ronronar (vi)	[hõho'nar]

meugler (vi)	mugir (vi)	[mu'ʒir]
beugler (taureau)	bramir (vi)	[bra'mir]
rugir (chien)	rosnar (vi)	[hoz'nar]

hurlement (m)	uivo (m)	['wivu]
hurler (loup)	uivar (vi)	[wi'var]
geindre (vi)	ganir (vi)	[ga'nir]

bêler (vi)	balir (vi)	[ba'lih]
grogner (cochon)	grunhir (vi)	[gru'ɲir]
glapir (cochon)	guinchar (vi)	[gĩ'ʃar]

coasser (vi)	coaxar (vi)	[koa'ʃar]
bourdonner (vi)	zumbir (vi)	[zũ'bir]
striduler (vi)	ziziar (vi)	[zi'zjar]

215. Les jeunes animaux

bébé (m) (~ lapin)	cria (f), filhote (m)	['kria], [fi'ʎɔtʃi]
chaton (m)	filhote de gato, gatinho (m)	[fi'ʎɔtʃi de gatu], [ga'tiɲu]
souriceau (m)	ratinho (m)	[ha'tiɲu]
chiot (m)	cachorro (m)	[ka'ʃohu]

levraut (m)	filhote (m) de lebre	[fi'ʎɔtʃi de 'lɛbri]
lapereau (m)	coelhinho (m)	[kue'ʎiɲu]
louveteau (m)	lobinho (m)	[lo'biɲu]
renardeau (m)	filhote (m) de raposa	[fi'ʎɔtʃi de ha'pozu]

ourson (m)	filhote (m) de urso	[fi'ʎɔtʃi de 'ursu]
lionceau (m)	filhote (m) de leão	[fi'ʎɔtʃi de le'ãw]
bébé (m) tigre	filhote (m) de tigre	[fi'ʎɔtʃi de 'tʃigri]
éléphanteau (m)	filhote (m) de elefante	[fi'ʎɔtʃi de ele'fãtʃi]

pourceau (m)	leitão (m)	[lej'tãw]
veau (m)	bezerro (m)	[be'zehu]
chevreau (m)	cabrito (m)	[ka'britu]
agneau (m)	cordeiro (m)	[kor'dejru]
faon (m)	filhote (m) de veado	[fi'ʎɔtʃi de 'vjadu]
bébé (m) chameau	cria (f) de camelo	['kria de ka'melu]

| serpenteau (m) | filhote (m) de serpente | [fi'ʎɔtʃi de ser'pẽtʃi] |
| bébé (m) grenouille | filhote (m) de rã | [fi'ʎɔtʃi de hã] |

oisillon (m)	cria (f) de ave	['kria de 'avi]
poussin (m)	pinto (m)	['pĩtu]
canardeau (m)	patinho (m)	[pa'tʃiɲu]

216. Les oiseaux

oiseau (m)	pássaro (m), ave (f)	['pasaru], ['avi]
pigeon (m)	pombo (m)	['põbu]
moineau (m)	pardal (m)	[par'daw]
mésange (f)	chapim-real (m)	[ʃa'pĩ-he'aw]
pie (f)	pega-rabuda (f)	['pega-ha'buda]

corbeau (m)	corvo (m)	['korvu]
corneille (f)	gralha-cinzenta (f)	['graʎa sĩ'zẽta]
choucas (m)	gralha-de-nuca-cinzenta (f)	['graʎa de 'nuka sĩ'zẽta]
freux (m)	gralha-calva (f)	['graʎa 'kawvu]

canard (m)	pato (m)	['patu]
oie (f)	ganso (m)	['gãsu]
faisan (m)	faisão (m)	[faj'zãw]

aigle (m)	águia (f)	['agja]
épervier (m)	açor (m)	[a'sor]
faucon (m)	falcão (m)	[faw'kãw]
vautour (m)	abutre (m)	[a'butri]
condor (m)	condor (m)	[kõ'dor]

cygne (m)	cisne (m)	['sizni]
grue (f)	grou (m)	[grow]
cigogne (f)	cegonha (f)	[se'goɲa]

perroquet (m)	papagaio (m)	[papa'gaju]
colibri (m)	beija-flor (m)	[bejʒa'flɔr]
paon (m)	pavão (m)	[pa'vãw]

autruche (f)	avestruz (m)	[aves'truz]
héron (m)	garça (f)	['garsa]
flamant (m)	flamingo (m)	[fla'mĩgu]
pélican (m)	pelicano (m)	[peli'kanu]

rossignol (m)	rouxinol (m)	[hoʃi'nɔw]
hirondelle (f)	andorinha (f)	[ãdo'riɲa]
merle (m)	tordo-zornal (m)	['tɔrdu-zor'nal]
grive (f)	tordo-músico (m)	['tɔrdu-'muziku]
merle (m) noir	melro-preto (m)	['mɛwhu 'pretu]
martinet (m)	andorinhão (m)	[ãdori'ɲãw]
alouette (f) des champs	laverca, cotovia (f)	[la'verka], [kutu'via]
caille (f)	codorna (f)	[ko'dɔrna]
pivert (m)	pica-pau (m)	['pika 'paw]
coucou (m)	cuco (m)	['kuku]
chouette (f)	coruja (f)	[ko'ruʒa]
hibou (m)	bufo-real (m)	['bufu-he'aw]
tétras (m)	tetraz-grande (m)	[tɛ'tras-'grãdʒi]
tétras-lyre (m)	tetraz-lira (m)	[tɛ'tras-'lira]
perdrix (f)	perdiz-cinzenta (f)	[per'dis sĩ'zẽta]
étourneau (m)	estorninho (m)	[istor'niɲu]
canari (m)	canário (m)	[ka'narju]
gélinotte (f) des bois	galinha-do-mato (f)	[ga'liɲa du 'matu]
pinson (m)	tentilhão (m)	[tẽtʃi'ʎãw]
bouvreuil (m)	dom-fafe (m)	[dõ'fafi]
mouette (f)	gaivota (f)	[gaj'vɔta]
albatros (m)	albatroz (m)	[alba'trɔs]
pingouin (m)	pinguim (m)	[pĩ'gwĩ]

217. Les oiseaux. Le chant, les cris

chanter (vi)	cantar (vi)	[kã'tar]
crier (vi)	gritar, chamar (vi)	[gri'tar], [ʃa'mar]
chanter (le coq)	cantar (vi)	[kã'tar]
cocorico (m)	cocorocó (m)	[kɔkuru'kɔ]
glousser (vi)	cacarejar (vi)	[kakare'ʒar]
croasser (vi)	crocitar, grasnar (vi)	[krosi'tar], [graz'nar]
cancaner (vi)	grasnar (vi)	[graz'nar]
piauler (vi)	piar (vi)	[pjar]
pépier (vi)	chilrear, gorjear (vi)	[ʃiw'hjar], [gor'ʒjar]

218. Les poissons. Les animaux marins

brème (f)	brema (f)	['brema]
carpe (f)	carpa (f)	['karpa]
perche (f)	perca (f)	['pehka]
silure (m)	siluro (m)	[si'luru]
brochet (m)	lúcio (m)	['lusju]
saumon (m)	salmão (m)	[saw'mãw]
esturgeon (m)	esturjão (m)	[istur'ʒãw]

hareng (m)	arenque (m)	[a'rẽki]
saumon (m) atlantique	salmão (m) do Atlântico	[saw'mãw du at'lãtʃiku]
maquereau (m)	cavala, sarda (f)	[ka'vala], ['sarda]
flet (m)	solha (f), linguado (m)	['soʎa], [lĩ'gwadu]

sandre (f)	lúcio perca (m)	['lusju 'perka]
morue (f)	bacalhau (m)	[baka'ʎaw]
thon (m)	atum (m)	[a'tũ]
truite (f)	truta (f)	['truta]

anguille (f)	enguia (f)	[ẽ'gia]
torpille (f)	raia (f) elétrica	['haja e'lɛtrika]
murène (f)	moreia (f)	[mo'reja]
piranha (m)	piranha (f)	[pi'raɲa]

requin (m)	tubarão (m)	[tuba'rãw]
dauphin (m)	golfinho (m)	[gow'fiɲu]
baleine (f)	baleia (f)	[ba'leja]

crabe (m)	caranguejo (m)	[karã'geʒu]
méduse (f)	água-viva (f)	['agwa 'viva]
pieuvre (f), poulpe (m)	polvo (m)	['powvu]

étoile (f) de mer	estrela-do-mar (f)	[is'trela du 'mar]
oursin (m)	ouriço-do-mar (m)	[o'risu du 'mar]
hippocampe (m)	cavalo-marinho (m)	[ka'valu ma'riɲu]

huître (f)	ostra (f)	['ostra]
crevette (f)	camarão (m)	[kama'rãw]
homard (m)	lagosta (f)	[la'gosta]
langoustine (f)	lagosta (f)	[la'gosta]

219. Les amphibiens. Les reptiles

| serpent (m) | cobra (f) | ['kɔbra] |
| venimeux (adj) | venenoso | [vene'nozu] |

vipère (f)	víbora (f)	['vibora]
cobra (m)	naja (f)	['naʒa]
python (m)	píton (m)	['pitɔn]
boa (m)	jiboia (f)	[ʒi'bɔja]

couleuvre (f)	cobra-de-água (f)	[kɔbra de 'agwa]
serpent (m) à sonnettes	cascavel (f)	[kaska'vɛw]
anaconda (m)	anaconda, sucuri (f)	[ana'kõda], [sukuri]

lézard (m)	lagarto (m)	[la'gartu]
iguane (m)	iguana (f)	[i'gwana]
varan (m)	varano (m)	[va'ranu]
salamandre (f)	salamandra (f)	[sala'mãdra]
caméléon (m)	camaleão (m)	[kamale'ãu]
scorpion (m)	escorpião (m)	[iskorpi'ãw]
tortue (f)	tartaruga (f)	[tarta'ruga]
grenouille (f)	rã (f)	[hã]

| crapaud (m) | sapo (m) | ['sapu] |
| crocodile (m) | crocodilo (m) | [kroko'dʒilu] |

220. Les insectes

insecte (m)	inseto (m)	[ĩ'sɛtu]
papillon (m)	borboleta (f)	[borbo'leta]
fourmi (f)	formiga (f)	[for'miga]
mouche (f)	mosca (f)	['moska]
moustique (m)	mosquito (m)	[mos'kitu]
scarabée (m)	escaravelho (m)	[iskara'veʎu]

guêpe (f)	vespa (f)	['vespa]
abeille (f)	abelha (f)	[a'beʎa]
bourdon (m)	mamangaba (f)	[mamã'gaba]
œstre (m)	moscardo (m)	[mos'kardu]

| araignée (f) | aranha (f) | [a'raɲa] |
| toile (f) d'araignée | teia (f) de aranha | ['teja de a'raɲa] |

libellule (f)	libélula (f)	[li'bɛlula]
sauterelle (f)	gafanhoto (m)	[gafa'ɲotu]
papillon (m)	traça (f)	['trasa]

cafard (m)	barata (f)	[ba'rata]
tique (f)	carrapato (m)	[kaha'patu]
puce (f)	pulga (f)	['puwga]
moucheron (m)	borrachudo (m)	[boha'ʃudu]

criquet (m)	gafanhoto-migratório (m)	[gafa'ɲotu-migra'tɔrju]
escargot (m)	caracol (m)	[kara'kɔw]
grillon (m)	grilo (m)	['grilu]
luciole (f)	pirilampo, vaga-lume (m)	[piri'lãpu], [vaga-'lumi]
coccinelle (f)	joaninha (f)	[ʒwa'niɲa]
hanneton (m)	besouro (m)	[be'zoru]

sangsue (f)	sanguessuga (f)	[sãgi'suga]
chenille (f)	lagarta (f)	[la'garta]
ver (m)	minhoca (f)	[mi'ɲɔka]
larve (f)	larva (f)	['larva]

221. Les parties du corps des animaux

bec (m)	bico (m)	['biku]
ailes (f pl)	asas (f pl)	['azas]
patte (f)	pata (f)	['pata]
plumage (m)	plumagem (f)	[plu'maʒẽ]
plume (f)	pena, pluma (f)	['pena], ['pluma]
houppe (f)	crista (f)	['krista]

| ouïes (f pl) | guelras (f pl) | ['gɛwhas] |
| œufs (m pl) | ovas (f pl) | ['ɔvas] |

larve (f)	larva (f)	['larva]
nageoire (f)	barbatana (f)	[barba'tana]
écaille (f)	escama (f)	[is'kama]

croc (m)	presa (f)	['preza]
patte (f)	pata (f)	['pata]
museau (m)	focinho (m)	[fo'siɲu]
gueule (f)	boca (f)	['boka]
queue (f)	cauda (f), rabo (m)	['kawda], ['habu]
moustaches (f pl)	bigodes (m pl)	[bi'gɔdʒis]

| sabot (m) | casco (m) | ['kasku] |
| corne (f) | corno (m) | ['kornu] |

carapace (f)	carapaça (f)	[kara'pasa]
coquillage (m)	concha (f)	['kõʃa]
coquille (f) d'œuf	casca (f) de ovo	['kaska de 'ovu]

| poil (m) | pelo (m) | ['pelu] |
| peau (f) | pele (f), couro (m) | ['pɛli], ['koru] |

222. Les mouvements des animaux

| voler (vi) | voar (vi) | [vo'ar] |
| faire des cercles | dar voltas | [dar 'vɔwtas] |

| s'envoler (vp) | voar (vi) | [vo'ar] |
| battre des ailes | bater as asas | [ba'ter as 'azas] |

| picorer (vt) | bicar (vi) | [bi'kar] |
| couver (vt) | incubar (vt) | [ĩku'bar] |

| éclore (vt) | sair do ovo | [sa'ir du 'ovu] |
| faire un nid | fazer o ninho | [fa'zer u 'niɲu] |

ramper (vi)	rastejar (vi)	[haste'ʒar]
piquer (insecte)	picar (vt)	[pi'kar]
mordre (animal)	morder (vt)	[mor'der]

flairer (vt)	cheirar (vt)	[ʃej'rar]
aboyer (vi)	latir (vi)	[la'tʃir]
siffler (serpent)	silvar (vi)	[siw'var]

| effrayer (vt) | assustar (vt) | [asus'tar] |
| attaquer (vt) | atacar (vt) | [ata'kar] |

ronger (vt)	roer (vt)	[hwer]
griffer (vt)	arranhar (vt)	[aha'ɲar]
se cacher (vp)	esconder-se (vr)	[iskõ'dersi]

jouer (chatons, etc.)	brincar (vi)	[brĩ'kar]
chasser (vi, vt)	caçar (vi)	[ka'sar]
être en hibernation	hibernar (vi)	[iber'nar]
disparaître (dinosaures)	extinguir-se (vr)	[istʃĩ'girsi]

223. Les habitats des animaux

habitat (m) naturel	hábitat (m)	['abitatʃi]
migration (f)	migração (f)	[migra'sãw]
montagne (f)	montanha (f)	[mõ'taɲa]
récif (m)	recife (m)	[he'sifi]
rocher (m)	falésia (f)	[fa'lɛzja]
forêt (f)	floresta (f)	[flo'rɛsta]
jungle (f)	selva (f)	['sɛwva]
savane (f)	savana (f)	[sa'vana]
toundra (f)	tundra (f)	['tũdra]
steppe (f)	estepe (f)	[is'tɛpi]
désert (m)	deserto (m)	[de'zɛrtu]
oasis (f)	oásis (m)	[o'asis]
mer (f)	mar (m)	[mah]
lac (m)	lago (m)	['lagu]
océan (m)	oceano (m)	[o'sjanu]
marais (m)	pântano (m)	['pãtanu]
d'eau douce (adj)	de água doce	[de 'agwa 'dosi]
étang (m)	lagoa (f)	[la'goa]
rivière (f), fleuve (m)	rio (m)	['hiu]
tanière (f)	toca (f) do urso	['tɔka du 'ursu]
nid (m)	ninho (m)	['niɲu]
creux (m)	buraco (m) de árvore	[bu'raku de 'arvori]
terrier (m) (~ d'un renard)	toca (f)	['tɔka]
fourmilière (f)	formigueiro (m)	[formi'gejru]

224. Les soins aux animaux

zoo (m)	jardim (m) zoológico	[ʒar'dʒĩ zo'lɔʒiku]
réserve (f) naturelle	reserva (f) natural	[he'zɛrva natu'raw]
pépinière (f)	viveiro (m)	[vi'vejru]
volière (f)	jaula (f) de ar livre	['ʒawla de ar 'livri]
cage (f)	jaula, gaiola (f)	['ʒawla], [ga'jɔla]
niche (f)	casinha (f) de cachorro	[ka'ziɲa de ka'ʃohu]
pigeonnier (m)	pombal (m)	[põ'baw]
aquarium (m)	aquário (m)	[a'kwarju]
delphinarium (m)	delfinário (m)	[delfi'narju]
élever (vt)	criar (vt)	[krjar]
nichée (f), portée (f)	cria (f)	['kria]
apprivoiser (vt)	domesticar (vt)	[domestʃi'kar]
dresser (un chien)	adestrar (vt)	[ades'trar]
aliments (pl) pour animaux	ração (f)	[ha'sãw]
nourrir (vt)	alimentar (vt)	[alimẽ'tar]

magasin (m) d'animaux	**loja** (f) **de animais**	['lɔʒa de animajs]
muselière (f)	**focinheira** (m)	[fosi'nejra]
collier (m)	**coleira** (f)	[ko'lejra]
nom (m) (d'un animal)	**nome** (m)	['nɔmi]
pedigree (m)	**pedigree** (m)	[pedʒi'gri]

225. Les animaux. Divers

meute (f) (~ de loups)	**alcateia** (f)	[awka'tɛja]
volée (f) d'oiseaux	**bando** (m)	['bãdu]
banc (m) de poissons	**cardume** (m)	[kar'dumi]
troupeau (m)	**manada** (f)	[ma'nada]
mâle (m)	**macho** (m)	['maʃu]
femelle (f)	**fêmea** (f)	['femja]
affamé (adj)	**faminto**	[fa'mĩtu]
sauvage (adj)	**selvagem**	[sew'vaʒẽ]
dangereux (adj)	**perigoso**	[peri'gozu]

226. Les chevaux

cheval (m)	**cavalo** (m)	[ka'valu]
race (f)	**raça** (f)	['hasa]
poulain (m)	**potro** (m)	['potru]
jument (f)	**égua** (f)	['ɛgwa]
mustang (m)	**mustangue** (m)	[mus'tãgi]
poney (m)	**pônei** (m)	['ponej]
cheval (m) de trait	**cavalo** (m) **de tiro**	[ka'valu de 'tʃiru]
crin (m)	**crina** (f)	['krina]
queue (f)	**rabo** (m)	['habu]
sabot (m)	**casco** (m)	['kasku]
fer (m) à cheval	**ferradura** (f)	[feha'dura]
ferrer (vt)	**ferrar** (vt)	[fe'har]
maréchal-ferrant (m)	**ferreiro** (m)	[fe'hejru]
selle (f)	**sela** (f)	['sɛla]
étrier (m)	**estribo** (m)	[is'tribu]
bride (f)	**brida** (f)	['brida]
rênes (f pl)	**rédeas** (f pl)	['hɛdʒjas]
fouet (m)	**chicote** (m)	[ʃi'kɔtʃi]
cavalier (m)	**cavaleiro** (m)	[kava'lejru]
seller (vt)	**colocar sela**	[kolo'kar 'sɛla]
se mettre en selle	**montar no cavalo**	[mõ'tar nu ka'valu]
galop (m)	**galope** (m)	[ga'lɔpi]
aller au galop	**galopar** (vi)	[galo'par]

trot (m)	**trote** (m)	['trɔtʃi]
au trot (adv)	**a trote**	[a 'trɔtʃi]
aller au trot	**ir a trote**	[ir a 'trɔtʃi]
cheval (m) de course	**cavalo** (m) **de corrida**	[ka'valu de ko'hida]
courses (f pl) à chevaux	**corridas** (f pl)	[ko'hidas]
écurie (f)	**estábulo** (m)	[is'tabulu]
nourrir (vt)	**alimentar** (vt)	[alimẽ'tar]
foin (m)	**feno** (m)	['fenu]
abreuver (vt)	**dar água**	[dar 'agwa]
laver (le cheval)	**limpar** (vt)	[lĩ'par]
charrette (f)	**carroça** (f)	[ka'hɔsa]
paître (vi)	**pastar** (vi)	[pas'tar]
hennir (vi)	**relinchar** (vi)	[helĩ'ʃar]
ruer (vi)	**dar um coice**	[dar ũ 'kojsi]

La flore

227. Les arbres

arbre (m)	árvore (f)	['arvori]
à feuilles caduques	decídua	[de'sidwa]
conifère (adj)	conífera	[ko'nifera]
à feuilles persistantes	perene	[pe'rɛni]
pommier (m)	macieira (f)	[ma'sjejra]
poirier (m)	pereira (f)	[pe'rejra]
merisier (m)	cerejeira (f)	[sere'ʒejra]
cerisier (m)	ginjeira (f)	[ʒĩ'ʒejra]
prunier (m)	ameixeira (f)	[amej'ʃejra]
bouleau (m)	bétula (f)	['bɛtula]
chêne (m)	carvalho (m)	[kar'vaʎu]
tilleul (m)	tília (f)	['tʃilja]
tremble (m)	choupo-tremedor (m)	['ʃopu-treme'dor]
érable (m)	bordo (m)	['bordu]
épicéa (m)	espruce (m)	[is'pruse]
pin (m)	pinheiro (m)	[pi'ɲejru]
mélèze (m)	alerce, lariço (m)	[a'lɛrse], [la'risu]
sapin (m)	abeto (m)	[a'bɛtu]
cèdre (m)	cedro (m)	['sɛdru]
peuplier (m)	choupo, álamo (m)	['ʃopu], ['alamu]
sorbier (m)	tramazeira (f)	[trama'zejra]
saule (m)	salgueiro (m)	[saw'gejru]
aune (m)	amieiro (m)	[a'mjejru]
hêtre (m)	faia (f)	['faja]
orme (m)	ulmeiro, olmo (m)	[ul'mejru], ['ɔwmu]
frêne (m)	freixo (m)	['frejʃu]
marronnier (m)	castanheiro (m)	[kasta'ɲejru]
magnolia (m)	magnólia (f)	[mag'nɔlja]
palmier (m)	palmeira (f)	[paw'mejra]
cyprès (m)	cipreste (m)	[si'prɛstʃi]
palétuvier (m)	mangue (m)	['mãgi]
baobab (m)	embondeiro, baobá (m)	[ẽbõ'dejru], [bao'ba]
eucalyptus (m)	eucalipto (m)	[ewka'liptu]
séquoia (m)	sequoia (f)	[se'kwɔja]

228. Les arbustes

buisson (m)	arbusto (m)	[ar'bustu]
arbrisseau (m)	arbusto (m), moita (f)	[ar'bustu], ['mɔjta]

| vigne (f) | videira (f) | [vi'dejra] |
| vigne (f) (vignoble) | vinhedo (m) | [vi'ɲedu] |

framboise (f)	framboeseira (f)	[frãboe'zejra]
cassis (m)	groselheira-negra (f)	[groze'ʎejra 'negra]
groseille (f) rouge	groselheira-vermelha (f)	[grozɛ'ʎejra ver'meʎa]
groseille (f) verte	groselheira (f) espinhosa	[groze'ʎejra ispi'ɲoza]

acacia (m)	acácia (f)	[a'kasja]
berbéris (m)	bérberis (f)	['bɛrberis]
jasmin (m)	jasmim (m)	[ʒaz'mĩ]

genévrier (m)	junípero (m)	[ʒu'niperu]
rosier (m)	roseira (f)	[ho'zejra]
églantier (m)	roseira (f) brava	[ho'zejra 'brava]

229. Les champignons

champignon (m)	cogumelo (m)	[kogu'mɛlu]
champignon (m) comestible	cogumelo (m) comestível	[kogu'mɛlu komes'tʃivew]
champignon (m) vénéneux	cogumelo (m) venenoso	[kogu'mɛlu vene'nozu]
chapeau (m)	chapéu (m)	[ʃa'pɛw]
pied (m)	pé, caule (m)	[pɛ], ['kauli]

cèpe (m)	boleto, porcino (m)	[bu'letu], [pɔrsinu]
bolet (m) orangé	boleto (m) alaranjado	[bu'letu alarã'ʒadu]
bolet (m) bai	boleto (m) de bétula	[bu'letu de 'bɛtula]
girolle (f)	cantarelo (m)	[kãta'rɛlu]
russule (f)	rússula (f)	['rusula]

morille (f)	morchella (f)	[mor'ʃɛla]
amanite (f) tue-mouches	agário-das-moscas (m)	[a'garju das 'moskas]
oronge (f) verte	cicuta (f) verde	[si'kuta 'verdʒi]

230. Les fruits. Les baies

fruit (m)	fruta (f)	['fruta]
fruits (m pl)	frutas (f pl)	['frutas]
pomme (f)	maçã (f)	[ma'sã]
poire (f)	pera (f)	['pera]
prune (f)	ameixa (f)	[a'mejʃa]

fraise (f)	morango (m)	[mo'rãgu]
cerise (f)	ginja (f)	['ʒĩʒa]
merise (f)	cereja (f)	[se'reʒa]
raisin (m)	uva (f)	['uva]

framboise (f)	framboesa (f)	[frãbo'eza]
cassis (m)	groselha (f) negra	[gro'zɛʎa 'negra]
groseille (f) rouge	groselha (f) vermelha	[[gro'zɛʎa ver'meʎa]
groseille (f) verte	groselha (f) espinhosa	[gro'zɛʎa ispi'ɲoza]
canneberge (f)	oxicoco (m)	[oksi'koku]

orange (f)	laranja (f)	[la'rãʒa]
mandarine (f)	tangerina (f)	[tãʒe'rina]
ananas (m)	abacaxi (m)	[abaka'ʃi]
banane (f)	banana (f)	[ba'nana]
datte (f)	tâmara (f)	['tamara]

citron (m)	limão (m)	[li'mãw]
abricot (m)	damasco (m)	[da'masku]
pêche (f)	pêssego (m)	['pesegu]
kiwi (m)	quiuí (m)	[ki'vi]
pamplemousse (m)	toranja (f)	[to'rãʒa]

baie (f)	baga (f)	['baga]
baies (f pl)	bagas (f pl)	['bagas]
airelle (f) rouge	arando (m) vermelho	[a'rãdu ver'meʎu]
fraise (f) des bois	morango-silvestre (m)	[mo'rãgu siw'vɛstri]
myrtille (f)	mirtilo (m)	[mih'tʃilu]

231. Les fleurs. Les plantes

| fleur (f) | flor (f) | [flɔr] |
| bouquet (m) | buquê (m) de flores | [bu'ke de 'floris] |

rose (f)	rosa (f)	['hɔza]
tulipe (f)	tulipa (f)	[tu'lipa]
oeillet (m)	cravo (m)	['kravu]
glaïeul (m)	gladíolo (m)	[gla'dʒiolu]

bleuet (m)	escovinha (f)	[isko'viɲa]
campanule (f)	campainha (f)	[kampa'iɲa]
dent-de-lion (f)	dente-de-leão (m)	['dẽtʃi] de le'ãw]
marguerite (f)	camomila (f)	[kamo'mila]

aloès (m)	aloé (m)	[alo'ɛ]
cactus (m)	cacto (m)	['kaktu]
ficus (m)	fícus (m)	['fikus]

lis (m)	lírio (m)	['lirju]
géranium (m)	gerânio (m)	[ʒe'ranju]
jacinthe (f)	jacinto (m)	[ʒa'sĩtu]

mimosa (m)	mimosa (f)	[mi'mɔza]
jonquille (f)	narciso (m)	[nar'sizu]
capucine (f)	capuchinha (f)	[kapu'ʃiɲa]

orchidée (f)	orquídea (f)	[or'kidʒja]
pivoine (f)	peônia (f)	[pi'onia]
violette (f)	violeta (f)	[vjo'leta]

pensée (f)	amor-perfeito (m)	[a'mor per'fejtu]
myosotis (m)	não-me-esqueças (m)	['nãw mi is'kesas]
pâquerette (f)	margarida (f)	[marga'rida]
coquelicot (m)	papoula (f)	[pa'pola]
chanvre (m)	cânhamo (m)	['kaɲamu]

menthe (f)	hortelã, menta (f)	[orte'lã], ['mẽta]
muguet (m)	lírio-do-vale (m)	['lirju du 'vali]
perce-neige (f)	campânula-branca (f)	[kã'panula-'brãka]

ortie (f)	urtiga (f)	[ur'tʃiga]
oseille (f)	azedinha (f)	[aze'dʒinha]
nénuphar (m)	nenúfar (m)	[ne'nufar]
fougère (f)	samambaia (f)	[samã'baja]
lichen (m)	líquen (m)	['likẽ]

serre (f) tropicale	estufa (f)	[is'tufa]
gazon (m)	gramado (m)	[gra'madu]
parterre (m) de fleurs	canteiro (m) de flores	[kã'tejru de 'floris]

plante (f)	planta (f)	['plãta]
herbe (f)	grama (f)	['grama]
brin (m) d'herbe	folha (f) de grama	['foʎa de 'grama]

feuille (f)	folha (f)	['foʎa]
pétale (m)	pétala (f)	['pɛtala]
tige (f)	talo (m)	['talu]
tubercule (m)	tubérculo (m)	[tu'berkulu]

pousse (f)	broto, rebento (m)	['brotu], [he'bẽtu]
épine (f)	espinho (m)	[is'piɲu]

fleurir (vi)	florescer (vi)	[flore'ser]
se faner (vp)	murchar (vi)	[mur'ʃar]
odeur (f)	cheiro (m)	['ʃejru]
couper (vt)	cortar (vt)	[kor'tar]
cueillir (fleurs)	colher (vt)	[ko'ʎer]

232. Les céréales

grains (m pl)	grão (m)	['grãw]
céréales (f pl) (plantes)	cereais (m pl)	[se'rjajs]
épi (m)	espiga (f)	[is'piga]

blé (m)	trigo (m)	['trigu]
seigle (m)	centeio (m)	[sẽ'teju]
avoine (f)	aveia (f)	[a'veja]

millet (m)	painço (m)	[pa'ĩsu]
orge (f)	cevada (f)	[se'vada]

maïs (m)	milho (m)	['miʎu]
riz (m)	arroz (m)	[a'hoz]
sarrasin (m)	trigo-sarraceno (m)	['trigu-saha'sẽnu]

pois (m)	ervilha (f)	[er'viʎa]
haricot (m)	feijão (m) roxo	[fej'ʒãw 'hoʃu]
soja (m)	soja (f)	['soʒa]
lentille (f)	lentilha (f)	[lẽ'tʃiʎa]
fèves (f pl)	feijão (m)	[fej'ʒãw]

233. Les légumes

légumes (m pl)	vegetais (m pl)	[veʒe'tajs]
verdure (f)	verdura (f)	[ver'dura]
tomate (f)	tomate (m)	[to'matʃi]
concombre (m)	pepino (m)	[pe'pinu]
carotte (f)	cenoura (f)	[se'nora]
pomme (f) de terre	batata (f)	[ba'tata]
oignon (m)	cebola (f)	[se'bola]
ail (m)	alho (m)	['aʎu]
chou (m)	couve (f)	['kovi]
chou-fleur (m)	couve-flor (f)	['kovi 'flɔr]
chou (m) de Bruxelles	couve-de-bruxelas (f)	['kovi de bru'ʃelas]
brocoli (m)	brócolis (m pl)	['brɔkolis]
betterave (f)	beterraba (f)	[bete'haba]
aubergine (f)	berinjela (f)	[berĩ'ʒɛla]
courgette (f)	abobrinha (f)	[abo'briɲa]
potiron (m)	abóbora (f)	[a'bɔbora]
navet (m)	nabo (m)	['nabu]
persil (m)	salsa (f)	['sawsa]
fenouil (m)	endro, aneto (m)	['ẽdru], [a'netu]
laitue (f) (salade)	alface (f)	[aw'fasi]
céleri (m)	aipo (m)	['ajpu]
asperge (f)	aspargo (m)	[as'pargu]
épinard (m)	espinafre (m)	[ispi'nafri]
pois (m)	ervilha (f)	[er'viʎa]
fèves (f pl)	feijão (m)	[fej'ʒãw]
maïs (m)	milho (m)	['miʎu]
haricot (m)	feijão (m) roxo	[fej'ʒãw 'hoʃu]
poivron (m)	pimentão (m)	[pimẽ'tãw]
radis (m)	rabanete (m)	[haba'netʃi]
artichaut (m)	alcachofra (f)	[awka'ʃofra]

LA GÉOGRAPHIE RÉGIONALE

Les pays du monde. Les nationalités

234. L'Europe de l'Ouest

Europe (f)	Europa (f)	[ew'rɔpa]
Union (f) européenne	União (f) Europeia	[u'njãw euro'pɛja]
européen (m)	europeu (m)	[ewro'peu]
européen (adj)	europeu	[ewro'peu]
Autriche (f)	Áustria (f)	['awstrja]
Autrichien (m)	austríaco (m)	[aws'triaku]
Autrichienne (f)	austríaca (f)	[aws'triaka]
autrichien (adj)	austríaco	[aws'triaku]
Grande-Bretagne (f)	Grã-Bretanha (f)	[grã-bre'taɲa]
Angleterre (f)	Inglaterra (f)	[ĩgla'tɛha]
Anglais (m)	inglês (m)	[ĩ'gles]
Anglaise (f)	inglesa (f)	[ĩ'gleza]
anglais (adj)	inglês	[ĩ'gles]
Belgique (f)	Bélgica (f)	['bɛwʒika]
Belge (m)	belga (m)	['bɛwga]
Belge (f)	belga (f)	['bɛwga]
belge (adj)	belga	['bɛwga]
Allemagne (f)	Alemanha (f)	[ale'mãɲa]
Allemand (m)	alemão (m)	[ale'mãw]
Allemande (f)	alemã (f)	[ale'mã]
allemand (adj)	alemão	[ale'mãw]
Pays-Bas (m)	Países Baixos (m pl)	[pa'jisis 'baɪʃus]
Hollande (f)	Holanda (f)	[o'lãda]
Hollandais (m)	holandês (m)	[olã'des]
Hollandaise (f)	holandesa (f)	[ɔlã'deza]
hollandais (adj)	holandês	[olã'des]
Grèce (f)	Grécia (f)	['grɛsja]
Grec (m)	grego (m)	['gregu]
Grecque (f)	grega (f)	['grega]
grec (adj)	grego	['gregu]
Danemark (m)	Dinamarca (f)	[dʒina'marka]
Danois (m)	dinamarquês (m)	[dʒinamar'kes]
Danoise (f)	dinamarquesa (f)	[dʒinamar'keza]
danois (adj)	dinamarquês	[dʒinamar'kes]
Irlande (f)	Irlanda (f)	[ir'lãda]
Irlandais (m)	irlandês (m)	[irlã'des]

| Irlandaise (f) | irlandesa (f) | [irlã'deza] |
| irlandais (adj) | irlandês | [irlã'des] |

Islande (f)	Islândia (f)	[iz'lãdʒa]
Islandais (m)	islandês (m)	[izlã'des]
Islandaise (f)	islandesa (f)	[izlã'deza]
islandais (adj)	islandês	[izlã'des]

Espagne (f)	Espanha (f)	[is'paɲa]
Espagnol (m)	espanhol (m)	[ispa'ɲɔw]
Espagnole (f)	espanhola (f)	[ispa'ɲɔla]
espagnol (adj)	espanhol	[ispa'ɲɔw]

Italie (f)	Itália (f)	[i'talja]
Italien (m)	italiano (m)	[ita'ljanu]
Italienne (f)	italiana (f)	[ita'ljana]
italien (adj)	italiano	[ita'ljanu]

Chypre (m)	Chipre (m)	['ʃipri]
Chypriote (m)	cipriota (m)	[si'prjɔta]
Chypriote (f)	cipriota (f)	[si'prjɔta]
chypriote (adj)	cipriota	[si'prjɔta]

Malte (f)	Malta (f)	['mawta]
Maltais (m)	maltês (m)	[maw'tes]
Maltaise (f)	maltesa (f)	[maw'teza]
maltais (adj)	maltês	[maw'tes]

Norvège (f)	Noruega (f)	[nor'wɛga]
Norvégien (m)	norueguês (m)	[norwe'ges]
Norvégienne (f)	norueguesa (f)	[norwe'geza]
norvégien (adj)	norueguês	[norwe'ges]

Portugal (m)	Portugal (m)	[portu'gaw]
Portugais (m)	português (m)	[portu'ges]
Portugaise (f)	portuguesa (f)	[portu'geza]
portugais (adj)	português	[portu'ges]

Finlande (f)	Finlândia (f)	[fĩ'lãdʒja]
Finlandais (m)	finlandês (m)	[fĩlã'des]
Finlandaise (f)	finlandesa (f)	[fĩlã'deza]
finlandais (adj)	finlandês	[fĩlã'des]

France (f)	França (f)	['frãsa]
Français (m)	francês (m)	[frã'ses]
Française (f)	francesa (f)	[frã'seza]
français (adj)	francês	[frã'ses]

Suède (f)	Suécia (f)	['swɛsja]
Suédois (m)	sueco (m)	['swɛku]
Suédoise (f)	sueca (f)	['swɛka]
suédois (adj)	sueco	['swɛku]

Suisse (f)	Suíça (f)	['swisa]
Suisse (m)	suíço (m)	['swisu]
Suissesse (f)	suíça (f)	['swisa]

suisse (adj)	suíço	['swisu]
Écosse (f)	Escócia (f)	[is'kɔsja]
Écossais (m)	escocês (m)	[isko'ses]
Écossaise (f)	escocesa (f)	[isko'seza]
écossais (adj)	escocês	[isko'ses]

Vatican (m)	Vaticano (m)	[vatʃi'kanu]
Liechtenstein (m)	Liechtenstein (m)	[liʃtēs'tajn]
Luxembourg (m)	Luxemburgo (m)	[luʃē'burgu]
Monaco (m)	Mônaco (m)	['monaku]

235. L'Europe Centrale et l'Europe de l'Est

Albanie (f)	Albânia (f)	[aw'banja]
Albanais (m)	albanês (m)	[awba'nes]
Albanaise (f)	albanesa (f)	[awba'neza]
albanais (adj)	albanês	[awba'nes]

Bulgarie (f)	Bulgária (f)	[buw'garja]
Bulgare (m)	búlgaro (m)	['buwgaru]
Bulgare (f)	búlgara (f)	['buwgara]
bulgare (adj)	búlgaro	['buwgaru]

Hongrie (f)	Hungria (f)	[ũ'gria]
Hongrois (m)	húngaro (m)	['ũgaru]
Hongroise (f)	húngara (f)	['ũgara]
hongrois (adj)	húngaro	['ũgaru]

Lettonie (f)	Letônia (f)	[le'tonja]
Letton (m)	letão (m)	[le'tãw]
Lettonne (f)	letã (f)	[le'tã]
letton (adj)	letão	[le'tãw]

Lituanie (f)	Lituânia (f)	[li'twanja]
Lituanien (m)	lituano (m)	[litu'ãnu]
Lituanienne (f)	lituana (f)	[litu'ãna]
lituanien (adj)	lituano	[litu'ãnu]

Pologne (f)	Polônia (f)	[po'lonja]
Polonais (m)	polonês (m)	[polo'nez]
Polonaise (f)	polonesa (f)	[polo'neza]
polonais (adj)	polonês	[polo'nez]

Roumanie (f)	Romênia (f)	[ho'menja]
Roumain (m)	romeno (m)	[ho'mɛnu]
Roumaine (f)	romena (f)	[ho'mɛnu]
roumain (adj)	romeno	[ho'mɛnu]

Serbie (f)	Sérvia (f)	['sɛhvia]
Serbe (m)	sérvio (m)	['sɛhviu]
Serbe (f)	sérvia (f)	['sɛhvia]
serbe (adj)	sérvio	['sɛhviu]
Slovaquie (f)	Eslováquia (f)	islɔ'vakja]
Slovaque (m)	eslovaco (m)	islɔ'vaku]

| Slovaque (f) | eslovaca (f) | [islɔ'vaka] |
| slovaque (adj) | eslovaco | [islɔ'vaku] |

Croatie (f)	Croácia (f)	[kro'asja]
Croate (m)	croata (m)	['krwata]
Croate (f)	croata (f)	['krwata]
croate (adj)	croata	['krwata]

République (f) Tchèque	República (f) Checa	[he'publika 'ʃeka]
Tchèque (m)	checo (m)	['ʃɛku]
Tchèque (f)	checa (f)	['ʃɛka]
tchèque (adj)	checo	['ʃɛku]

Estonie (f)	Estônia (f)	[is'tonja]
Estonien (m)	estônio (m)	[is'tonju]
Estonienne (f)	estônia (f)	[is'tonja]
estonien (adj)	estônio	[is'tonju]

Bosnie (f)	Bósnia e Herzegovina (f)	['bɔsnia i ɛrtsegɔ'vina]
Macédoine (f)	Macedônia (f)	[mase'donja]
Slovénie (f)	Eslovênia (f)	[islɔ'venja]
Monténégro (m)	Montenegro (m)	[mõtʃi'negru]

236. Les pays de l'ex-U.R.S.S.

Azerbaïdjan (m)	Azerbaijão (m)	[azerbaj'ʒãw]
Azerbaïdjanais (m)	azeri (m)	[aze'ri]
Azerbaïdjanaise (f)	azeri (f)	[aze'ri]
azerbaïdjanais (adj)	azeri, azerbaijano	[aze'ri], [azerbaj'ʒãnu]

Arménie (f)	Armênia (f)	[ar'menja]
Arménien (m)	armênio (m)	[ar'menju]
Arménienne (f)	armênia (f)	[ar'menja]
arménien (adj)	armênio	[ar'menju]

Biélorussie (f)	Belarus	[bela'rus]
Biélorusse (m)	bielorrusso (m)	[biɛlo'husu]
Biélorusse (f)	bielorrussa (f)	[bjɛlo'husa]
biélorusse (adj)	bielorrusso	[biɛlo'husu]

Géorgie (f)	Geórgia (f)	['ʒɔrʒa]
Géorgien (m)	georgiano (m)	[ʒɔr'ʒanu]
Géorgienne (f)	georgiana (f)	[ʒɔr'ʒana]
géorgien (adj)	georgiano	[ʒɔr'ʒanu]

Kazakhstan (m)	Cazaquistão (m)	[kazakis'tãw]
Kazakh (m)	cazaque (m)	[ka'zaki]
Kazakhe (f)	cazaque (f)	[ka'zaki]
kazakh (adj)	cazaque	[ka'zaki]

Kirghizistan (m)	Quirguistão (m)	[kirgis'tãw]
Kirghiz (m)	quirguiz (m)	[kir'gis]
Kirghize (f)	quirguiz (f)	[kir'gis]
kirghiz (adj)	quirguiz	[kir'gis]

Moldavie (f)	Moldávia (f)	[mow'davja]
Moldave (m)	moldavo (m)	[mɔw'davu]
Moldave (f)	moldava (f)	[mɔw'dava]
moldave (adj)	moldavo	[mɔw'davu]

Russie (f)	Rússia (f)	['husja]
Russe (m)	russo (m)	['husu]
Russe (f)	russa (f)	['husa]
russe (adj)	russo	['husu]

Tadjikistan (m)	Tajiquistão (m)	[taʒiki'stãw]
Tadjik (m)	tajique (m)	[ta'ʒiki]
Tadjik (f)	tajique (f)	[ta'ʒiki]
tadjik (adj)	tajique	[ta'ʒiki]

Turkménistan (m)	Turquemenistão (m)	[turkemenis'tãw]
Turkmène (m)	turcomeno (m)	[tuhko'menu]
Turkmène (f)	turcomena (f)	[tuhko'mena]
turkmène (adj)	turcomeno	[tuhko'menu]

Ouzbékistan (m)	Uzbequistão (f)	[uzbekis'tãw]
Ouzbek (m)	uzbeque (m)	[uz'beki]
Ouzbek (f)	uzbeque (f)	[uz'beki]
ouzbek (adj)	uzbeque	[uz'beki]

Ukraine (f)	Ucrânia (f)	[u'kranja]
Ukrainien (m)	ucraniano (m)	[ukra'njanu]
Ukrainienne (f)	ucraniana (f)	[ukra'njana]
ukrainien (adj)	ucraniano	[ukra'njanu]

237. L'Asie

| Asie (f) | Ásia (f) | ['azja] |
| asiatique (adj) | asiático | [a'zjatʃiku] |

Vietnam (m)	Vietnã (m)	[vjet'nã]
Vietnamien (m)	vietnamita (m)	[vjetna'mita]
Vietnamienne (f)	vietnamita (f)	[vjetna'mita]
vietnamien (adj)	vietnamita	[vjetna'mita]

Inde (f)	Índia (f)	['ĩdʒa]
Indien (m)	indiano (m)	[ĩ'dʒjanu]
Indienne (f)	indiana (f)	[ĩ'dʒjana]
indien (adj)	indiano	[ĩ'dʒjanu]

Israël (m)	Israel (m)	[izha'ɛw]
Israélien (m)	israelense (m)	[izhae'lẽsi]
Israélienne (f)	israelita (f)	[izhae'lita]
israélien (adj)	israelense	[izhae'lẽsi]

Juif (m)	judeu (m)	[ʒu'dew]
Juive (f)	judia (f)	[ʒu'dʒia]
juif (adj)	judeu	[ʒu'dew]
Chine (f)	China (f)	['ʃina]

Chinois (m)	chinês (m)	[ʃi'nes]
Chinoise (f)	chinesa (f)	[ʃi'neza]
chinois (adj)	chinês	[ʃi'nes]

Coréen (m)	coreano (m)	[ko'rjanu]
Coréenne (f)	coreana (f)	[ko'rjana]
coréen (adj)	coreano	[ko'rjanu]

Liban (m)	Líbano (m)	['libanu]
Libanais (m)	libanês (m)	[liba'nes]
Libanaise (f)	libanesa (f)	[liba'neza]
libanais (adj)	libanês	[liba'nes]

Mongolie (f)	Mongólia (f)	[mõ'gɔlja]
Mongole (m)	mongol (m)	[mõ'gɔw]
Mongole (f)	mongol (f)	[mõ'gɔw]
mongole (adj)	mongol	[mõ'gɔw]

Malaisie (f)	Malásia (f)	[ma'lazja]
Malaisien (m)	malaio (m)	[ma'laju]
Malaisienne (f)	malaia (f)	[ma'laja]
malais (adj)	malaio	[ma'laju]

Pakistan (m)	Paquistão (m)	[pakis'tãw]
Pakistanais (m)	paquistanês (m)	[pakista'nes]
Pakistanaise (f)	paquistanesa (f)	[pakista'neza]
pakistanais (adj)	paquistanês	[pakista'nes]

Arabie (f) Saoudite	Arábia (f) Saudita	[a'rabja saw'dʒita]
Arabe (m)	árabe (m)	['arabi]
Arabe (f)	árabe (f)	['arabi]
arabe (adj)	árabe	['arabi]

Thaïlande (f)	Tailândia (f)	[taj'lãdʒja]
Thaïlandais (m)	tailandês (m)	[tajlã'des]
Thaïlandaise (f)	tailandesa (f)	[tajlã'deza]
thaïlandais (adj)	tailandês	[tajlã'des]

Taïwan (m)	Taiwan (m)	[taj'wan]
Taïwanais (m)	taiwanês (m)	[tajwa'nes]
Taïwanaise (f)	taiwanesa (f)	[tajwa'neza]
taïwanais (adj)	taiwanês	[tajwa'nes]

Turquie (f)	Turquia (f)	[tur'kia]
Turc (m)	turco (m)	['turku]
Turque (f)	turca (f)	['turka]
turc (adj)	turco	['turku]

Japon (m)	Japão (m)	[ʒa'pãw]
Japonais (m)	japonês (m)	[ʒapo'nes]
Japonaise (f)	japonesa (f)	[ʒapo'neza]
japonais (adj)	japonês	[ʒapo'nes]

Afghanistan (m)	Afeganistão (m)	[afeganis'tãw]
Bangladesh (m)	Bangladesh (m)	[bãgla'dɛs]
Indonésie (f)	Indonésia (f)	[ĩdo'nɛzja]

Jordanie (f)	Jordânia (f)	[ʒor'danja]
Iraq (m)	Iraque (m)	[i'raki]
Iran (m)	Irã (m)	[i'rã]
Cambodge (m)	Camboja (f)	[kã'bɔja]
Koweït (m)	Kuwait (m)	[ku'wejt]

Laos (m)	Laos (m)	['laws]
Myanmar (m)	Birmânia (f)	[bir'manja]
Népal (m)	Nepal (m)	[ne'paw]
Fédération (f) des Émirats Arabes Unis	Emirados Árabes Unidos	[emi'radus 'arabis u'nidus]

Syrie (f)	Síria (f)	['sirja]
Palestine (f)	Palestina (f)	[pales'tʃina]
Corée (f) du Sud	Coreia (f) do Sul	[ko'rɛja du suw]
Corée (f) du Nord	Coreia (f) do Norte	[ko'rɛja du 'nɔrtʃi]

238. L'Amérique du Nord

Les États Unis	Estados Unidos da América (m pl)	[i'stadus u'nidus da a'mɛrika]
Américain (m)	americano (m)	[ameri'kanu]
Américaine (f)	americana (f)	[ameri'kana]
américain (adj)	americano	[ameri'kanu]

Canada (m)	Canadá (m)	[kana'da]
Canadien (m)	canadense (m)	[kana'dẽsi]
Canadienne (f)	canadense (f)	[kana'dẽsi]
canadien (adj)	canadense	[kana'dẽsi]

Mexique (m)	México (m)	['mɛʃiku]
Mexicain (m)	mexicano (m)	[meʃi'kanu]
Mexicaine (f)	mexicana (f)	[meʃi'kana]
mexicain (adj)	mexicano	[meʃi'kanu]

239. L'Amérique Centrale et l'Amérique du Sud

Argentine (f)	Argentina (f)	[arʒẽ'tʃina]
Argentin (m)	argentino (m)	[arʒẽ'tʃinu]
Argentine (f)	argentina (f)	[arʒẽ'tʃina]
argentin (adj)	argentino	[arʒẽ'tʃinu]

Brésil (m)	Brasil (m)	[bra'ziw]
Brésilien (m)	brasileiro (m)	[brazi'lejru]
Brésilienne (f)	brasileira (f)	[brazi'lejra]
brésilien (adj)	brasileiro	[brazi'lejru]

Colombie (f)	Colômbia (f)	[ko'lõbja]
Colombien (m)	colombiano (m)	[kolõ'bjanu]
Colombienne (f)	colombiana (f)	[kolõ'bjana]
colombien (adj)	colombiano	[kolõ'bjanu]
Cuba (f)	Cuba (f)	['kuba]

Cubain (m)	cubano (m)	[ku'banu]
Cubaine (f)	cubana (f)	[ku'bana]
cubain (adj)	cubano	[ku'banu]

Chili (m)	Chile (m)	['ʃili]
Chilien (m)	chileno (m)	[ʃi'lɛnu]
Chilienne (f)	chilena (f)	[ʃi'lɛna]
chilien (adj)	chileno	[ʃi'lɛnu]

Bolivie (f)	Bolívia (f)	[bo'livja]
Venezuela (f)	Venezuela (f)	[vene'zwɛla]
Paraguay (m)	Paraguai (m)	[para'gwaj]
Perou (m)	Peru (m)	[pe'ru]
Surinam (m)	Suriname (m)	[suri'nami]
Uruguay (m)	Uruguai (m)	[uru'gwaj]
Équateur (m)	Equador (m)	[ekwa'dor]

Bahamas (f pl)	Bahamas (f pl)	[ba'amas]
Haïti (m)	Haiti (m)	[aj'tʃi]
République (f) Dominicaine	República (f) Dominicana	[he'publika domini'kana]
Panamá (m)	Panamá (m)	[pana'ma]
Jamaïque (f)	Jamaica (f)	[ʒa'majka]

240. L'Afrique

Égypte (f)	Egito (m)	[e'ʒitu]
Égyptien (m)	egípcio (m)	[e'ʒipsju]
Égyptienne (f)	egípcia (f)	[e'ʒipsja]
égyptien (adj)	egípcio	[e'ʒipsju]

Maroc (m)	Marrocos	[ma'hɔkus]
Marocain (m)	marroquino (m)	[maho'kinu]
Marocaine (f)	marroquina (f)	[maho'kina]
marocain (adj)	marroquino	[maho'kinu]

Tunisie (f)	Tunísia (f)	[tu'nizja]
Tunisien (m)	tunisiano (m)	[tunizi'anu]
Tunisienne (f)	tunisiana (f)	[tunizi'ana]
tunisien (adj)	tunisiano	[tunizi'anu]

Ghana (m)	Gana (f)	['gana]
Zanzibar (m)	Zanzibar (m)	[zãzi'bar]
Kenya (m)	Quênia (f)	['kenja]
Libye (f)	Líbia (f)	['libja]
Madagascar (f)	Madagascar (m)	[mada'gaskar]

Namibie (f)	Namíbia (f)	[na'mibja]
Sénégal (m)	Senegal (m)	[sene'gaw]
Tanzânie (f)	Tanzânia (f)	[tã'zanja]
République (f) Sud-africaine	África (f) do Sul	['afrika du suw]

Africain (m)	africano (m)	[afri'kanu]
Africaine (f)	africana (f)	[afri'kana]
africain (adj)	africano	[afri'kanu]

241. L'Australie et Océanie

Australie (f)	Austrália (f)	[aws'tralja]
Australien (m)	australiano (m)	[awstra'ljanu]
Australienne (f)	australiana (f)	[awstra'ljana]
australien (adj)	australiano	[awstra'ljanu]
Nouvelle Zélande (f)	Nova Zelândia (f)	['nɔva zi'lãdʒa]
Néo-Zélandais (m)	neozelandês (m)	[neozelã'des]
Néo-Zélandaise (f)	neozelandesa (f)	[neozelã'deza]
néo-zélandais (adj)	neozelandês	[neozelã'des]
Tasmanie (f)	Tasmânia (f)	[taz'manja]
Polynésie (f) Française	Polinésia (f) Francesa	[poli'nɛzja frã'seza]

242. Les grandes villes

Amsterdam (f)	Amsterdã	[amister'dã]
Ankara (m)	Ancara	[ã'kara]
Athènes (m)	Atenas	[a'tenas]
Bagdad (m)	Bagdá	[bagi'da]
Bangkok (m)	Bancoque	[bã'kɔk]
Barcelone (f)	Barcelona	[barse'lona]
Berlin (m)	Berlim	[ber'lĩ]
Beyrouth (m)	Beirute	[bej'rutʃi]
Bombay (m)	Mumbai	[mũ'baj]
Bonn (f)	Bonn	[bɔn]
Bordeaux (f)	Bordéus	[bor'dɛus]
Bratislava (m)	Bratislava	[brati'slava]
Bruxelles (m)	Bruxelas	[bru'ʃɛlas]
Bucarest (m)	Bucareste	[buka'rɛstʃi]
Budapest (m)	Budapeste	[buda'pɛstʃi]
Caire (m)	Cairo	['kajru]
Calcutta (f)	Calcutá	[kawku'ta]
Chicago (f)	Chicago	[ʃi'kagu]
Copenhague (f)	Copenhague	[kope'ɲagi]
Dar es-Salaam (f)	Dar es Salaam	[dar es sa'lãm]
Delhi (f)	Deli	['dɛli]
Dubaï (f)	Dubai	[du'baj]
Dublin (f)	Dublim	[dub'lĩ]
Düsseldorf (f)	Düsseldorf	[duseldɔrf]
Florence (f)	Florença	[flo'rẽsa]
Francfort (f)	Frankfurt	['frãkfurt]
Genève (f)	Genebra	[ʒe'nɛbra]
Hague (f)	Haia	['aja]
Hambourg (f)	Hamburgo	[ã'burgu]
Hanoi (f)	Hanói	[ha'nɔj]

Havane (f)	Havana	[a'vana]
Helsinki (f)	Helsinque	[ew'sĩki]
Hiroshima (f)	Hiroshima	[irɔ'ʃima]
Hong Kong (m)	Hong Kong	[oŋ'koŋ]
Istanbul (f)	Istambul	[istã'buw]
Jérusalem (f)	Jerusalém	[ʒeruza'lẽ]
Kiev (f)	Kiev, Quieve	[ki'ɛv], [ki'eve]
Kuala Lumpur (f)	Kuala Lumpur	['kwala lũ'pur]
Lisbonne (f)	Lisboa	[liz'boa]
Londres (m)	Londres	['lõdris]
Los Angeles (f)	Los Angeles	[loz 'ãʒeles]
Lyon (f)	Lion	[li'ɔŋ]

Madrid (f)	Madrid	[ma'drid]
Marseille (f)	Marselha	[mar'sɛʎa]
Mexico (f)	Cidade do México	[si'dadʒi du 'mɛʃiku]
Miami (f)	Miami	[ma'jami]
Montréal (f)	Montreal	[mõtri'al]
Moscou (f)	Moscou	[mos'kow]
Munich (f)	Munique	[mu'niki]

Nairobi (f)	Nairóbi	[naj'rɔbi]
Naples (f)	Nápoles	['napolis]
New York (f)	Nova York	['nɔva 'jɔrk]
Nice (f)	Nice	['nisi]
Oslo (m)	Oslo	['ɔzlow]
Ottawa (m)	Ottawa	[ɔ'tawa]

Paris (m)	Paris	[pa'ris]
Pékin (m)	Pequim	[pe'kĩ]
Prague (m)	Praga	['praga]
Rio de Janeiro (m)	Rio de Janeiro	['hiu de ʒa'nejru]
Rome (f)	Roma	['homa]

Saint-Pétersbourg (m)	São Petersburgo	['sãw peters'burgu]
Séoul (m)	Seul	[se'uw]
Shanghai (m)	Xangai	[ʃã'gaj]
Sidney (m)	Sydney	['sidnej]
Singapour (f)	Cingapura (f)	[sĩga'pura]
Stockholm (m)	Estocolmo	[isto'kɔwmu]

Taipei (m)	Taipé	[taj'pɛ]
Tokyo (m)	Tóquio	['tɔkju]
Toronto (m)	Toronto	[to'rõtu]

Varsovie (f)	Varsóvia	[var'sɔvja]
Venise (f)	Veneza	[ve'neza]
Vienne (f)	Viena	['vjɛna]
Washington (f)	Washington	['waʃĩgtɔn]

243. La politique. Le gouvernement. Partie 1

| politique (f) | política (f) | [po'litʃika] |
| politique (adj) | político | [po'litʃiku] |

homme (m) politique	político (m)	[po'litʃiku]
état (m)	estado (m)	[i'stadu]
citoyen (m)	cidadão (m)	[sida'dãw]
citoyenneté (f)	cidadania (f)	[sidada'nia]

| armoiries (f pl) nationales | brasão (m) de armas | [bra'zãw de 'armas] |
| hymne (m) national | hino (m) nacional | ['inu nasjo'naw] |

gouvernement (m)	governo (m)	[go'vernu]
chef (m) d'état	Chefe (m) de Estado	['ʃɛfi de i'stadu]
parlement (m)	parlamento (m)	[parla'mẽtu]
parti (m)	partido (m)	[par'tʃidu]

| capitalisme (m) | capitalismo (m) | [kapita'lizmu] |
| capitaliste (adj) | capitalista | [kapita'lista] |

| socialisme (m) | socialismo (m) | [sosja'lizmu] |
| socialiste (adj) | socialista | [sosja'lista] |

communisme (m)	comunismo (m)	[komu'nizmu]
communiste (adj)	comunista	[komu'nista]
communiste (m)	comunista (m)	[komu'nista]

démocratie (f)	democracia (f)	[demokra'sia]
démocrate (m)	democrata (m)	[demo'krata]
démocratique (adj)	democrático	[demo'kratʃiku]
parti (m) démocratique	Partido (m) Democrático	[par'tʃidu demo'kratʃiku]

| libéral (m) | liberal (m) | [libe'raw] |
| libéral (adj) | liberal | [libe'raw] |

| conservateur (m) | conservador (m) | [kõserva'dor] |
| conservateur (adj) | conservador | [kõserva'dor] |

république (f)	república (f)	[he'publika]
républicain (m)	republicano (m)	hepubli'kanu]
parti (m) républicain	Partido (m) Republicano	[par'tʃidu hepubli'kanu]

élections (f pl)	eleições (f pl)	[elej'sõjs]
élire (vt)	eleger (vt)	[ele'ʒer]
électeur (m)	eleitor (m)	[elej'tor]
campagne (f) électorale	campanha (f) eleitoral	[kã'paɲa elejto'raw]

vote (m)	votação (f)	[vota'sãw]
voter (vi)	votar (vi)	[vo'tar]
droit (m) de vote	sufrágio (m)	[su'fraʒu]

candidat (m)	candidato (m)	[kãdʒi'datu]
poser sa candidature	candidatar-se (vi)	[kãdʒida'tarsi]
campagne (f)	campanha (f)	[kã'paɲa]

| d'opposition (adj) | da oposição | [da opozi'sãw] |
| opposition (f) | oposição (f) | [opozi'sãw] |

| visite (f) | visita (f) | [vi'zita] |
| visite (f) officielle | visita (f) oficial | [vi'zita ofi'sjaw] |

international (adj)	internacional	[ĩternasjo'naw]
négociations (f pl)	negociações (f pl)	[negosja'sõjs]
négocier (vi)	negociar (vi)	[nego'sjar]

244. La politique. Le gouvernement. Partie 2

société (f)	sociedade (f)	[sosje'dadʒi]
constitution (f)	constituição (f)	[kõstʃitwi'sãw]
pouvoir (m)	poder (m)	[po'der]
corruption (f)	corrupção (f)	[kohup'sãw]

| loi (f) | lei (f) | [lej] |
| légal (adj) | legal | [le'gaw] |

| justice (f) | justeza (f) | [ʒus'teza] |
| juste (adj) | justo | ['ʒustu] |

comité (m)	comitê (m)	[komi'te]
projet (m) de loi	projeto-lei (m)	[pro'ʒɛtu-'lej]
budget (m)	orçamento (m)	[orsa'mẽtu]
politique (f)	política (f)	[po'litʃika]
réforme (f)	reforma (f)	[he'forma]
radical (adj)	radical	[hadʒi'kaw]

puissance (f)	força (f)	['forsa]
puissant (adj)	poderoso	[pode'rozu]
partisan (m)	partidário (m)	[partʃi'darju]
influence (f)	influência (f)	[ĩ'flwẽsja]

régime (m)	regime (m)	[he'ʒimi]
conflit (m)	conflito (m)	[kõ'flitu]
complot (m)	conspiração (f)	[kõspira'sãw]
provocation (f)	provocação (f)	[provoka'sãw]

renverser (le régime)	derrubar (vt)	[dehu'bar]
renversement (m)	derrube (m), queda (f)	[de'rube], ['kɛda]
révolution (f)	revolução (f)	[hevolu'sãw]

| coup (m) d'État | golpe (m) de Estado | ['gɔwpi de i'stadu] |
| coup (m) d'État militaire | golpe (m) militar | ['gɔwpi mili'tar] |

crise (f)	crise (f)	['krizi]
baisse (f) économique	recessão (f) econômica	[hesep'sãw eko'nomika]
manifestant (m)	manifestante (m)	[manifes'tãtʃi]
manifestation (f)	manifestação (f)	[manifesta'sãw]
loi (f) martiale	lei (f) marcial	[lej mar'sjaw]
base (f) militaire	base (f) militar	['bazi mili'tar]

| stabilité (f) | estabilidade (f) | [istabili'dadʒi] |
| stable (adj) | estável | [is'tavew] |

exploitation (f)	exploração (f)	[isplora'sãw]
exploiter (vt)	explorar (vt)	[isplo'rar]
racisme (m)	racismo (m)	[ha'sizmu]

raciste (m)	racista (m)	[ha'sista]
fascisme (m)	fascismo (m)	[fa'sizmu]
fasciste (m)	fascista (m)	[fa'sista]

245. Les différents pays du monde. Divers

étranger (m)	estrangeiro (m)	[istrã'ʒejru]
étranger (adj)	estrangeiro	[istrã'ʒejru]
à l'étranger (adv)	no estrangeiro	[no istrã'ʒejru]

émigré (m)	emigrante (m)	[emi'grãtʃi]
émigration (f)	emigração (f)	[emigra'sãw]
émigrer (vi)	emigrar (vi)	[emi'grar]

Ouest (m)	Ocidente (m)	[osi'dẽtʃi]
Est (m)	Oriente (m)	[o'rjẽtʃi]
Extrême Orient (m)	Extremo Oriente (m)	[is'trɛmu o'rjẽtʃi]
civilisation (f)	civilização (f)	[siviliza'sãw]
humanité (f)	humanidade (f)	[umani'dadʒi]
monde (m)	mundo (m)	['mũdu]
paix (f)	paz (f)	[pajz]
mondial (adj)	mundial	[mũ'dʒjaw]

patrie (f)	pátria (f)	['patrja]
peuple (m)	povo (m)	['povu]
population (f)	população (f)	[popula'sãw]
gens (m pl)	gente (f)	['ʒẽtʃi]
nation (f)	nação (f)	[na'sãw]
génération (f)	geração (f)	[ʒera'sãw]
territoire (m)	território (m)	[tehi'tɔrju]
région (f)	região (f)	[he'ʒjãw]
état (m) (partie du pays)	estado (m)	[i'stadu]

tradition (f)	tradição (f)	[tradʒi'sãw]
coutume (f)	costume (m)	[kos'tumi]
écologie (f)	ecologia (f)	[ekolo'ʒia]

indien (m)	índio (m)	['ĩdʒju]
bohémien (m)	cigano (m)	[si'ganu]
bohémienne (f)	cigana (f)	[si'gana]
bohémien (adj)	cigano	[si'ganu]

empire (m)	império (m)	[ĩ'pɛrju]
colonie (f)	colônia (f)	[ko'lonja]
esclavage (m)	escravidão (f)	[iskravi'dãw]
invasion (f)	invasão (f)	[ĩva'zãw]
famine (f)	fome (f)	['fɔmi]

246. Les groupes religieux. Les confessions

| religion (f) | religião (f) | [heli'ʒãw] |
| religieux (adj) | religioso | [heli'ʒozu] |

foi (f)	crença (f)	['krẽsa]
croire (en Dieu)	crer (vt)	[krer]
croyant (m)	crente (m)	['krẽtʃi]
athéisme (m)	ateísmo (m)	[ate'izmu]
athée (m)	ateu (m)	[a'tew]
christianisme (m)	cristianismo (m)	[kristʃja'nizmu]
chrétien (m)	cristão (m)	[kris'tãw]
chrétien (adj)	cristão	[kris'tãw]
catholicisme (m)	catolicismo (m)	[katoli'sizmu]
catholique (m)	católico (m)	[ka'tɔliku]
catholique (adj)	católico	[ka'tɔliku]
protestantisme (m)	protestantismo (m)	[protestã'tʃizmu]
Église (f) protestante	Igreja (f) Protestante	[i'greʒa protes'tãtʃi]
protestant (m)	protestante (m)	[protes'tãtʃi]
Orthodoxie (f)	ortodoxia (f)	[ortodok'sia]
Église (f) orthodoxe	Igreja (f) Ortodoxa	[i'greʒa orto'dɔksa]
orthodoxe (m)	ortodoxo (m)	[orto'dɔksu]
Presbytérianisme (m)	presbiterianismo (m)	[prezbiterja'nizmu]
Église (f) presbytérienne	Igreja (f) Presbiteriana	[i'greʒa prezbite'rjana]
presbytérien (m)	presbiteriano (m)	[prezbite'rjanu]
Église (f) luthérienne	luteranismo (m)	[lutera'nizmu]
luthérien (m)	luterano (m)	[lute'ranu]
Baptisme (m)	Igreja (f) Batista	[i'greʒa ba'tʃista]
baptiste (m)	batista (m)	[ba'tʃista]
Église (f) anglicane	Igreja (f) Anglicana	[i'greʒa ãgli'kana]
anglican (m)	anglicano (m)	[ãgli'kanu]
Mormonisme (m)	mormonismo (m)	[mormo'nizmu]
mormon (m)	mórmon (m)	['mɔrmõ]
judaïsme (m)	Judaísmo (m)	[ʒuda'izmu]
juif (m)	judeu (m)	[ʒu'dew]
Bouddhisme (m)	budismo (m)	[bu'dʒizmu]
bouddhiste (m)	budista (m)	[bu'dʒista]
hindouisme (m)	hinduísmo (m)	[ĩ'dwizmu]
hindouiste (m)	hindu (m)	[ĩ'du]
islam (m)	Islã (m)	[iz'lã]
musulman (m)	muçulmano (m)	[musuw'manu]
musulman (adj)	muçulmano	[musuw'manu]
Chiisme (m)	xiismo (m)	[ʃi'iʒmu]
chiite (m)	xiita (m)	[ʃi'ita]
Sunnisme (m)	sunismo (m)	[su'nismu]
sunnite (m)	sunita (m)	[su'nita]

247. Les principales religions. Le clergé

prêtre (m)	padre (m)	['padri]
Pape (m)	Papa (m)	['papa]
moine (m)	monge (m)	['mõʒi]
bonne sœur (f)	freira (f)	['frejra]
pasteur (m)	pastor (m)	[pas'tor]
abbé (m)	abade (m)	[a'badʒi]
vicaire (m)	vigário (m)	[vi'garju]
évêque (m)	bispo (m)	['bispu]
cardinal (m)	cardeal (m)	[kar'dʒjaw]
prédicateur (m)	pregador (m)	[prega'dor]
sermon (m)	sermão (m)	[ser'mãw]
paroissiens (m pl)	paroquianos (pl)	[paro'kjanus]
croyant (m)	crente (m)	['krẽtʃi]
athée (m)	ateu (m)	[a'tew]

248. La foi. Le Christianisme. L'Islam

Adam	Adão	[a'dãw]
Ève	Eva	['ɛva]
Dieu (m)	Deus (m)	['dews]
le Seigneur	Senhor (m)	[se'ɲor]
le Tout-Puissant	Todo Poderoso (m)	['todu pode'rozu]
péché (m)	pecado (m)	[pe'kadu]
pécher (vi)	pecar (vi)	[pe'kar]
pécheur (m)	pecador (m)	[peka'dor]
pécheresse (f)	pecadora (f)	[peka'dora]
enfer (m)	inferno (m)	[ĩ'fɛrnu]
paradis (m)	paraíso (m)	[para'izu]
Jésus	Jesus	[ʒe'zus]
Jésus Christ	Jesus Cristo	[ʒe'zus 'kristu]
le Saint-Esprit	Espírito (m) Santo	[is'piritu 'sãtu]
le Sauveur	Salvador (m)	[sawva'dor]
la Sainte Vierge	Virgem Maria (f)	['virʒẽ ma'ria]
le Diable	Diabo (m)	['dʒjabu]
diabolique (adj)	diabólico	[dʒja'bɔliku]
Satan	Satanás (m)	[sata'nas]
satanique (adj)	satânico	[sa'taniku]
ange (m)	anjo (m)	['ãʒu]
ange (m) gardien	anjo (m) da guarda	['ãʒu da 'gwarda]
angélique (adj)	angelical	[ãʒeli'kaw]

apôtre (m)	apóstolo (m)	[a'pɔstolu]
archange (m)	arcanjo (m)	[ar'kãʒu]
antéchrist (m)	anticristo (m)	[ãtʃi'kristu]
Église (f)	Igreja (f)	[i'greʒa]
Bible (f)	Bíblia (f)	['biblja]
biblique (adj)	bíblico	['bibliku]
Ancien Testament (m)	Velho Testamento (m)	['vɛʎu testa'mẽtu]
Nouveau Testament (m)	Novo Testamento (m)	['novu testa'mẽtu]
Évangile (m)	Evangelho (m)	[evã'ʒɛʎu]
Sainte Écriture (f)	Sagradas Escrituras (f pl)	[sa'gradas iskri'turas]
Cieux (m pl)	Céu (m)	[sɛw]
commandement (m)	mandamento (m)	[mãda'mẽtu]
prophète (m)	profeta (m)	[pro'fɛta]
prophétie (f)	profecia (f)	[profe'sia]
Allah	Alá (m)	[a'la]
Mahomet	Maomé (m)	[mao'mɛ]
le Coran	Alcorão (m)	[awko'rãw]
mosquée (f)	mesquita (f)	[mes'kita]
mulla (m)	mulá (m)	[mu'la]
prière (f)	oração (f)	[ora'sãw]
prier (~ Dieu)	rezar, orar (vi)	[he'zar], [o'rar]
pèlerinage (m)	peregrinação (f)	[peregrina'sãw]
pèlerin (m)	peregrino (m)	[pere'grinu]
La Mecque	Meca (f)	['mɛka]
église (f)	igreja (f)	[i'greʒa]
temple (m)	templo (m)	['tẽplu]
cathédrale (f)	catedral (f)	[kate'draw]
gothique (adj)	gótico	['gɔtʃiku]
synagogue (f)	sinagoga (f)	[sina'gɔga]
mosquée (f)	mesquita (f)	[mes'kita]
chapelle (f)	capela (f)	[ka'pɛla]
abbaye (f)	abadia (f)	[aba'dʒia]
couvent (m)	convento (m)	[kõ'vẽtu]
monastère (m)	mosteiro, monastério (m)	[mos'tejru], [monas'tɛrju]
cloche (f)	sino (m)	['sinu]
clocher (m)	campanário (m)	[kãpa'narju]
sonner (vi)	repicar (vi)	[hepi'kar]
croix (f)	cruz (f)	[kruz]
coupole (f)	cúpula (f)	['kupula]
icône (f)	ícone (m)	['ikoni]
âme (f)	alma (f)	['awma]
sort (m) (destin)	destino (m)	[des'tʃinu]
mal (m)	mal (m)	[maw]
bien (m)	bem (m)	[bẽj]
vampire (m)	vampiro (m)	[vã'piru]

sorcière (f)	**bruxa** (f)	['bruʃa]
démon (m)	**demônio** (m)	[de'monju]
esprit (m)	**espírito** (m)	[is'piritu]
rachat (m)	**redenção** (f)	[hedẽ'sãw]
racheter (pécheur)	**redimir** (vt)	[heʤi'mir]
office (m), messe (f)	**missa** (f)	['misa]
dire la messe	**celebrar a missa**	[sele'brar a 'misa]
confession (f)	**confissão** (f)	[kõfi'sãw]
se confesser (vp)	**confessar-se** (vr)	[kõfe'sarsi]
saint (m)	**santo** (m)	['sãtu]
sacré (adj)	**sagrado**	[sa'gradu]
l'eau bénite	**água** (f) **benta**	['agwa 'bẽta]
rite (m)	**ritual** (m)	[hi'twaw]
rituel (adj)	**ritual**	[hi'twaw]
sacrifice (m)	**sacrifício** (m)	[sakri'fisju]
superstition (f)	**superstição** (f)	[superstʃi'sãw]
superstitieux (adj)	**supersticioso**	[superstʃi'sjozu]
vie (f) après la mort	**vida** (f) **após a morte**	['vida a'pɔjs a 'mɔrtʃi]
vie (f) éternelle	**vida** (f) **eterna**	['vida e'terna]

DIVERS

249. Quelques mots et formules utiles

aide (f)	ajuda (f)	[a'ʒuda]
arrêt (m) (pause)	paragem (f)	[pa'raʒẽ]
balance (f)	equilíbrio (m)	[eki'librju]
barrière (f)	barreira (f)	[ba'hejra]
base (f)	base (f)	['bazi]
catégorie (f)	categoria (f)	[katego'ria]
cause (f)	causa (f)	['kawza]
choix (m)	variedade (f)	[varje'daʤi]
chose (f) (objet)	coisa (f)	['kojza]
coïncidence (f)	coincidência (f)	[koĩsi'dẽsja]
comparaison (f)	comparação (f)	[kõpara'sãw]
compensation (f)	compensação (f)	[kõpẽsa'sãw]
confortable (adj)	cômodo	['komodu]
croissance (f)	crescimento (m)	[kresi'mẽtu]
début (m)	começo, início (m)	[ko'mesu], [i'nisju]
degré (m) (~ de liberté)	grau (m)	[graw]
développement (m)	desenvolvimento (m)	[ʤizẽvowvi'mẽtu]
différence (f)	diferença (f)	[ʤife'rẽsa]
d'urgence (adv)	urgentemente	[urʒẽte'mẽtʃi]
effet (m)	efeito (m)	[e'fejtu]
effort (m)	esforço (m)	[is'forsu]
élément (m)	elemento (m)	[ele'mẽtu]
exemple (m)	exemplo (m)	[e'zẽplu]
fait (m)	fato (m)	['fatu]
faute, erreur (f)	erro (m)	['ehu]
fin (f)	fim (m)	[fĩ]
fond (m) (arrière-plan)	fundo (m)	['fũdu]
forme (f)	forma (f)	['fɔrma]
fréquent (adj)	frequente	[fre'kwẽtʃi]
genre (m) (type, sorte)	tipo (m)	['tʃipu]
idéal (m)	ideal (m)	[ide'jaw]
labyrinthe (m)	labirinto (m)	[labi'rĩtu]
mode (m) (méthode)	modo (m)	['mɔdu]
moment (m)	momento (m)	[mo'mẽtu]
objet (m)	objeto (m)	[ɔb'ʒɛtu]
obstacle (m)	obstáculo (m)	[ob'stakulu]
original (m)	original (m)	[oriʒi'naw]
part (f)	parte (f)	['partʃi]
particule (f)	partícula (f)	[par'tʃikula]

pause (f)	pausa (f)	['pawza]
position (f)	posição (f)	[pozi'sãw]
principe (m)	princípio (m)	[prĩ'sipju]
problème (m)	problema (m)	[prob'lɛma]
processus (m)	processo (m)	[pru'sɛsu]
progrès (m)	progresso (m)	[pro'grɛsu]
propriété (f) (qualité)	propriedade (f)	[proprje'dadʒi]
réaction (f)	reação (f)	[hea'sãw]
risque (m)	risco (m)	['hisku]
secret (m)	segredo (m)	[se'gredu]
série (f)	série (f)	['sɛri]
situation (f)	situação (f)	[sitwa'sãw]
solution (f)	solução (f)	[solu'sãw]
standard (adj)	padrão	[pa'drãw]
standard (m)	padrão (m)	[pa'drãw]
style (m)	estilo (m)	[is'tʃilu]
système (m)	sistema (m)	[sis'tɛma]
tableau (m) (grille)	tabela (f)	[ta'bɛla]
tempo (m)	ritmo (m)	['hitʃmu]
terme (m)	termo (m)	['termu]
tour (m) (attends ton ~)	vez (f)	[vez]
type (m) (~ de sport)	tipo (m)	['tʃipu]
urgent (adj)	urgente	[ur'ʒɛtʃi]
utilité (f)	utilidade (f)	[utʃili'dadʒi]
vérité (f)	verdade (f)	[ver'dadʒi]
version (f)	variante (f)	[va'rjãtʃi]
zone (f)	zona (f)	['zɔna]

250. Les adjectifs. Partie 1

affamé (adj)	faminto	[fa'mĩtu]
agréable (la voix)	agradável	[agra'davew]
aigre (fruits ~s)	azedo	[a'zedu]
amer (adj)	amargo	[a'margu]
ancien (adj)	antigo	[ã'tʃigu]
arrière (roue, feu)	de trás	[de trajs]
artificiel (adj)	artificial	[artʃifi'sjaw]
attentionné (adj)	carinhoso	[kari'ɲozu]
aveugle (adj)	cego	['sɛgu]
bas (voix ~se)	baixo	['baɪʃu]
basané (adj)	moreno	[mo'renu]
beau (homme)	bonito	[bo'nitu]
beau, magnifique (adj)	belo	['bɛlu]
bien affilé (adj)	afiado	[a'fjadu]
bon (~ voyage!)	bom	[bõ]
bon (au bon cœur)	bondoso	[bõ'dozu]

bon (savoureux)	gostoso	[gos'tozu]
bon marché (adj)	barato	[ba'ratu]
bronzé (adj)	bronzeado	[brõ'zjadu]
calme (tranquille)	calmo	['kawmu]
central (adj)	central	[sẽ'traw]
chaud (modérément)	quente	['kẽtʃi]

cher (adj)	caro	['karu]
civil (droit ~)	civil	[si'viw]
clair (couleur)	claro	['klaru]
clair (explication ~e)	claro	['klaru]
clandestin (adj)	clandestino	[klãdes'tʃinu]

commun (projet ~)	conjunto	[kõ'ʒũtu]
compatible (adj)	compatível	[kõpa'tʃivew]
considérable (adj)	considerável	[kõside'ravew]
content (adj)	contente	[kõ'tẽtʃi]

continu (incessant)	ininterrupto	[inĩte'huptu]
continu (usage ~)	contínuo	[kõ'tʃinwu]
convenu (approprié)	apropriado	[apro'prjadu]
court (de taille)	curto	['kurtu]
court (en durée)	de curta duração	[de 'kurta dura'sãw]

cru (non cuit)	cru	[kru]
d'à côté, voisin	perto	['pɛrtu]
dangereux (adj)	perigoso	[peri'gozu]
d'enfant (adj)	infantil	[ĩfã'tʃiw]
dense (brouillard ~)	denso	['dẽsu]

dernier (final)	último	['uwtʃimu]
différent (adj)	diferente	[dʒife'rẽtʃi]
difficile (complexe)	difícil, complexo	[dʒi'fisiw], [kõ'plɛksu]
difficile (décision)	difícil	[dʒi'fisiw]

divers (adj)	diverso	[dʒi'vɛrsu]
d'occasion (adj)	usado	[u'zadu]
douce (l'eau ~)	doce	['dosi]
droit (pas courbe)	reto	['hɛtu]

droit (situé à droite)	direito	[dʒi'rejtu]
dur (pas mou)	duro	['duru]
éloigné (adj)	remoto, longínquo	he'mɔtu], [lõ'ʒĩkwu]
ensoleillé (jour ~)	de sol, ensolarado	[de sɔw], [ẽsola'radu]

entier (adj)	inteiro	[ĩ'tejru]
épais (brouillard ~)	cerrado	[se'hadu]
épais (mur, etc.)	grosso	['grosu]
étranger (adj)	estrangeiro	[istrã'ʒejru]
étroit (passage, etc.)	estreito	[is'trejtu]

excellent (adj)	excelente	[ese'lẽtʃi]
excessif (adj)	excessivo	[ese'sivu]
extérieur (adj)	externo	[is'tɛrnu]
facile (adj)	fácil	['fasiw]
faible (lumière)	fraco	['fraku]

fatiguant (adj)	cansativo	[kãsa'tʃivu]
fatigué (adj)	cansado	[kã'sadu]
fermé (adj)	fechado	[fe'ʃadu]
fertile (le sol ~)	fértil	['fɛrtʃiw]

fort (homme ~)	forte	['fɔrtʃi]
fort (voix ~e)	alto	['awtu]
fragile (vaisselle, etc.)	frágil	['fraʒiw]
frais (adj) (légèrement froid)	fresco	['fresku]
frais (du pain ~)	fresco	['fresku]

froid (boisson ~e)	frio	['friu]
gauche (adj)	esquerdo	[is'kerdu]
géant (adj)	enorme	[e'nɔrmi]
gentil (adj)	encantador	[ẽkãta'dor]
grand (dimension)	grande	['grãdʒi]

gras (repas ~)	gordo	['gordu]
gratuit (adj)	gratuito, grátis	[gra'twitu], ['gratʃis]
heureux (adj)	feliz	[fe'liz]
hostile (adj)	hostil	[os'tʃiw]
humide (adj)	úmido	['umidu]

immobile (adj)	imóvel	[i'mɔvew]
important (adj)	importante	[ĩpor'tãtʃi]
impossible (adj)	impossível	[ĩpo'sivew]
indéchiffrable (adj)	incompreensível	[ĩkõprjẽ'sivew]
indispensable (adj)	indispensável	[ĩdʒispẽ'savew]

intelligent (adj)	inteligente	[ĩteli'ʒẽtʃi]
intérieur (adj)	interno	[ĩ'tɛrnu]
jeune (adj)	jovem	['ʒɔvẽ]
joyeux (adj)	alegre	[a'lɛgri]
juste, correct (adj)	correto	[ko'hɛtu]

251. Les adjectifs. Partie 2

large (~ route)	largo	['largu]
le même, pareil (adj)	igual	[i'gwaw]
le plus important	o mais importante	[u majs ĩpor'tãtʃi]
le plus proche	mais próximo	[majs 'prɔsimu]
légal (adj)	legal	[le'gaw]

léger (pas lourd)	leve	['lɛvi]
libre (accès, etc.)	livre	['livri]
limité (adj)	limitado	[limi'tadu]
liquide (adj)	líquido	['likidu]
lisse (adj)	liso	['lizu]

lointain (adj)	distante	[dʒis'tãtʃi]
long (~ chemin)	longo	['lõgu]
lourd (adj)	pesado	[pe'zadu]
maigre (adj)	magro	['magru]
malade (adj)	doente	[do'ẽtʃi]

mat (couleur)	mate	['matʃi]
mauvais (adj)	mau	[maw]
méticuleux (~ travail)	meticuloso	[metʃiku'lozu]
miséreux (adj)	indigente	[ĩdʒi'ʒẽtʃi]
mort (adj)	morto	['mortu]
mou (souple)	mole	['mɔli]
mûr (fruit ~)	maduro	[ma'duro]
myope (adj)	míope	['miopi]
mystérieux (adj)	enigmático	[enigi'matʃiku]
natal (ville, pays)	natal	[na'taw]
nécessaire (adj)	necessário	[nese'saɾju]
négatif (adj)	negativo	[nega'tʃivu]
négligent (adj)	descuidado	[dʒiskwi'dadu]
nerveux (adj)	nervoso	[ner'vozu]
neuf (adj)	novo	['novu]
normal (adj)	normal	[nor'maw]
obligatoire (adj)	obrigatório	[obriga'tɔrju]
opposé (adj)	contrário	[kõ'trarju]
ordinaire (adj)	comum, normal	[ko'mũ], [nor'maw]
original (peu commun)	original	[oriʒi'naw]
ouvert (adj)	aberto	[a'bɛrtu]
parfait (adj)	soberbo, perfeito	[so'berbu], [per'fejtu]
pas clair (adj)	não é clara	['nãw ɛ 'klara]
pas difficile (adj)	não difícil	['nãw dʒi'fisiw]
pas grand (adj)	não muito grande	['nãw 'mwĩtu 'grãdʒi]
passé (le mois ~)	passado	[pa'sadu]
passé (participe ~)	mais recente	[majs he'sẽtʃi]
pauvre (adj)	pobre	['pobri]
permanent (adj)	permanente	[perma'nẽtʃi]
personnel (adj)	pessoal	[pe'swaw]
petit (adj)	pequeno	[pe'kenu]
peu expérimenté (adj)	inexperiente	[inespe'rjẽtʃi]
peu important (adj)	insignificante	[ĩsignifi'kãtʃi]
peu profond (adj)	pouco fundo	['poku 'fũdu]
plat (l'écran ~)	plano	['planu]
plat (surface ~e)	liso	['lizu]
plein (rempli)	cheio	['ʃeju]
poli (adj)	educado	[edu'kadu]
ponctuel (adj)	pontual	[põ'twaw]
possible (adj)	possível	[po'sivew]
précédent (adj)	prévio	['prɛvju]
précis, exact (adj)	exato	[e'zatu]
présent (moment ~)	presente	[pre'zẽtʃi]
principal (adj)	principal	[prĩsi'paw]
principal (idée ~e)	principal	[prĩsi'paw]
privé (réservé)	privado	[pri'vadu]
probable (adj)	provável	[pro'vavew]

proche (pas lointain)	próximo	['prɔsimu]
propre (chemise ~)	limpo	['lĩpu]
public (adj)	público	['publiku]
rapide (adj)	rápido	['hapidu]

rare (adj)	raro	['haru]
reconnaissant (adj)	agradecido	[agrade'sidu]
risqué (adj)	arriscado	[ahis'kadu]
salé (adj)	salgado	[saw'gadu]
sale (pas propre)	sujo	['suʒu]

sans nuages (adj)	desanuviado	[dʒizanu'vjadu]
satisfait (client, etc.)	satisfeito	[satʃis'fejtu]
sec (adj)	seco	['seku]
serré, étroit (vêtement)	apertado	[aper'tadu]
similaire (adj)	similar	[simi'lar]

simple (adj)	simples	['sĩplis]
solide (bâtiment, etc.)	sólido	['sɔlidu]
sombre (paysage ~)	sombrio	[sõ'briu]
sombre (pièce ~)	escuro	[is'kuru]
spacieux (adj)	amplo	['ãplu]

spécial (adj)	especial	[ispe'sjaw]
stupide (adj)	burro, estúpido	['buhu], [is'tupidu]
sucré (adj)	doce	['dosi]
suivant (vol ~)	seguinte	[se'gĩtʃi]
supplémentaire (adj)	suplementar	[suplemẽ'tar]

suprême (adj)	superior	[supe'rjor]
sûr (pas dangereux)	seguro	[se'guru]
surgelé (produits ~s)	congelado	[kõʒe'ladu]
tendre (affectueux)	afetuoso	[afe'twozu]
tranquille (adj)	tranquilo	[trã'kwilu]

transparent (adj)	transparente	[trãspa'rẽtʃi]
trempé (adj)	molhado	[mo'ʎadu]
très chaud (adj)	quente	['kẽtʃi]
triste (adj)	triste	['tristʃi]
triste (regard ~)	triste	['tristʃi]

trop maigre (émacié)	muito magro	['mwĩtu 'magru]
unique (exceptionnel)	único	['uniku]
vide (bouteille, etc.)	vazio	[va'ziu]
vieux (bâtiment, etc.)	velho	['vɛʎu]
voisin (maison ~e)	vizinho	[vi'ziɲu]

LES 500 VERBES LES PLUS UTILISÉS

252. Les verbes les plus courants (de A à C)

abaisser (vt)	baixar (vt)	[baɪˈʃar]
accompagner (vt)	acompanhar (vt)	[akõpaˈɲar]
accoster (vi)	atracar (vi)	[atraˈkar]
accrocher (suspendre)	pendurar (vt)	[pẽduˈrar]
accuser (vt)	acusar (vt)	[akuˈzar]
acheter (vt)	comprar (vt)	[kõˈprar]
admirer (vt)	admirar (vt)	[adʒimiˈrar]
affirmer (vt)	afirmar (vt)	[afirˈmar]
agir (vi)	agir (vi)	[aˈʒir]
agiter (les bras)	acenar (vt)	[aseˈnar]
aider (vt)	ajudar (vt)	[aʒuˈdar]
aimer (apprécier)	adorar (vt)	[adoˈrar]
aimer (qn)	amar (vt)	[aˈmar]
ajouter (vt)	acrescentar (vt)	[akresẽˈtar]
aller (à pied)	ir (vi)	[ir]
aller (en voiture, etc.)	ir (vi)	[ir]
aller bien (robe, etc.)	servir (vi)	[serˈvir]
aller se coucher	ir para a cama	[ir 'para a 'kama]
allumer (~ la cheminée)	acender (vt)	[asẽˈder]
allumer (la radio, etc.)	ligar (vt)	[liˈgar]
amener, apporter (vt)	trazer (vt)	[traˈzer]
amputer (vt)	amputar (vt)	[ãpuˈtar]
amuser (vt)	divertir (vt)	[dʒiverˈtʃir]
annoncer (qch a qn)	informar (vt)	[ĩforˈmar]
annuler (vt)	anular, cancelar (vt)	[anuˈlar], [kãseˈlar]
apercevoir (vt)	perceber (vt)	[perseˈber]
apparaître (vi)	aparecer (vi)	[apareˈser]
appartenir à ...	pertencer (vt)	[pertẽˈser]
appeler (au secours)	chamar (vt)	[ʃaˈmar]
appeler (dénommer)	denominar (vt)	[denomiˈnar]
appeler (vt)	chamar (vt)	[ʃaˈmar]
applaudir (vi)	aplaudir (vi)	[aplawˈdʒir]
apprendre (qch à qn)	ensinar (vt)	[ẽsiˈnar]
arracher (vt)	arrancar (vt)	[ahãˈkar]
arriver (le train)	chegar (vi)	[ʃeˈgar]
arroser (plantes)	regar (vt)	[heˈgar]
aspirer à ...	aspirar a ...	[aspiˈrar a]
assister (vt)	assistir (vt)	[asisˈtʃir]

attacher à ...	atar (vt)	[a'tar]
attaquer (mil.)	atacar (vt)	[ata'kar]
atteindre (lieu)	chegar a ...	[ʃe'gar a]
atteindre (objectif)	alcançar (vt)	[awkã'sar]
attendre (vt)	esperar (vt)	[ispe'rar]
attraper (vt)	pegar (vt)	[pe'gar]
attraper ... (maladie)	contagiar-se com ...	[kõta'ʒjarsi kõ]
augmenter (vi)	aumentar (vi)	[awmẽ'tar]
augmenter (vt)	aumentar (vt)	[awmẽ'tar]
autoriser (vt)	permitir (vt)	[permi'tʃir]
avertir (du danger)	advertir (vt)	[adʒiver'tʃir]
aveugler (par les phares)	cegar, ofuscar (vt)	[se'gar], [ofus'kar]
avoir (vt)	ter (vt)	[ter]
avoir confiance	confiar (vt)	[kõ'fjar]
avoir peur	ter medo	[ter 'medu]
avouer (vi, vt)	confessar-se (vr)	[kõfe'sarsi]
baigner (~ les enfants)	dar banho, lavar (vt)	[dar 'baɲu], [la'var]
battre (frapper)	bater (vt)	[ba'ter]
boire (vt)	beber, tomar (vt)	[be'ber], [to'mar]
briller (vi)	brilhar (vi)	[bri'ʎar]
briser, casser (vt)	quebrar (vt)	[ke'brar]
brûler (des papiers)	queimar (vt)	[kej'mar]
cacher (vt)	esconder (vt)	[iskõ'der]
calmer (enfant, etc.)	acalmar (vt)	[akaw'mar]
caresser (vt)	acariciar (vt)	[akari'sjar]
céder (vt)	ceder (vi)	[se'der]
cesser (vt)	cessar (vt)	[se'sar]
changer (~ d'avis)	mudar (vt)	[mu'dar]
changer (échanger)	trocar, mudar (vt)	[tro'kar], [mu'dar]
charger (arme)	carregar (vt)	[kahe'gar]
charger (véhicule, etc.)	carregar (vt)	[kahe'gar]
charmer (vt)	fascinar (vt)	[fasi'nar]
chasser (animaux)	caçar (vi)	[ka'sar]
chasser (faire partir)	afugentar (vt)	[afuʒẽ'tar]
chauffer (vt)	aquecer (vt)	[ake'ser]
chercher (vt)	buscar (vt)	[bus'kar]
choisir (vt)	escolher (vt)	[isko'ʎer]
citer (vt)	citar (vt)	[si'tar]
combattre (vi)	combater (vi, vt)	[kõba'ter]
commander (~ le menu)	pedir (vt)	[pe'dʒir]
commencer (vt)	começar (vt)	[kome'sar]
comparer (vt)	comparar (vt)	[kõpa'rar]
compenser (vt)	compensar (vt)	[kõpẽ'sar]
compliquer (vt)	complicar (vt)	[kõpli'kar]
composer (musique)	compor (vt)	[kõ'por]
comprendre (vt)	entender (vt)	[ẽtẽ'der]

compromettre (vt)	comprometer (vt)	[kõprome'ter]
compter (l'argent, etc.)	calcular (vt)	[kawku'lar]
compter sur ...	contar com ...	[kõ'tar kõ]
concevoir (créer)	projetar, criar (vt)	[proʒɛ'tar], [krjar]
concurrencer (vt)	competir (vi)	[kõpe'tʃir]
condamner (vt)	sentenciar (vt)	[sẽtẽ'sjar]

conduire une voiture	dirigir (vt)	[dʒiri'ʒir]
confondre (vt)	confundir (vt)	[kõfũ'dʒir]
connaître (qn)	conhecer (vt)	[koɲe'ser]
conseiller (vt)	aconselhar (vt)	[akõse'ʎar]
consulter (docteur, etc.)	consultar ...	[kõsuw'tar]

contaminer (vt)	infetar, contagiar (vt)	[ĩfe'tar], [kõta'ʒjar]
continuer (vt)	continuar (vt)	[kõtʃi'nwar]
contrôler (vt)	controlar (vt)	[kõtro'lar]
convaincre (vt)	convencer (vt)	[kõvẽ'ser]

coopérer (vi)	cooperar (vi)	[koope'rar]
coordonner (vt)	coordenar (vt)	[koorde'nar]
corriger (une erreur)	corrigir (vt)	[kohi'ʒir]
couper (avec une hache)	cortar (vt)	[kor'tar]

couper (un doigt, etc.)	cortar (vt)	[kor'tar]
courir (vi)	correr (vi)	[ko'her]
coûter (vt)	custar (vt)	[kus'tar]
cracher (vi)	cuspir (vi)	[kus'pir]
créer (vt)	criar (vt)	[krjar]

creuser (vt)	cavar (vt)	[ka'var]
crier (vi)	gritar (vi)	[gri'tar]
croire (vi, vt)	crer (vt)	[krer]
cueillir (fleurs, etc.)	colher (vt)	[ko'ʎer]
cultiver (plantes)	cultivar (vt)	[kuwtʃi'var]

253. Les verbes les plus courants (de D à E)

dater de ...	datar (vi)	[da'tar]
décider (vt)	decidir (vt)	[desi'dʒir]
décoller (avion)	descolar (vi)	[dʒisko'lar]
décorer (~ la maison)	decorar (vt)	[deko'rar]

décorer (de la médaille)	condecorar (vt)	[kõdeko'rar]
découvrir (vt)	descobrir (vt)	[dʒisko'brir]
dédier (vt)	dedicar (vt)	[dedʒi'kar]
défendre (vt)	defender (vt)	[defẽ'der]
déjeuner (vi)	almoçar (vi)	[awmo'sar]

demander (de faire qch)	pedir (vt)	[pe'dʒir]
dénoncer (vt)	denunciar (vt)	[denũ'sjar]
dépasser (village, etc.)	passar (vt)	[pa'sar]
dépendre de ...	depender de ...	[depẽ'der de]
déplacer (des meubles)	mover (vt)	[mo'ver]
déranger (vt)	perturbar (vt)	[pertur'bar]

descendre (vi)	descer (vi)	[de'ser]
désirer (vt)	desejar (vt)	[deze'ʒar]
détacher (vt)	desatar (vt)	[dʒiza'tar]
détruire (~ des preuves)	destruir (vt)	[dʒis'trwir]
devenir (vi)	tornar-se (vr)	[tor'narsi]
devenir pensif	ficar pensativo	[fi'kar pẽsa'tʃivu]
deviner (vt)	adivinhar (vt)	[adʒivi'ɲar]
devoir (v aux)	dever (vi)	[de'ver]
diffuser (distribuer)	distribuir (vt)	[dʒistri'bwir]
diminuer (vt)	reduzir (vt)	[hedu'zir]
dîner (vi)	jantar (vi)	[ʒã'tar]
dire (vt)	dizer (vt)	[dʒi'zer]
diriger (~ une usine)	dirigir (vt)	[dʒiri'ʒir]
diriger (vers …)	direcionar (vt)	[dʒiresjo'nar]
discuter (vt)	discutir (vt)	[dʒisku'tʃir]
disparaître (vi)	desaparecer (vi)	[dʒizapare'ser]
distribuer (bonbons, etc.)	distribuir (vt)	[dʒistri'bwir]
diviser (~ par 2)	dividir (vt)	[dʒivi'dʒir]
dominer (château, etc.)	elevar-se acima de …	[ele'varsi a'sima de]
donner (qch à qn)	dar (vt)	[dar]
doubler (la mise, etc.)	dobrar (vt)	[do'brar]
douter (vt)	duvidar (vt)	[duvi'dar]
dresser (~ une liste)	fazer, elaborar (vt)	[fa'zer], [elabo'rar]
dresser (un chien)	adestrar (vt)	[ades'trar]
éclairer (soleil)	iluminar (vt)	[ilumi'nar]
écouter (vt)	escutar (vt)	[isku'tar]
écouter aux portes	escutar atrás da porta	[isku'tar a'trajs da 'porta]
écraser (cafard, etc.)	esmagar (vt)	[izma'gar]
écrire (vt)	escrever (vt)	[iskre'ver]
effacer (vt)	apagar (vt)	[apa'gar]
éliminer (supprimer)	remover, eliminar (vt)	[hemo'ver], [elimi'nar]
embaucher (vt)	contratar (vt)	[kõtra'tar]
employer (utiliser)	usar (vt)	[u'zar]
emporter (vt)	levar (vt)	[le'var]
emprunter (vt)	tomar emprestado (vt)	[to'mar ẽpres'tadu]
enlever (~ des taches)	remover (vt)	[hemo'ver]
enlever (un objet)	tirar (vt)	[tʃi'rar]
enlever la boue	limpar (vt)	[lĩ'par]
entendre (bruit, etc.)	ouvir (vt)	[o'vir]
entraîner (vt)	treinar (vt)	[trej'nar]
entreprendre (vt)	empreender (vt)	[ẽprjẽ'der]
entrer (vi)	entrar (vi)	[ẽ'trar]
envelopper (vt)	embrulhar (vt)	[ẽbru'ʎar]
envier (vt)	invejar (vt)	[ĩve'ʒar]
envoyer (vt)	enviar (vt)	[ẽ'vjar]
épier (vt)	espreitar (vi)	[isprej'tar]

équiper (vt)	equipar (vt)	[eki'par]
espérer (vi)	esperar (vi, vt)	[ispe'rar]
essayer (de faire qch)	tentar (vt)	[tẽ'tar]
éteindre (~ la lumière)	desligar (vt)	[dʒizli'gar]
éteindre (incendie)	apagar (vt)	[apa'gar]
étonner (vt)	surpreender (vt)	[surprjẽ'der]
être (~ fatigué)	estar (vi)	[is'tar]
être (~ médecin)	ser (vi)	[ser]
être allongé (personne)	estar deitado	[is'tar dej'tadu]
être assez (suffire)	bastar (vi)	[bas'tar]
être assis	estar sentado	[is'tar sẽ'tadu]
être basé (sur ...)	basear-se (vr)	[ba'zjarsi]
être convaincu de ...	estar convencido	[is'tar kõvẽ'sidu]
être d'accord	concordar (vi)	[kõkor'dar]
être différent	ser diferente	[ser dʒife'rẽtʃi]
être en tête (de ...)	encabeçar (vt)	[ẽkabe'sar]
être fatigué	ficar cansado	[fi'kar kã'sadu]
être indispensable	ser indispensável	[ser ĩdʒispẽ'savew]
être la cause de ...	causar (vt)	[kaw'zar]
être nécessaire	ser necessário	[ser nese'sarju]
être perplexe	estar perplexo	[is'tar per'plɛksu]
être pressé	apressar-se (vr)	[apre'sarsi]
étudier (vt)	estudar (vt)	[istu'dar]
éviter (~ la foule)	evitar (vt)	[evi'tar]
examiner (une question)	examinar (vt)	[ezami'nar]
exclure, expulser (vt)	expulsar (vt)	[ispuw'sar]
excuser (vt)	desculpar (vt)	[dʒiskuw'par]
exiger (vt)	exigir (vt)	[ezi'ʒir]
exister (vi)	existir (vi)	[ezis'tʃir]
expliquer (vt)	explicar (vt)	[ispli'kar]
exprimer (vt)	expressar (vt)	[ispre'sar]

254. Les verbes les plus courants (de F à N)

fâcher (vt)	zangar (vt)	[zã'gar]
faciliter (vt)	facilitar (vt)	[fasili'tar]
faire (vt)	fazer (vt)	[fa'zer]
faire allusion	insinuar (vt)	[ĩsi'nwar]
faire connaissance	conhecer-se (vr)	[koɲe'sersi]
faire de la publicité	fazer propaganda	[fa'zer propa'gãda]
faire des copies	tirar cópias	[tʃi'rar 'kɔpjas]
faire la guerre	guerrear (vt)	[ge'hjar]
faire la lessive	lavar a roupa	[la'var a 'hopa]
faire le ménage	arrumar, limpar (vt)	[ahu'mar], [lĩ'par]
faire surface (sous-marin)	emergir (vi)	[imer'ʒir]

faire tomber	deixar cair (vt)	[dej'ʃar ka'ir]
faire un rapport	reportar (vt)	[hepor'tar]
fatiguer (vt)	fatigar (vt)	[fatʃi'gar]
féliciter (vt)	felicitar (vt)	[felisi'tar]
fermer (vt)	fechar (vt)	[fe'ʃar]

finir (vt)	terminar (vt)	[termi'nar]
flatter (vt)	lisonjear (vt)	[lizõ'ʒjar]
forcer (obliger)	forçar (vt)	[for'sar]
former (composer)	formar (vt)	[for'mar]

frapper (~ à la porte)	bater (vi)	[ba'ter]
garantir (vt)	garantir (vt)	[garã'tʃir]
garder (lettres, etc.)	guardar (vt)	[gwar'dar]
garder le silence	ficar em silêncio	[fi'kar ẽ si'lẽsju]

griffer (vt)	arranhar (vt)	[aha'ɲar]
gronder (qn)	repreender (vt)	[heprjẽ'der]
habiter (vt)	morar (vt)	[mo'rar]
hériter (vt)	herdar (vt)	[er'dar]

imaginer (vt)	imaginar (vt)	[imaʒi'nar]
imiter (vt)	imitar (vt)	[imi'tar]
importer (vt)	importar (vt)	[ĩpor'tar]
indiquer (le chemin)	indicar (vt)	[ĩdʒi'kar]

influer (vt)	influenciar (vt)	[ĩflwẽ'sjar]
informer (vt)	informar (vt)	[ĩfor'mar]
inquiéter (vt)	preocupar (vt)	[preoku'par]
inscrire (sur la liste)	inscrever (vt)	[ĩskre'ver]
insérer (~ la clé)	inserir (vt)	[ĩse'rir]

insister (vi)	insistir (vi)	[ĩsis'tʃir]
inspirer (vt)	inspirar (vt)	[ĩspi'rar]
instruire (vt)	instruir (vt)	[ĩs'trwir]
insulter (vt)	insultar (vt)	[ĩsuw'tar]

interdire (vt)	proibir (vt)	[proi'bir]
intéresser (vt)	interessar (vt)	[ĩtere'sar]
intervenir (vi)	intervir (vi)	[ĩter'vir]
inventer (machine, etc.)	inventar (vt)	[ĩvẽ'tar]

inviter (vt)	convidar (vt)	[kõvi'dar]
irriter (vt)	irritar (vt)	[ihi'tar]
isoler (vt)	isolar (vt)	[izo'lar]
jeter (une pierre)	jogar, atirar (vt)	[ʒo'gar], [atʃi'rar]

jouer (acteur)	desempenhar (vt)	[dʒizẽpe'ɲar]
jouer (s'amuser)	brincar, jogar (vi, vt)	[brĩ'kar], [ʒo'gar]
laisser (oublier)	deixar (vt)	[dej'ʃar]
lancer (un projet)	lançar (vt)	[lã'sar]
larguer les amarres	desatracar (vi)	[dʒizatra'kar]

laver (vt)	lavar (vt)	[la'var]
libérer (ville, etc.)	libertar, liberar (vt)	[liber'tar], [libe'rar]
ligoter (vt)	amarrar (vt)	[ama'har]

limiter (vt)	**limitar** (vt)	[limi'tar]
lire (vi, vt)	**ler** (vt)	[ler]
louer (barque, etc.)	**alugar** (vt)	[alu'gar]
louer (prendre en location)	**alugar** (vt)	[alu'gar]
lutter (~ contre …)	**lutar** (vt)	[lu'tar]

lutter (sport)	**lutar** (vi)	[lu'tar]
manger (vi, vt)	**comer** (vt)	[ko'mer]
manquer (l'école)	**faltar a …**	[faw'tar a]
marquer (sur la carte)	**marcar** (vt)	[mar'kar]

mélanger (vt)	**misturar** (vt)	[mistu'rar]
mémoriser (vt)	**memorizar** (vt)	[memori'zar]
menacer (vt)	**ameaçar** (vt)	[amea'sar]
mentionner (vt)	**mencionar** (vt)	[mẽsjo'nar]
mentir (vi)	**mentir** (vi)	[mẽ'tʃir]

mépriser (vt)	**desprezar** (vt)	[dʒispre'zar]
mériter (vt)	**merecer** (vt)	[mere'ser]
mettre (placer)	**colocar** (vt)	[kolo'kar]
montrer (vt)	**mostrar** (vt)	[mos'trar]

multiplier (math)	**multiplicar** (vt)	[muwtʃipli'kar]
nager (vi)	**nadar** (vi)	[na'dar]
négocier (vi)	**negociar** (vi)	[nego'sjar]
nettoyer (vt)	**limpar** (vt)	[lĩ'par]

nier (vt)	**negar** (vt)	[ne'gar]
nommer (à une fonction)	**nomear** (vt)	[no'mjar]
noter (prendre en note)	**anotar** (vt)	[ano'tar]
nourrir (vt)	**alimentar** (vt)	[alimẽ'tar]

255. Les verbes les plus courants (de O à R)

obéir (vt)	**obedecer** (vt)	[obede'ser]
objecter (vt)	**objetar** (vt)	[obʒe'tar]
observer (vt)	**observar** (vt)	[obser'var]
offenser (vt)	**ofender** (vt)	[ofẽ'der]

omettre (vt)	**omitir** (vt)	[omi'tʃir]
ordonner (mil.)	**ordenar** (vt)	[orde'nar]
organiser (concert, etc.)	**organizar** (vt)	[organi'zar]
oser (vt)	**ousar** (vt)	[o'zar]

oublier (vt)	**esquecer** (vt)	[iske'ser]
ouvrir (vt)	**abrir** (vt)	[a'brir]
paraître (livre)	**sair** (vi)	[sa'ir]
pardonner (vt)	**perdoar** (vt)	[per'dwar]
parler avec …	**falar com …**	[fa'lar kõ]

participer à …	**participar** (vi)	[partʃisi'par]
partir (~ en voiture)	**partir** (vt)	[par'tʃir]
payer (régler)	**pagar** (vt)	[pa'gar]
pécher (vi)	**pecar** (vi)	[pe'kar]

pêcher (vi)	pescar (vt)	[pes'kar]
pénétrer (vt)	penetrar (vt)	[pene'trar]
penser (croire)	achar (vt)	[a'ʃar]
penser (vi, vt)	pensar (vi, vt)	[pẽ'sar]
perdre (les clefs, etc.)	perder (vt)	[per'der]

permettre (vt)	permitir (vt)	[permi'tʃir]
peser (~ 100 kilos)	pesar (vt)	[pe'zar]
photographier (vt)	tirar fotos	[tʃi'rar 'fɔtus]
placer (mettre)	pôr, colocar (vt)	[por], [kolo'kar]

plaire (être apprécié)	gostar (vt)	[gos'tar]
plaisanter (vi)	fazer piadas	[fa'zer 'pjadas]
planifier (vt)	planejar (vt)	[plane'ʒar]
pleurer (vi)	chorar (vi)	[ʃo'rar]

plonger (vi)	mergulhar (vi)	[mergu'ʎar]
posséder (vt)	possuir (vt)	[po'swir]
pousser (les gens)	empurrar (vt)	[ẽpu'har]
pouvoir (v aux)	poder (vi)	[po'der]

prédominer (vi)	predominar (vi, vt)	[predomi'nar]
préférer (vt)	preferir (vt)	[prefe'rir]
prendre (vt)	pegar (vt)	[pe'gar]
prendre en note	anotar (vt)	[ano'tar]

prendre le petit déjeuner	tomar café da manhã	[to'mar ka'fɛ da ma'ɲã]
prendre un risque	arriscar (vt)	[ahis'kar]
préparer (le dîner)	cozinhar (vt)	[kozi'ɲar]
préparer (vt)	preparar (vt)	[prepa'rar]

présenter (faire connaître)	apresentar (vt)	[aprezẽ'tar]
présenter (qn)	apresentar (vt)	[aprezẽ'tar]
préserver (~ la paix)	preservar (vt)	[prezer'var]
pressentir (le danger)	sentir (vt)	[sẽ'tʃir]
presser (qn)	apressar (vt)	[apre'sar]

prévoir (vt)	prever (vt)	[pre'ver]
prier (~ Dieu)	rezar, orar (vi)	[he'zar], [o'rar]
priver (vt)	privar (vt)	[pri'var]
progresser (vi)	avançar (vi)	[avã'sar]

promettre (vt)	prometer (vt)	[prome'ter]
prononcer (vt)	pronunciar (vt)	[pronũ'sjar]
proposer (vt)	propor (vt)	[pro'por]
protéger (la nature)	proteger (vt)	[prote'ʒer]
protester (vi, vt)	protestar (vi)	[protes'tar]

prouver (une théorie, etc.)	provar (vt)	[pro'var]
provoquer (vt)	provocar (vt)	[provo'kar]
punir (vt)	punir, castigar (vt)	[pu'nir], [kastʃi'gar]
quitter (famille, etc.)	deixar (vt)	[dej'ʃar]
raconter (une histoire)	contar (vt)	[kõ'tar]
ranger (jouets, etc.)	guardar (vt)	[gwar'dar]
rappeler	fazer lembrar	[fa'zer lẽ'brar]
(évoquer un souvenir)		

réaliser (vt)	realizar (vt)	[heali'zar]
recommander (vt)	recomendar (vt)	[hekomẽ'dar]
reconnaître (erreurs)	reconhecer (vt)	[hekoɲe'ser]
reconnaître (qn)	reconhecer (vt)	[hekoɲe'ser]
refaire (vt)	refazer (vt)	[hefa'zer]

refuser (vt)	recusar (vt)	[heku'zar]
regarder (vi, vt)	olhar (vt)	[ɔ'ʎar]
régler (~ un conflit)	resolver (vt)	[hezow'ver]
regretter (vt)	arrepender-se (vr)	[ahepẽ'dersi]

remarquer (qn)	avistar (vt)	[avis'tar]
remercier (vt)	agradecer (vt)	[agrade'ser]
remettre en ordre	consertar (vt)	[kõser'tar]
remplir (une bouteille)	encher (vt)	[ẽ'ʃer]

renforcer (vt)	reforçar (vt)	[hefor'sar]
renverser (liquide)	derramar (vt)	[deha'mar]
renvoyer (colis, etc.)	devolver (vt)	[devow'ver]
répandre (odeur)	emitir (vt)	[emi'tʃir]

réparer (vt)	reparar (vt)	[hepa'rar]
repasser (vêtement)	passar a ferro	[pa'sar a 'fɛhu]
répéter (dire encore)	repetir (vt)	[hepe'tʃir]
répondre (vi, vt)	responder (vt)	[hespõ'der]
reprocher (qch à qn)	censurar (vt)	[sẽsu'rar]

réserver (une chambre)	reservar (vt)	[hezer'var]
résoudre (le problème)	resolver (vt)	[hezow'ver]
respirer (vi)	respirar (vi)	[hespi'rar]
ressembler à …	parecer-se (vr)	[pare'sersi]
retenir (empêcher)	refrear (vt)	[hefre'ar]

retourner (pierre, etc.)	virar (vt)	[vi'rar]
réunir (regrouper)	juntar, unir (vt)	[ʒũ'tar], [u'nir]
réveiller (vt)	acordar, despertar (vt)	[akor'dar], [dʒisper'tar]
revenir (vi)	voltar (vi)	[vow'tar]

rêver (en dormant)	sonhar (vi)	[so'ɲar]
rêver (faut pas ~!)	sonhar (vt)	[so'ɲar]
rire (vi)	rir (vi)	[hir]
rougir (vi)	corar (vi)	[ko'rar]

256. Les verbes les plus courants (de S à V)

s'adresser (vp)	dirigir-se (vr)	[dʒiri'ʒirsi]
saluer (vt)	saudar (vt)	[saw'dar]
s'amuser (vp)	divertir-se (vr)	[dʒiver'tʃirsi]
s'approcher (vp)	aproximar-se (vr)	[aprosi'marsi]

s'arrêter (vp)	parar (vi)	[pa'rar]
s'asseoir (vp)	sentar-se (vr)	[sẽ'tarsi]
satisfaire (vt)	satisfazer (vt)	[satʃisfa'zer]
s'attendre (vp)	esperar (vt)	[ispe'rar]

sauver (la vie à qn)	salvar (vt)	[saw'var]
savoir (qch)	saber (vt)	[sa'ber]
se baigner (vp)	ir nadar	[ir na'dar]
se battre (vp)	bater-se (vr)	[ba'tersi]

se concentrer (vp)	concentrar-se (vr)	[kõsẽ'trarsi]
se conduire (vp)	comportar-se (vr)	[kõpor'tarsi]
se conserver (vp)	ser preservado	[ser prezer'vadu]
se débarrasser de ...	livrar-se de ...	[li'vrarsi de]

se défendre (vp)	defender-se (vr)	[defẽ'dersi]
se détourner (vp)	virar as costas	[vi'rar as 'kɔstas]
se fâcher (contre ...)	zangar-se com ...	[zã'garsi kõ]
se fendre (mur, sol)	rachar-se (vr)	[ha'ʃarsi]

se joindre (vp)	juntar-se a ...	[ʒũ'tarsi a]
se laver (vp)	lavar-se (vr)	[la'varsi]
se lever (tôt, tard)	levantar-se (vr)	[levã'tarsi]
se marier (prendre pour épouse)	casar-se (vr)	[ka'zarsi]

se moquer (vp)	zombar (vt)	[zõ'bar]
se noyer (vp)	afogar-se (vr)	[afo'garse]
se peigner (vp)	pentear-se (vr)	[pẽ'tʃarsi]
se plaindre (vp)	queixar-se (vr)	[kej'ʃarsi]

se préoccuper (vp)	estar preocupado	[is'tar preoku'padu]
se rappeler (vp)	lembrar (vt)	[lẽ'brar]
se raser (vp)	barbear-se (vr)	[bar'bjarsi]
se renseigner (sur ...)	informar-se (vt)	[ĩfor'marsi]
se renverser (du sucre)	derramar-se (vr)	[deha'marsi]

se reposer (vp)	descansar (vi)	[dʒiskã'sar]
se rétablir (vp)	recuperar-se (vr)	[hekupe'rarsi]
se rompre (la corde)	romper-se (vr)	[hõ'persi]
se salir (vp)	sujar-se (vr)	[su'ʒarsi]

se servir de ...	utilizar (vt)	[utʃili'zar]
se souvenir (vp)	recordar, lembrar (vt)	[hekor'dar], [lẽ'brar]
se taire (vp)	calar-se (vr)	[ka'larsi]
se tromper (vp)	errar (vi)	[e'har]
se trouver (sur ...)	estar	[is'tar]

se vanter (vp)	gabar-se (vr)	[ga'barsi]
se venger (vp)	vingar (vt)	[vĩ'gar]
s'échanger (des ...)	trocar (vt)	[tro'kar]
sécher (vt)	secar (vt)	[se'kar]
secouer (vt)	agitar, sacudir (vt)	[aʒi'tar], [saku'dʒir]

sélectionner (vt)	selecionar (vt)	[selesjo'nar]
semer (des graines)	semear (vt)	[se'mjar]
s'ennuyer (vp)	entediar-se (vr)	[ẽte'dʒjarsi]
sentir (~ les fleurs)	cheirar (vi)	[ʃej'rar]

sentir (avoir une odeur)	cheirar (vi)	[ʃej'rar]
s'entraîner (vp)	treinar-se (vr)	[trej'narsi]

| serrer dans ses bras | abraçar (vt) | [abra'sar] |
| servir (au restaurant) | servir (vt) | [ser'vir] |

s'étonner (vp)	surpreender-se (vr)	[surprjẽ'dersi]
s'excuser (vp)	desculpar-se (vr)	[dʒiskuw'parsi]
signer (vt)	assinar (vt)	[asi'nar]
signifier (avoir tel sens)	significar (vt)	[signifi'kar]

signifier (vt)	significar (vt)	[signifi'kar]
simplifier (vt)	simplificar (vt)	[sĩplifi'kar]
s'indigner (vp)	indignar-se (vr)	[ĩdʒig'narsi]
s'inquiéter (vp)	preocupar-se (vr)	[preoku'parsi]

s'intéresser (vp)	interessar-se (vr)	[ĩtere'sarsi]
s'irriter (vp)	irritar-se (vr)	[ihi'tarsi]
soigner (traiter)	tratar (vt)	[tra'tar]
sortir (aller dehors)	sair (vi)	[sa'ir]

souffler (vent)	soprar (vi)	[so'prar]
souffrir (vi)	sofrer (vt)	[so'frer]
souligner (vt)	sublinhar (vt)	[subli'ɲar]
soupirer (vi)	suspirar (vi)	[suspi'rar]

sourire (vi)	sorrir (vi)	[so'hir]
sous-estimer (vt)	subestimar (vt)	[subestʃi'mar]
soutenir (vt)	apoiar (vt)	[apo'jar]
suivre ... (suivez-moi)	seguir ...	[se'gir]
supplier (vt)	implorar (vt)	[ĩplo'rar]

supporter (la douleur)	suportar (vt)	[supor'tar]
supposer (vt)	supor (vt)	[su'por]
surestimer (vt)	superestimar (vt)	[superestʃi'mar]
suspecter (vt)	suspeitar (vt)	[suspej'tar]

tenter (vt)	tentar (vt)	[tẽ'tar]
tirer (~ un coup de feu)	disparar, atirar (vi)	[dʒispa'rar], [atʃi'rar]
tirer (corde)	puxar (vt)	[pu'ʃar]
tirer une conclusion	tirar uma conclusão	[tʃi'rar 'uma kõklu'zãw]

tomber amoureux	apaixonar-se ...	[apajʃo'narsi]
toucher (de la main)	tocar (vt)	[to'kar]
tourner (~ à gauche)	virar (vi)	[vi'rar]
traduire (vt)	traduzir (vt)	[tradu'zir]

transformer (vt)	transformar (vt)	[trãsfor'mar]
travailler (vi)	trabalhar (vi)	[traba'ʎar]
trembler (de froid)	tremer (vi)	[tre'mer]
tressaillir (vi)	estremecer (vi)	[istreme'ser]

tromper (vt)	enganar (vt)	[ẽga'nar]
trouver (vt)	encontrar (vt)	[ẽkõ'trar]
tuer (vt)	matar (vt)	[ma'tar]
vacciner (vt)	vacinar (vt)	[vasi'nar]

| vendre (vt) | vender (vt) | [vẽ'der] |
| verser (à boire) | encher (vt) | [ẽ'ʃer] |

viser ... (cible)	**apontar para ...**	[apŏ'tar 'para]
vivre (vi)	**viver** (vi)	[vi'ver]
voler (avion, oiseau)	**voar** (vi)	[vo'ar]
voler (qch à qn)	**roubar** (vt)	[ho'bar]
voter (vi)	**votar** (vi)	[vo'tar]
vouloir (vt)	**querer** (vt)	[ke'rer]